宋 歐陽修 宋 祁 撰

新唐書

第一七册

卷一七一至卷一九〇(傳)

中華書局

唐書卷一百七十一

列傳第九十六

李光進 光顏　烏重胤 石洪　李珙　王沛 逢　楊元卿 延宗　曹華
高瑀　劉沔　石雄

李光進，其先河曲諸部，姓阿跌氏。貞觀中內屬，以其地爲雞田州，世襲刺史，隸朔方軍。

光進與弟光顏少依舍利葛旃，葛旃妻，其女兄也。初，葛旃殺僕固瑒，歸河東辛雲京，遂與光進俱家太原。以沈果稱。從馬燧救臨洺，戰洹水有功。歷前後軍牙門將、兼御史大夫、代州刺史。元和四年，王承宗反，范希朝引師救易定〔一〕，表光進爲都將。時光顏亦至大夫，故軍中呼「大小大夫」。俄檢校工部尚書，爲振武節度使，賜姓以光寵之。別詔光顏拜洺州刺史。弟兄榮冠當時。光進徙靈武，卒，年六十五，贈尚書左僕射。

有至性，居母喪，三年不歸寢。光顏先娶，而母委以家事。及光進娶，母已亡，弟婦籍貲貯、納管鑰於姒，光進命反之，曰：「婦逮事姑，且嘗命主家事，不可改。」因相持泣，乃如初。

光顏字光遠。葛旃少教以騎射，每歎其天資票健，己所不逮。長從河東軍爲裨將，節度使馬燧謂曰：「若有奇相，終必光大。」解所佩劍贈之。討李懷光、楊惠琳，戰有功。從高崇文平劍南，數搴旗蹈軍，出入若神，益知名。進兼御史大夫，歷代、洺二州刺史。

元和九年討蔡，以陳州刺史充忠武軍都知兵馬使。始踰月，擢本軍節度使，詔以其軍當一面。光顏乃壁溵水。明年，大破賊時曲。初，賊晨壓其營以陣，衆不得出，光顏毀其柵，將數騎突入賊中，反往一再，衆識光顏，矢集其身如蝟。子攬馬鞅諫無深入，光顏挺刃叱之，於是士爭奮，賊乃潰北。當此時，諸鎮兵環蔡十餘屯，相顧不肯前，獨光顏先敗賊。始，裴度宣慰諸軍，還爲憲宗言：「光顏勇而義，必立功。」

俄又與烏重胤破賊小溵河。初，都統韓弘約諸軍攻賊，賊先薄重胤壘，重胤中矛創甚，請救於光顏。光顏策賊既出，則小溵橋之堡可乘，且重胤不可破。遣大將田穎、宋朝隱襲其城，夷之，賊失贅聚。弘怒不救重胤，違節度，取穎等將戮之，舉軍惜其材，光顏不敢

拒。會中人景忠信至，知其然，即矯詔械繫在所，馳以聞，有詔釋之。弘及光顏更以表言，帝謂弘使曰：「違都統令當死，但以功可贖，赦之以爲後圖。」弘不悅。自是與弘有隙。

十一年，屢困賊，遂拔凌雲柵。捷奏入，帝大悅，厚賚其使，進檢校尚書左僕射。十二年四月，敗賊於郾城，死者什三，數其甲凡三萬，悉畫雷公符、斗星，署曰：「破城北軍。」郾守將鄧懷金大恐，其令董昌齡因是勸懷金降，且來請曰：「城中兵父母妻子皆質賊，有如不戰而屈，且赤族。請公攻城，我舉火求援，援至，公迎破之，我以城下。」光顏許之。賊已北，昌齡奉僞印，懷金率諸將素服開門待。光顏入之，城自壞者五十版。

弘素蹇縱，陰挾賊自重，且惡光顏忠力，思有以橈蠛之。乃飾名姝，教歌舞、六博，襦襡珠琲，舉止光麗，費百鉅萬，遣使以遺光顏，曰：「公以君暴露于外，恭進侍者，慰君征行之勤。」光顏約旦日納焉。乃大合將校置酒，引使者以侍姝至，秀曼都雅，一軍驚視。光顏徐曰：「我去室家久，以爲公憂，誠無以報德。然戰士皆棄妻子，蹈白刃，柰何獨以女色爲樂？爲我謝公，天子於光顏恩厚，誓不與賊同生！」指心曰：「雖死不貳。」因嗚咽泣下，將卒數萬皆感激流涕，乃厚賂使者還之，於是士氣益勵。

裴度築赫連城於沲口，率輕騎觀之。賊以奇兵自五溝至，大呼薄戰，城爲震壞，度危甚，光顏力戰却之。先是，光顏策賊必至，密遣田布伏精騎溝下，扼其歸。賊敗，棄騎去，

顚死溝中者千餘。由是賊悉銳士當光顏，而李愬得乘虛入蔡矣。董重質棄洄曲軍降愬，光顏躍馬入賊營大呼，衆萬餘人投甲請命。賊平，加檢校司空。入朝，召對麟德殿，賜與蕃渥，命宴其第，歸芻米二十車。

帝討李師道，徙義成節度使，許以忠武兵自隨。不三旬，再敗賊濮陽，拔斗門，斬數千級。上言許、鄭兵合不可用。遂復鎭忠武。吐蕃入寇，徙邠寧軍。時虜毁鹽州城，使光顏復城之，亦以忠武兵從。初，田縉鎭夏州，以叨沓開邊隙，故党項引吐蕃圍涇州，郝玼力戰破之。光顏聞賊至，料兵以赴，邠人慢言恟恟，騰譟不肯行。光顏爲陳說大義，感慨流涕，聞者亦泣下，遽卽路，虜走出塞。

穆宗立，召還，賜開化里第，加同中書門下平章事。還軍，賚況不貲，以寵示羣臣。俄徙鳳翔。帝將伐鎭州，復還忠武，又兼深冀行營節度使。宰相百官班餞，帝御通化門臨送，賜珍器、良馬、玉帶。光顏提軍深入，而餽運不至，有詔以滄、景、德、棣州益之。光顏以宰相處置失宜，辭兼領，亦會赦王廷湊，復所治。李㝏亂汴州，詔總軍出討，朝受命，暮卽戎。翌日，拔尉氏。與汴人戰琵琶溝，未陣，薄之，賊走。㝏平，進兼侍中。敬宗初，眞拜司徒、河東節度。寶歷二年卒，年六十六，贈太尉，謚曰忠，賻賜良厚。及葬，文宗以其功高，復賜帛二千匹。

光顏性忠義，善撫士，其下樂爲用。

許師勁悍，常爲諸軍鋒，故數立勳。王仙芝、黄巢反，諸道告急，多請以助守。大校曹師雩以千五百人隸招討使宋威，張貫以四千人隸副使曾元裕。僖宗倚許軍以屏蔽東都，有請以爲援，率不報。大將張自勉討雲南、党項，龐勛亂，解圍壽州，戰淮口，以功累擢右威衛上將軍。至是表請討賊，詔乘傳赴軍，解宋州圍。威忌自勉成功，請以隸麾下，且欲殺之。宰相得其謀，不聽，以自勉代元裕。

烏重胤字保君，河東將承玼子也。少爲潞牙將，兼左司馬。節度使盧從史奉詔討王承宗，陰與賊連。吐突承璀將圖之，以告重胤，乃縛從史，帳下士持兵合譟，重胤叱曰：「天子有命，從者賞，違者斬！」士斂手還部無敢動。憲宗嘉其功，擢河陽節度使，封張掖郡公。

帝討淮蔡，詔重胤以兵壓賊境，割汝州隸其軍，與李光顏相掎角。大小百餘戰，凡三年，賊平，再遷檢校司空，進邠國公。徙横海軍，建言：「河朔能拒朝命者，蓋刺史失權，鎮將領軍能作威福也。使刺史得職，大帥雖有祿山、思明之姦，能據一州爲叛哉？臣所管三州，

輒還刺史職，各主其兵。」因請廢景州。法制脩立，時以爲宜。

討王廷湊也，出屯深州，方朝廷號令乖迕，賊寖不制，重胤久不敢進。穆宗以爲觀望，詔杜叔良代之，以重胤爲太子太保。長慶末，以檢校司徒、同中書門下平章事爲山南西道節度使。召至京師，改節天平軍。文宗初，眞拜司徒。李同捷請襲父位，帝方務靜安，授同捷兗海，以重胤耆將，兼節度滄景，以齊州隸軍。未幾卒，年六十七，贈太尉，謚懿穆。重胤出行伍，善撫士，與下同甘苦。蔡將李端降重胤，蔡人執其妻殺之，妻呼曰：「善事烏僕射！」得士心大抵如此。待官屬有禮，當時有名士如溫造、石洪皆在幕府。既歿，士二十餘人刲股以祭。

子漢弘嗣爵。居母喪，奪爲左領軍衞將軍，固辭，帝嘉許之。

石洪者，字濬川，其先姓烏石蘭，後獨以石爲氏。有至行，舉明經，爲黃州錄事參軍，罷歸東都，十餘年隱居不出。公卿數薦，皆不答。重胤鎭河陽，求賢者以自重，或薦洪，重胤曰：「彼無求於人，其肯爲我來邪？」乃具書幣邀辟，洪亦謂重胤知己，故欣然戒行。重胤喜其至，禮之。後詔書召爲昭應尉、集賢校理。

又有李珙者，世儒家，珙獨尚材武，有崖岸。嘗至澤潞見李抱眞，欲署牙將；聞其使酒，不用。都將王虔休曰：「珙奇士，不能用卽殺之，無爲它人得也。」抱眞不納。虔休代節度，引爲將。重胤禽從史，珙將救之，旣聞謀出朝廷，乃止。重胤愛其才，討淮西也，表爲行營都將。終右武衞上將軍。

王沛，許州許昌人。少勇決，爲節度使上官涚所器，妻以女，署牙門將。涚卒，它壻田偁脅涚子襲領其軍，謀殺監軍。沛知其計，密告之，支黨悉禽。德宗嘉美，卽拜行軍司馬。而劉昌裔領節度，奏沛爲監察御史，有詔護涚喪還京師。帝召見歎息，以爲功異等，嫌昌裔所請薄，謂沛曰：「吾意殊未厭，爾歸矣，方使別奏。」沛未至許，拜兼御史中丞。

李光顏討吳元濟，奇沛風概，署行營兵馬使，使將勁兵別屯，數破賊有功。時詔書趣戰，諸將觀望，不敢度溵以壁。沛引兵五千夜濟合流，扼賊衝，遂城以居。於是河陽、宣武、太原、魏博等軍繼度，圍郾城。沛先結壘與賊對，蔡將鄧懷金遂降。蔡平，加兼大夫。復從光顏定淄青。及光顏鎭邠，詔分許兵往戍，沛又爲都將，救鹽州，敗吐蕃，以功擢寧州刺史。徙陳州。

李岕之亂，以忠武節度副使率師討岕，加檢校右散騎常侍，進拜兗海沂密節度使。是時新建府，俗獷驁，沛明示法制，蒐閱以時，軍政大治。以檢校工部尚書徙忠武。大和元年卒，贈尚書右僕射。

子逢，從父征伐，累功署忠武都知兵馬使。大和中，入爲諸衞將軍。從劉沔、石雄破回鶻於天德，有士二千人未嘗戰，欲冒常賜，逢不與，或爲請之，答曰：「士奮死取賞，若無功而賞，何哉？」武宗以逢用法嚴，使宰相李德裕讓之，逢曰：「戰者前蹈白刃，不以法，人孰用命？」討劉稹也，爲太原道行營將，領陳許兵七千屯翼城。稹平，加檢校右散騎常侍。後亦至忠武節度使云。

楊元卿，史失其何所人。少孤，慷慨有術略。客江海上，時時高論，人謂狂生。吳少誠跋扈蔡州，元卿以褐衣見，署劇縣，俄召入幕府。又事少陽。每奏事至京師，頗爲宰相李吉甫慰納。元卿還，與少陽言君臣大義以動其心，賊黨惡而共構之，判官蘇肇保救乃免。然元卿陰撓少陽事，而輸欵朝廷。及元濟擅襲節度，元卿欲困其財使不振，謬說曰：「先公

吝于財，諸將至寒餒。府之有亡，我具知之。君若大賜將士以自固，又卑辭厚禮邀事諸鎮，則諸將悅，庶幾助我。吾爲君持表見天子，安有不從者？」元濟許之。既至，則具條賊虛實，請敕諸道執元濟誅之。元濟覺，乃殺其妻并四子，圬爲一堋射之，肇亦被害。

憲宗拜元卿岳王府司馬，與李愬議僑置蔡州，以元卿爲刺史，優納降附，壞賊黨與。元卿入見，願假度支錢及它奏請不合旨，又裴度以諸將討蔡三年，功且成，若又以州與元卿，恐觖望生事，議格。更授光祿少卿。蔡平，超拜左金吾衞將軍。建言：「淮西多怪珍寶帶，往取必得。」帝曰：「我討賊，爲人除害。賊平，我求得矣，焉用寶！止勿復言。」出爲汾州刺史，復入爲金吾。

長慶初，鎮、魏易帥，元卿具道所以成敗事，穆宗久乃悟，賜白玉帶，擢涇原渭節度使。元卿墾發屯田五千頃，屯築高垣，牢鍵閉，寇至，耕者保垣以守。居六年，涇人德之。徙節河陽。何進滔亂魏博，元卿請自齎三月糧舉軍出討，文宗嘉美，加檢校司空。獻粟二十萬石，助天子經費。進光祿大夫。徙宣武軍。大和七年，以疾歸東都，授太子太保。卒，贈司徒。然性憸巧，所至聚斂，諧結權近，故累更方任云。

子延宗，開成中爲磁州刺史，與河陽兵謀逐帥自立。事敗，詔以元卿嘗毀家歸忠，全其

宗，杖死延宗於京兆府，賜還田產。

曹華，宋州楚丘人。始從宣武軍，縛亂將李迺送闕下，節度使董晉署爲牙將。後避仇奔東都，會吳少誠叛，留守王翃署華襄城戍將。華浚隍埤堞，日與賊搏，數禽馘，賊憚之。憲宗初，累拜檢校右散騎常侍，召至京師，賜矛甲繒錦，還屯。拜寧州刺史，未行，屬吳元濟不受命，詔河陽懷汝節度使烏重胤討之，重胤請華自副。戰靑陵城，賊大奔，拔凌雲栅，以功封陳留郡王。

蔡平，進棣州刺史。州與鄆比，時賊略定滴河，華遽逐賊，斬二千級，復其縣。又募羣盜可用者，貸死，補屯卒，使據孔道。賊至，輒擊卻之，不敢北。擢橫海節度副使。時朝廷披鄆爲三鎭。其明年，兗海軍亂，殺觀察使王遂，詔華往代。視事三日，合軍大饗，幕甲士于廡，酒中，令曰：「天子以鄆人參別而戍，有轉徙勞，欲厚賞之。請鄆人右，州兵左。」既而出州兵，乃闔門大言曰：「天子有命，誅殺帥者。」甲起于幕，環之。凡斬千二百人，血流股渠，赤氛冒門高丈餘。海、沂之人，重足屏息。

華惡沂地褊，請治兗，許之。自李正己盜齊、魯，俗益汙驁，華下令曰：「鄒、魯禮義鄉，

不可忘本。」乃身見儒士，春秋祀孔子祠，立學官講誦，斥家貲佐贍給，人乃知教，成就諸生，仕諸朝。

鎭人害田弘正，華亟請以本軍進討，不從。進華檢校工部尚書，就充節度使。李㝏叛，以兵取宋州。華不待命，以兵逆擊，破之。㝏平，檢校尚書右僕射，徙鎭義成軍。盜殺商賈，吏捕得，乃華孌人。華怒，斷其頸以祭死者。卒，年六十九，贈左僕射。

華雖出戎伍，而動必由禮，愛重士大夫，不以貴倨人，至廝豎必待以誠信，人以爲難。

高瑀，冀州蓨人。少沈邃，喜言兵。釋褐右金吾冑曹參軍，累遷陳、蔡二州刺史，入爲太僕卿。

忠武節度使王沛死，衞軍諸將多自謂得之，宰相裴度、韋處厚以瑀治陳、蔡素有狀，習軍中情僞，欲任之。會其軍表丐瑀，乃檢校左散騎常侍，領忠武節度使。自大曆後，擇帥悉出宦人中尉，所輸貨至鉅萬，貧者假貣富人，既得所欲，則椎斲膏血，倍以酬息，十常六七。及瑀有命，士相告曰：「韋、裴作相，天下無債帥。」州比水旱無年，瑀相地宜，築隄庸百八十里，時其鍾洩，民賴不饑。再加檢校尚書右僕射。六年，徙節武寧軍。以刑部尚書召，辭

疾，拜太子少傅。不閱月，復詔節度忠武，卒于鎮，贈司空。

璵寬和，居官無赫然譽，所至稱治，士人懷之。

劉沔字子汪，徐州彭城人。父廷珍，以羽林軍扈德宗奉天，以戰功官左驍衛大將軍、東陽郡王。

沔少孤，客振武，節度使范希朝署牙將。軍中大會，沔捉刀立堂下，希朝奇之，召謂曰：「後日必處吾坐。」希朝卒，入爲神策將。大和末，遷累大將軍，擢涇原節度使，徙振武。開成三年，突厥劫營田，沔發吐渾、契苾、沙陀部萬人擊之，賊一轡無返者，悉頒所獲馬羊于戰卒，築都護府西北四壘。進檢校戶部尙書。

武宗立，遷檢校尙書左僕射。回鶻寇天德，詔以兵據雲伽關，虜引去。會昌二年，又掠太原、振武，天子使兵部郎中李拭調兵食，因視諸將能否，拭獨稱沔，乃拜河東節度兼招撫回鶻使，進屯鴈門關。虜寇雲州，沔擊之，斬七裨將，敗其衆。以還太和公主功，加檢校司空。議者恨其薄，又進金紫光祿大夫，賜一子官。虜殘衆走，詔沔追北，仍錄李靖平頡利事賜之。軍還，次代州，歸義軍降虜三千，使隸食諸道，不受詔，據滹沱河叛，沔悉禽誅之。

劉稹阻命，詔沔南討，屯榆社。沔素與張仲武不協，時方追幽州兵，故徙義成。會王宰逗留，宰相李德裕表沔鎭河陽，以滑兵二千壁萬善，居宰肘腋下，激之俾出軍。稹平，進檢校司徒，徙忠武節度使。以病改太子少保，不任謁，拜太子太傅致仕。卒，年六十五，贈司徒。

石雄，徐州人，系寒，不知其先所來。少爲牙校，敢毅善戰，氣蓋軍中。王智興討李同捷，收棣州，使雄先驅度河，鼓行無前。初，徐軍惡智興苛酷，謀逐之而立雄。智興懼變，因立功奏除州刺史，詔以爲壁州刺史。智興由是殺雄素所善百餘人，誣雄陰結士搖亂，請以軍法論。文宗素知其能，不殺，流白州。徙爲陳州長史。党項擾河西，召雄隸振武劉沔軍，破羌有勞，帝難智興，久不擢。

會昌初，回鶻入寇，連年掠雲、朔，牙五原塞下。詔雄爲天德防禦副使，兼朔州刺史，佐劉沔屯雲州。沔召雄謀曰：「虜離散，當掃除久矣。國家以公主故，不欲亟攻。我若徑趨其牙，彼不及備，必棄公主走，我當迎主歸。有如不捷，吾則死之。」雄曰：「諾。」即選沙陀李國昌及契苾、拓拔雜虜三千騎，夜發馬邑，且登振武城望之，見氈車十餘乘，從者朱碧衣，

諜者曰：「公主帳也。」雄潛使喻之曰：「天子取公主，兵合，第無動。」雄穴城夜出，縱牛馬鼓譟，直擣烏介帳。可汗大駭，單騎走，追至殺胡山，斬首萬級，獲馬牛羊不貲，迎公主還。進豐州防禦使。

武寧李彥佐討劉稹，逗留，以雄爲晉絳行營諸軍副使，助彥佐。是時，王宰屯萬善，劉沔屯石會關，顧望莫先進。雄受命，卽勒兵越烏嶺，破賊五壁，斬獲千計，賊大震。雄臨財廉，每朝廷賜與，輒置軍門，自取一匹縑，餘悉分士伍，由是衆感發無不奮。武宗喜曰：「今將帥義而勇罕雄比者。」就拜行營節度使，代彥佐。徙河中。稹危蹙，其大將郭誼密獻款，請斬稹首自歸。衆疑其詐，雄大言曰：「稹之叛，誼爲謀主。今欲殺稹，乃誼自謀，又何疑？」雄以七千人徑薄潞，受誼降。進檢校兵部尚書，徙河陽。初，雄討稹，水次見白鷺，謂衆曰：「使吾射中其目，當成功。」一發如言。帝聞，下詔褒美。

宣宗立，徙鎭鳳翔。雄素爲李德裕識拔。王宰者，智興子，於雄故有隙。潞之役，雄功最多，宰惡之，數欲沮陷。會德裕罷宰相，因代歸。白敏中猥曰：「黑山、天井功，所酬已厭。」拜神武統軍。失勢，怏怏卒。

贊曰：世皆謂李愬提孤旅入蔡縛賊爲奇功，殊未知光顔於平蔡爲多也。是時，賊戰日窘，盡取鋭卒抗光顔，愬空壁以居，故愬能乘一切勢，出賊不意。然則無光顔之勝，愬烏能奮哉？

校勘記

〔一〕元和四年王承宗反范希朝引師救易定　各本原無「反」字。按本書卷七憲宗紀載：元和四年十月，王承宗反，五年四月，范希朝與張茂昭戰承宗於木刀溝，敗之。本書卷一七〇范希朝傳及舊書卷一四一張茂昭傳略同。木刀溝在定州新樂縣，與「救易定」語合。「王承宗」下顯脱「反」字，今補。

唐書卷一百七十二

列傳第九十七

于頔 季友　王智興 晏平 宰　杜兼 羔 中立　杜亞　范傳正

于頔字允元，後周太師謹七世孫。蔭補千牛，調華陰尉，累勞遷侍御史。爲吐蕃計會使，有專對材。擢長安令、駕部郎中。

出爲湖州刺史。部有湖陂，異時溉田三千頃，久廞廢，頔行縣，命脩復隄閼，歲獲秔稻蒲魚無慮萬計。州地庳薄，葬者不掩柩，頔爲坎，瘞枯骨千餘，人賴以安。

未幾，改蘇州。罷淫祠，濬溝澮，端路衢，爲政有績。然暴橫少恩，杖前部尉以逞憾，觀察使王緯以聞，德宗不省。俄遷大理卿，爲陝虢觀察使，慢言謝緯曰：「始足下劾我，三進官矣！」益自肆。峻罰苛懲，官吏惴恐，皆重足一迹。參軍事姚峴不勝虐，自沈于河。

貞元十四年，拜山南東道節度使。是時，吳少誠叛，頔率兵自唐州戰吳房、朗山，取之，

禽其將李璨，又勝之濯神溝。於是請升襄州爲大都督府，廣募戰士，儲良械，搠然有專漢南意，所牾者類治以軍法。帝晚務姑息，頔所奏建，無不開允。公斂私輸，持下益急，而慢於奉上。誣劾鄧州刺史元洪，朝廷重違，爲流端州，命中人護送至棗陽。頔遣兵劫洪還，拘之，表責洪太重，改吉州長史，遣使厚諭乃已。嘗怒判官薛正倫，奏貶陝州長史，比詔下，頔中悔，奏復署舊職。正倫死，以兵圍其居，彊使孽子與婚。昵吏高洪，縱使剝下，別將陳儀不勝忿，刺殺洪，一府驚潰。累遷檢校尙書左僕射、同中書門下平章事，封燕國公。俄擅以兵取鄧州，天子未始誰何。初，襄有髹器，天下以爲法。至頔驕蹇，故方帥不法者號「襄樣節度」。

憲宗立，權綱自出，頔稍懼，願以子尙主，帝許之。遂入覲，拜司空、同中書門下平章事。請準杜佑，月三奉朝，詔可。

時宦者梁守謙幸於帝，頗用事。有梁正言者，與頔子敏善，敏因正言厚賂守謙，求頔出鎭。久不報，敏怒其紿，責所餽，誘正言家奴支解之，棄溷中。家童上變，詔捕頔吏沈壁及它奴送御史獄，命中丞薛存誠、刑部侍郎王播、大理卿武少儀雜問之。頔與諸子素服待罪建福門，門史不內，屏營負牆立，更遣人上章，有司拒不聞。翌日復往，宰相諭使還第。貶爲恩王傅；子敏竄雷州，至商山賜死，次子季友奪二官，正及方免官；流壁封州，正言

誅死。

久之，拜戶部尚書。帝討蔡，頔獻家財以助國，帝卻之。又坐季友居喪荒宴，削金紫光祿大夫。帝初欲頔告老，宰相李逢吉謂得謝乃優禮，非所以示責。明年，乃致仕。宰司將以太子少保官之，帝改署賓客。鬱鬱不得意卒，贈太保，太常謚曰厲。

頔嘗制順聖樂舞獻諸朝。又教女伎爲八佾，聲態雄侈，號孫吳順聖樂云。

季友尚憲宗永昌公主，拜駙馬都尉。從穆宗獵苑中，求改頔謚，會徐泗節度使李愬亦爲請，更賜謚曰思。尚書右丞張正甫封還詔書，右補闕高釴、博士王彥威持不可，謂：「頔文吏，倔彊犯命，擅軍襄、鄧，欲脅制朝廷；殺不辜，留制四，遮使者，僭正樂。勢迫而朝，非其宿心，得全腰領而歿，猶以爲幸，不宜更謚。」帝不從。

方，長慶時以勳家子通豪俠，欲事河朔，以策干宰相元稹。而李逢吉黨謀傾執政，乃告稹結客刺裴度，事下有司，驗無狀，方坐誅。

王智興字匡諫，懷州温人。少驍銳，爲徐州牙兵，事刺史李洧。洧棄李納，挈州自歸。納怒，急攻洧。智興能駛步，奉表不數日至京師告急，德宗出朔方軍五千擊納，解去，自是

爲徐特將。

討吳元濟也，李師道謀橈王師，數侵徐救蔡。節度使李愿遣智興率步騎拒賊。其將王朝晏方攻沛，智興逆擊，敗之，朝晏脫身保沂州。進破姚海兵五萬於豐北，獲美妾三人，智興曰：「軍中有女子，安得不敗。」即斬以徇。朝晏自沂以輕兵襲沛，夜戰狄丘，復破之。累遷侍御史。

元和十三年，伐師道，智興以步騎八千次胡陵，與忠武軍會，以騎畀其子晏平、晏宰爲先鋒，自率軍繼之。壞河橋，收黃隊，攻金鄉，拔魚臺，俘斬萬計。賊平，進御史中丞。明年，召還爲沂州刺史。

長慶初，河朔用兵，加檢校左散騎常侍，充武寧軍副使、河北行營諸軍都知兵馬使，帥兵三千度河。屬朝廷用崔羣爲武寧節度使，羣畏智興難制，密請追還京師，未報。會赦王廷湊，諸節度班師。智興還，羣遣寮屬迎之，令士委甲而入。智興心不悅，因勒兵斬關入，殺異己者十餘輩，然后謁羣謝曰：「此軍情也！」羣乃治裝去，智興以兵衞送還朝，至埇橋，掠鹽鐵院及貢物，劫商旅，逐濠州刺史侯弘度。朝廷甫罷兵，不能討，即詔檢校工部尚書，充本軍節度使。智興由是擎索財賂，交權幸以賈虛名，用度不足，始稅泗口以佐軍須。

李㝏攻宋州，智興悉銳師出宋西鄙，破之濘口。㝏平，加檢校尚書左僕射。李同捷以

滄德叛，智興請悉師三萬齎五月糧討賊，詔拜檢校司徒、同中書門下平章事、滄德行營招撫使。既戰，降其將十輩、銳士三千，遂拔棣州。諸將聞，戰愈力，遂有功。入朝，燕麟德殿，賜予備厚。册拜太傅，封鴈門郡王，進兼侍中。改忠武、河中、宣武三節度。卒，年七十九，贈太尉。

子九人，晏平、宰知名。

晏平幼從父軍，以討同捷功，檢校右散騎常侍、朔方靈鹽節度使。父喪，擅取馬四百、兵械七千自衞歸洛陽。御史劾之，有詔流康州，不即行，陰求援於河北三鎭。三鎭表其困，改撫州司馬。給事中韋温、薛廷老、盧弘宣等還詔不敢下，改永州司戶參軍。温固執，文宗諭而止。

晏宰後去「晏」，獨名宰。少拳果，長隸神策軍。甘露之變，以功兼御史大夫爲光州刺史。有美政，觀察使段文昌薦之朝，除鹽州刺史。持法嚴，人不甚便。累擢邠寧慶節度使。回鶻平，徙忠武軍。

討劉稹也，詔宰以兵出魏博，趨磁州。當是時，何弘敬陰首鼠，聞宰至，大懼，卽引軍濟

漳水。宰相李德裕建言：「河陽兵寡，以忠武爲援，既以捍洛，則幷制魏博。」遂詔宰以兵五千推鋒，兼統河陽行營。進取天井關，賊黨離沮。德裕以宰乘破竹勢不遂取澤州，以其子晏實守磁，爲顧望計，帝有詔切責。宰懼，急攻陵川，破賊石會關，進攻澤州。其將郭誼殺稹降。宰傳稹首京師，遂節度太原。

宣宗初，入朝，厚結權幸求宰相，周墀劾之，乃還軍。吐蕃引党項、回鶻寇河西，詔統代北諸軍進擊。以疾不任事，徙河陽。罷爲太子少保，分司東都。進少傅，卒。

晏實幼機警，智興自養之，故名與諸父齒。稹平，擢淄州刺史，終天雄節度使。

杜兼字處弘，中書令正倫五世孫。初，正倫無子，故以兄子志靜爲後。父廙，爲鄭州錄事參軍事。安祿山亂，逃去，賊索之急，宋州刺史李岑以兵迎之，爲追騎所害。兼尙幼，逃入終南山。伯父存介爲賊執，臨刑，兼號呼願爲奴以贖，遂皆免。

建中初，進士高第，徐泗節度使張建封表置其府，積勞爲濠州刺史。性浮險，尙豪侈。德宗旣厭兵，大抵刺史重代易，至歷年不徙。兼探帝意，謀自固，卽脩武備，募占勁兵三千。帝以爲才，遂橫恣。僚官韋賞、陸楚皆閩家子，有美譽，論事忤兼，誣劾以罪。帝遣中人至，

兼廷勞畢，出詔執賞等殺之，二人無罪死，衆莫不冤。又妄繫令狐運而陷李藩，欲殺之，不克。

元和初，入爲刑部郎中，改蘇州刺史。比行，上書言李錡必反，留爲吏部郎中。尋擢河南尹。杜佑素善兼，終始倚爲助力。所至大殺戮，裒藝財貲，極耆欲。適幸其時，未嘗敗。卒，年六十。

家聚書至萬卷，署其末，以墜鬻爲不孝戒子孫云。

從弟羔，貞元初及進士第，有至性。父死河北，母更兵亂，不知所之，羔憂號終日。及兼爲澤潞判官，鞫獄，有媼辨對不凡，乃羔母，因得奉養。而不知父墓區處，晝夜哀慟，它日舍佛祠，觀柱間有文字，乃其父臨死記墓所在。羔奔往，亦有耆老識其壠，因是得葬。元和中，爲萬年令，時許季同爲長安令，京兆尹元義方責租賦不時，繫二縣吏，將罪之。羔等辯列尤苦，尹不爲縱。羔乃謁宰相，請移散官。憲宗遣中使問狀，具對府政苛細，力不堪奉。詔皆免官，奪尹三月俸。議者以羔爲直。未幾，授戶部郎中，後歷振武節度使，以工部尙書致仕。卒，贈尙書右僕射，謚曰敬。

子中立，字無爲，以門蔭歷太子通事舍人。開成初，文宗欲以眞源、臨眞二公主降士

族，謂宰相曰：「民間脩昏姻，不計官品而上閥閱。我家二百年天子，顧不及崔、盧耶？」詔宗正卿取世家子以聞。中立及校書郎衞洙得召見禁中，拜著作郎。月中，遷光祿少卿、駙馬都尉，尙眞源長公主。

中立數求自試，憒憒不樂，因言：「朝廷法令備具，吾若不任事，何賴貴戚橈天下法耶？」帝聞異之，轉太僕、衞尉二少卿，歷左右金吾大將軍。京師惡少優戲道中，具騶唱珂衞，自謂「盧言京兆」，驅放自如。中立部從吏捕繫，立箠死。遷司農卿。繩吏急，反爲中傷，左徙慶王傅。

久之，復拜司農卿，入謝，帝曰：「卿用法深，信乎？」答曰：「轂下百司養名不肯事，如司農尤叢劇。陛下無遽信流言，假臣數月，事可濟。」帝許之。初，度支度六宮飧錢移司農，司農季一出付吏，大吏盡舉所給於人，權其子錢以給之，既不以時，黃門來督責慢駡。中立取錢納帑舍，率五日一出，吏不得爲姦，後遂以爲法。加檢校右散騎常侍。

京兆尹缺，宣宗將用之，宰相以年少，欲歷試其能，更出爲義武節度使。舊傜車三千乘，歲輓鹽海瀕，民苦之。中立置「飛雪將」數百人，具舟以載，自是民不勞，軍食足矣。大中十二年，大水汎徐、兗、青、鄆，而滄地積卑，中立自按行，引御水入之毛河，東注海，州無水災。卒，年四十八，贈工部尙書。

中立居官精明，吏下寒懍畏伏。中雖坐累免，及復用，亦不爲寬假，其天資所長云。

杜亞字次公，自云本京兆人。肅宗在靈武，上書論當世事，擢校書郎。杜鴻漸節度河西，奏署幕府。入朝，歷吏部員外郎。鴻漸爲山南、劍南副元帥，亞與楊炎並爲判官。再遷諫議大夫。

亞自以當衡柄，悒悒不悅。李栖筠風望高，時謂當宰相，故亞厚結納。元載得罪，亞與劉晏等劾治。載死，遷給事中。常衮惡之，出爲江西觀察使。德宗立，召還。亞意必任台宰，倍道進。與人語，皆天下大政。或以事祈謁，輒相然可。帝知，不悅也。既又建奏疏闊，不稱旨，罷爲陝虢觀察兼轉運使。徙河中。劉晏抵罪，貶睦州刺史。

興元初，入遷刑部侍郎，又拜淮南節度使。至則治漕渠，引湖陂，築防庸，入之渠中，以通大舟，夾隄高卬，田因得溉灌。疏啓道衢，徹壅通堙，人皆悅賴。然承陳少游後，裒率煩重，用度無藝，人冀有所矯革，而亞雅意丞弼，厭外官，往往不親事，日夜召賓客言噱流連。方春，南民爲競度戲，亞欲輕駛，乃髤船底，使篙人衣油綵衣，沒水不濡，觀沼華邃，費皆千萬。隴西李衡在坐曰：「使桀、紂爲之，不是過也！」既泛九曲池，曳綉爲颿，詫曰：「要當稱

是林沼。」衡曰:「未有錦纜,云何?」亞大慚。自是府財耗竭。

貞元中,罷歸。宰相竇參憚其宿望,以檢校吏部尚書留守東都。病風痹且廢,猶欲固寵,奏墾苑中爲營田,可減度支歲稟。詔許之。先是,苑地可耕者,皆留司中人及屯士占假。亞計窘,更舉軍帑錢與佃人,至秋取菽粟償息輸軍中,貧不能償者發囷窖略盡,流亡過半。又賂中人求兼河南尹。帝審其妄,使禮部尚書董晉代之,賜亞還。病不能謁。卒,年七十四,贈太子少傅,謚曰肅。

范傳正字西老,鄧州順陽人。父惀,爲戶部員外郎,與趙郡李華善,有當世名。

傳正舉進士、宏辭,皆高第,授集賢殿校書郎。歷歙、湖、蘇三州刺史,有殊政,進拜宣歙觀察使。代還,坐治第過制,憲宗薄不用,改光祿卿。以風痹卒,贈左散騎常侍。

傳正好古,性精悍,初自整飭。宦益達,用度益奢侈,傾貲貨市權貴驩,私公府如家帑,亦幸素有名,得不敗云。

唐書卷一百七十三

列傳第九十八

裴度 識 諗

裴度字中立，河東聞喜人。貞元初，擢進士第，以宏辭補校書郎。舉賢良方正異等，調河陰尉。遷監察御史，論權嬖梗切，出爲河南功曹參軍。武元衡帥西川，表掌節度府書記。召爲起居舍人。

元和六年，以司封員外郎知制誥。田弘正效魏、博六州于朝，憲宗遣度宣諭，弘正知度爲帝高選，故郊迎趨跽受命，且請徧至屬州，布揚天子德澤，魏人由是歡服。還，拜中書舍人。久之，進御史中丞。宣徽五坊小使方秋閱鷹狗，所過橈官司，厚得餉謝乃去。下邽令裴寰，才吏也，不爲禮，因構寰出醜言，送詔獄，當大不恭。宰相武元衡婉辭諍，帝怒未置。度見延英，言寰無辜，帝恚曰：「寰誠無罪，杖小使；小使無罪，且杖寰。」度曰：「責若此固

宜，第褒爲令，惜陛下百姓，安可罪？」帝色霽，乃釋褒。

王師討蔡，以度視行營諸軍，還，奏攻取策，與帝意合。且問諸將才否，度對：「李光顏義而勇，當有成功。」不三日，光顏破時曲兵，帝歎度知言。進兼刑部侍郎。

王承宗、李師道謀緩蔡兵，乃伏盜京師，刺用事大臣，已害宰相元衡，又擊度，刃三進，斷鞾，刜背裂中單，又傷首，度冒氈，得不死。哄導駭伏，獨騶王義持賊大呼，賊斷義手。度墜溝，賊意已死，因亡去。議者欲罷度，安二鎮反側，帝怒曰：「度得全，天也。若罷之，是賊計適行。吾倚度，足破三賊矣！」度亦以權紀未張，王室陵遲，常憤愧無死所。自行營歸，知賊曲折，帝益信杖。及病創一再旬，分衞兵護第，存候踵路。疾愈，詔毋須宣政衙，即對延英，拜中書侍郎、同中書門下平章事。時方連諸道兵，環舁不解，內外大恐，人累息。及度當國，外內始安。由是討賊益急。

始，德宗時尙伺伺，中朝士相過，金吾輒飛啓，宰相至闔門謝賓客。度以時多故，宜延天下髦英咨籌策，乃建請還第與士大夫相見，詔可。會莊憲太后崩，爲禮儀使。帝不聽政，議置冢宰。度曰：「冢宰，商、周六官首，秉統百僚，王者諒闇，有權聽之制。歷世官廢，故國朝置否不常，不宜徇空名，稽樞務。」乃詔百司權聽中書門下處可。

王鍔死，家奴告鍔子稷易父奏末，冒遺獻。帝留奴仗內，遣使者如東都按責其貲。度

諫曰：「自鍔死，數有獻。今因告訐而檢省其私，臣恐天下將帥聞之，有以家爲計者。」帝悟，殺二奴，還使者。

于時，討蔡數不利，羣臣爭請罷兵，錢徽、蕭俛尤確苦。度奏：「病在腹心，不時去，且爲大患。不然，兩河亦將視此爲逆順。」會唐鄧節度使高霞寓戰卻，它相揣帝厭兵，欲赦賊，鉤上指。帝曰：「一勝一負，兵家常勢。若兵常利，則古何憚用兵耶？雖累聖亦不應留賊付朕。今但論帥臣勇怯、兵彊弱、處置何如耳，渠一敗便沮成計乎？」於是左右不能容其間。十二年，宰相逢吉、涯建言：「餉億煩匱，宜休師。」唯度請身督戰，帝獨目度留，曰：「果爲朕行乎？」度俯伏流涕曰：「臣誓不與賊偕存。」即拜門下侍郎、平章事、彰義軍節度、淮西宣慰招討處置使。

度以韓弘領都統，乃上還招討以避弘，然實行都統事。又制詔有異辭，欲激賊怒弘者，意弘怏怏則度無與共功。度請易其辭，窒疑間之嫌。於是表馬揔爲宣慰副使，韓愈行軍司馬，李正封、馮宿、李宗閔備兩使幕府。入對延英，曰：「主憂臣辱，義在必死。賊未授首，臣無還期。」帝壯之，爲流涕。及行，御通化門臨遣，賜通天御帶，發神策騎三百爲衞。初，逢吉忌度，帝惡居中橈沮，出之外。

度屯郾城，勞諸軍，宣朝廷厚意，士奮于勇。是時，諸道兵悉中官統監，自處進退。度

奏罷之，使將得顓制，號令一，戰氣倍。未幾，李愬夜入懸瓠城，縛吳元濟以報。度遣馬摠先入蔡，明日，統洄曲降卒萬人持節徐進，撫定其人。

初，元濟禁偶語於道，夜不然燭，酒食相饋遺者以軍法論。度視事，下令唯盜賊、鬬死抵法，餘一蠲除，行來不限晝夜，民始知有生之樂。度以蔡牙卒侍帳下，或謂反側未安，不可去備，度笑曰：「吾爲彰義節度，元惡已擒，人皆吾人也！」衆感泣。既而申、光平定，以馬摠爲留後。

度入朝，會帝以二劍付監軍梁守謙，使悉誅賊將。度遇諸郾城，復與入蔡，商罪議誅。守謙請如詔，度固不然，騰奏申解，全宥者甚衆。策勳進金紫光祿大夫、弘文館大學士、上柱國、晉國公，戶三千，復知政事。

程异、皇甫鎛以言財賦幸，俄得宰相。度三上書極論不可，帝不納。自上印，又不聽。纖人始得乘罅。

初，蔡平，王承宗懼，度遣辯士柏耆脅說，乃獻德、棣二州，納質子。又諭程權入覲。始判滄、景、德、棣爲一鎮，朝廷命帥，而承宗勢乃離。

李師道怙彊，度密勸帝誅之。乃詔宣武、義成、武寧、橫海四節度會田弘正致討。弘正請自黎陽濟，合諸節度兵，宰相皆謂宜，度曰：「魏博軍度黎陽，卽叩賊境，封畛比聯，易生顧

望，是自戰其地。弘正、光顏素少斷，士心盤桓，果不可用。不如養威河北，須霜降水落，絕陽劉，深抵鄆，以營陽穀，則人人殊死，賊勢窮矣。」上曰：「善。」詔弘正如度言。弘正奉詔，師道果禽。

大賈張陟負五坊息錢亡命，坊使楊朝汶收其家簿，閱貸錢雖已償，悉鉤止，根引數十百人，列箠挺脅不承。又獲盧大夫逋券，捕盧坦家客責償，久乃悟盧羣券。坦子上訴，朝汶讕語：「錢入禁中，何可得？」御史中丞蕭俛及諫官列陳中人橫恣，度亦極言之。時方討鄆，帝曰：「姑議東軍，此細事，我自處辦。」度曰：「兵事不理，止山東；中人橫暴，將亂都下。」帝不悅，徐乃悟，讓朝汶曰：「以爾，使我羞見宰相！」命殺之，而原繫者。繇是京師澄肅。

帝嘗語：「臣事君當勵善底公，朕惡夫樹黨者。」度曰：「君子小人以類而聚，未有無徒者。君子之徒同德，小人之徒同惡，外甚類，中實遠，在陛下觀所行則辨。」帝曰：「言者大抵若此，朕豈易辨之？」度退，喜曰：「上以爲難辨則易，以爲易辨則難，君子小人行判矣。」已而卒爲异、鏄所構，以檢校尚書右僕射兼門下侍郎平章事爲河東節度使。

穆宗卽位，進檢校司空。朱克融、王廷湊亂河朔，加度鎭州行營招討使。時帝以李光顏、烏重胤爪牙將，倚以擊賊，兵十餘萬，有所畏，無尺寸功。度既受命，入賊境，數斬將以聞。俄兼押北山諸蕃使。時元稹顯結宦官魏弘簡求執政，憚度復當國，因經制軍事，

數居中持梗，不使有功。度恐亂作，即上書痛暴稹過惡。帝不得已，罷弘簡、稹近職。俄擢稹宰相，以度守司空、平章事、東都留守。諫官叩延英，言不可罷度兵，搖衆心。帝不召。於是交章極論，未之省。

會中人使幽、鎭還，言：「軍中謂度在朝，而兩河諸侯忠者懷，彊者畏。今居東，人人失望。」帝悟，詔度由太原朝京師。及陛見，始陳二賊畔渙，受命無功，并陳所以入覲意，感概流涕。伏未起，謁者欲宣旨，帝遽曰：「朕當延英待卿！」始，議者謂度無援奧，且久外，爲姦憸狠抑，慮帝未能其忠。及進見，辭切氣怡，卓然當天子意。在位聞者皆竦，毅將貴臣至齎咨出涕。舊儀，閤中羣臣未退，宰相不奏事，稱賀則謁者答。帝以度勳德，故待以殊禮。度之行，移克融、廷湊書，開說諄沓，傅以大誼，二人不敢桀，皆願罷兵。帝方憂深州圍，欲必出牛元翼，更使度牓書布旨。或曰：「賊知度失兵柄，必背約顧望。」帝釋然，乃拜度守司徒，領淮南節度使。

會昭義監軍劉承偕慢劉悟，擧軍讙怒，執承偕，悟拘以聞。帝怒，問度：「何施而可？」度頓首謝：「藩臣不與政。」辭不對。帝彊之，度曰：「臣素知承偕怙寵，悟不能堪，嘗以書訴臣。是時，中人趙弘亮在行營知狀，欲持悟書以奏，陛下亦知之邪？」帝曰：「我不及知。顧悟誠惡之，胡不自聞，何哉？」度曰：「雖悟得聞，恐陛下不必聽。且臣視天顏不咫尺，比尙

未能決，千里單言，可悟聖聽哉？」帝亟曰：「前語姑置，直謂今日奈何？」度曰：「必欲收忠義心，使帥臣死節，獨斬承偕，則四方羣盜隱然破膽矣。」帝曰：「顧太后養爲子，且我何愛？更言其次。」度曰：「投諸荒裔可乎？」帝曰：「可。」悟果出承偕，昭義遂安。

是時，徐州王智興逐崔羣，諸軍盤互河北，進退未一。議者交口請相度，乃以本官兼中書侍郎、平章事。權佞側目，謂李逢吉險賊善謀，可以構度，共諷帝自襄陽召逢吉還，拜兵部尚書。度居位再閱月，果爲逢吉所間，罷爲左僕射。帝暴風眩，中外不聞問者凡三日。度數請到內殿，求立太子，翼日乃見。帝遂立景王爲嗣。逢吉既代相，思有以牙孽之，引所厚李仲言、張又新、李續、張權輿等，內結宦官，種支黨，醜沮日聞，乃出度山南西道節度使，奪平章事。

長慶四年，王廷湊屠元翼之家，敬宗嗟惋，歎宰輔非其人，使兇賊熾肆。學士韋處厚上疏曰：「臣聞汲黯在朝，淮南寢謀；干木處魏，諸侯息兵。王霸之理，以一士止百萬之師，一賢制千里之難。裴度元勳亘德，文武兼備。若位巖廊，委參決，必使戎虜畏威，幽、鎮自臣。管仲曰：『人離而聽之則愚，合而聽之則聖。』治亂之本，非有他術。陛下當饋而歎，恨無蕭、曹，今一裴度擯棄于外，所以馮唐知漢文帝有頗、牧不能用也。」帝感悟，謂處厚曰：「度果爲宰相，而官無平章事，謂何？」處厚具道其由，帝於是復度兼平章事。帝雖孺蒙，然

注意度，中人至度所，必丁寧慰安，且示召期。寶曆二年，度請入朝，逢吉黨大懼，權輿作僞謠云：「非衣小兒坦其腹，天上有口被驅逐。」以度平元濟也。都城東西岡六，民間以爲乾數，而度第平樂里，直第五岡。權輿乃言：「度名應圖讖，第據岡原，不召而來，其意可見。」欲以傾度。天子獨能明其誣，詔復使輔政。

先是，帝將幸東都，大臣切諫，不納，帝恚曰：「朕意決矣！雖從官宮人自挾糗，無擾百姓。」趣有司檢料行宮，中外莫敢言。度從容奏：「國家建別都，本備巡幸。自艱難以來，宮闕、署屯、百司之區，荒圮弗治，假歲月完新，然後可行。倉卒無備，有司且得罪。」帝悅曰：「羣臣諫朕不及此。如卿言，誠有未便，安用往邪？」因止行。

汴宋觀察使令狐楚言亳州聖水出，飲者疾輒愈。度判曰：「妖由人興，水不自作。」命在所禁塞。

朱克融執賜衣使者楊文端，詭言慢己，并訴所賜濫惡，又丐假度支帛三十萬匹，不者，軍必有變；且請遣工五千助治東都，須天子東巡。帝怒，患之，欲遣重臣臨慰。度曰：「克融無恚而悖，是將亡。譬猛虎自哮躍山林，憑窟穴則然，勢不得離其處，人亦不爲懼。陛下無庸遣重使，第以詔書言：『中人倨驕，須還，我自責譴。春服不謹，方詰有司。所上工宜即遣，已詔在所供擬。』此則賊謀窮矣。陛下若未能然，則答：『宮室營繕既有序，毋遣工爲重

勞。朝廷緣召發乃有賜與，朕無所愛，獨與范陽，體不可爾。』」帝曰：「善。」用度次策。克融聽命，歸文端。未幾軍亂，殺克融。

帝縱弛，日晏坐朝。度諫曰：「比陛下月率六七臨朝，天下人知勤政，河朔賊臣皆聳畏。近開延英益稀，恐萬機奏稟，有所壅閼。夫頤養之道，當順適時候，則六氣和平，萬壽可保。道家法：春夏蚤起，取鷄鳴時，秋冬晏起，取日出時。蓋在陽，勝之以陰；在陰，勝之以陽。今方居盛夏，謂宜詰旦數坐，廣加延問；漏及巳午，則炎赫可畏，聖躬勞矣。」帝嘉納，爲數視朝。

未幾，判度支。帝崩，定策誅劉克明等，迎立江王，是爲文宗。加門下侍郎。李全略死，子同捷求襲滄景軍。度奏討平之，即陳：「調兵食非宰相事，請罷度支歸有司。」奏可。進階開府儀同三司，賜實封戶三百。度懇讓不得可，乃受實封。

大和四年，數引疾不任機重，願上政事。帝擇上醫護治，中人日勞問相躡，乃詔進司徒、平章軍國重事，須疾已，三日若五日一至中書。度讓免冊禮。度自見功高位極，不能無慮，稍詭迹避禍。於是牛僧孺、李宗閔同輔政，媢度勳業久居上，欲有所逞，乃共訾其跡損短之，因度辭位，即白帝進兼侍中，出爲山南東道節度使。白罷元和所置臨漢監，收千馬納之校，以善田四百頃還襄人。頃之，固請老，不許。

八年，徙東都留守，俄加中書令。李訓之禍，宦官肆威以逞，凡訓、注宗婭賓客悉收逮，

訊報苛慘。度上疏申理，全活數十姓。武德縣主藏史盜錢亡命，捕不得。河陽節度使溫造獄其令王賞責負，繫三年，母死弗許喪。度爲帝言之，賞得釋。

時閹豎擅威，天子擁虛器，搢紳道喪，度不復有經濟意，乃治第東都集賢里，沼石林叢，岑繚幽勝。午橋作別墅，具燠館涼臺，號綠野堂，激波其下。度野服蕭散，與白居易、劉禹錫爲文章、把酒，窮晝夜相歡，不問人間事。而帝知度年雖及，神明不衰，每大臣自洛來，必問度安否。

開成二年，復以本官節度河東。度牢辭老疾，帝命吏部郎中盧弘宣諭意曰：「爲朕臥護北門可也。」趣上道，度乃之鎮。易定節度使張璠卒，軍中將立其子元益，度乃遣使曉譬禍福，元益懼，束身歸朝。

三年，以病丐還東都。眞拜中書令，臥家未克謝，有詔先給俸料。上巳宴羣臣曲江，度不赴，帝賜詩曰：「注想待元老，識君恨不早。我家柱石衰，憂來學丘禱。」別詔曰：「方春愼疾爲難，勉醫藥自持。朕集中欲見公詩，故示此，異日可進。」使者及門而度薨，年七十六。帝聞震悼，以詩置靈几。册贈太傅，謚文忠，賵禮優縟，命京兆尹鄭復護喪。度臨終，自爲銘誌。帝怪無遺奏，敕家人索之，得半藁，以儲貳爲請，無私言。會昌元年，加贈太師。大中

初，詔配享憲宗廟廷。

度退然纔中人，而神觀邁爽，操守堅正，善占對。既有功，名震四夷。使外國者，其君長必問度年今幾，狀貌孰似，天子用否。其威譽德業比郭汾陽，而用不用常爲天下重輕。事四朝，以全德始終。及歿，天下莫不思其風烈。葬管城，逮今廟食。

五子，識、諗知名。

識字通理，性敏晤，凡經目未始忘。推蔭補京兆參軍，擢累大理少卿。王師討劉稹，爲供軍使。稹平，改司農卿，進湖南觀察使。入拜大理卿，襲晉國公半封。爲涇原節度使。時蕃酋尚恐熱上三州七關，列屯分守。宣宗擇名臣，以識帥涇原，畢誠帥邠寧，李福帥夏州，帝親臨遣。

識至，治堡障，整戎器，開屯田。初，將士守邊，或積歲不得還。識與立戍限，滿者代；親七十，近戍。由是人感悅。加檢校刑部尚書，徙鳳翔、忠武、天平、邠寧、靈武等軍。進檢校尚書右僕射。靈武地斥鹵無井，識誓神而鑿之，果得泉。歷六節度，所莅皆有可述。卒，贈司空，謚曰昭。

諗有文，藉蔭累官考功員外郎。宣宗訪元和宰相子，思度勳望，故待諗有加。爲翰林學士，累遷工部侍郎，詔加承旨。適會帝幸其院，諗卽稱謝。帝曰：「可歸與妻子相慶。」取御奩果以賜，諗舉衣跽受。帝顧宮人取巾裹賜之。後爲太子少師，封河東郡公。黃巢盜國，迫以僞官，不從，遇害。

贊曰：憲宗討蔡，出入四年。元濟外連姦臣，刺宰相，反用事者，沮駭朝謀。惟天子赫然排羣議，任度政事，倚以討賊。身督戰，遂平淮西。非度破賊之難，任度之爲難也。韓愈頌其功曰：「凡此蔡功，惟斷乃成。」其知言哉！穆宗不君，憸人腐夫乘釁鑴詆，而度遂無顯功。非前智後愚，用不用，勢當然矣。前史稱度晚沉浮爲自安計，是不然，大雅曰：「既明且哲，以保其身。」度何訿云。

唐書卷一百七十四

列傳第九十九

李逢吉　元稹　牛僧孺蔚　徽　叢　李宗閔　楊嗣復授　埙　損

李逢吉字虛舟，系出隴西。父顏〔一〕，有痼疾，逢吉自料醫劑，遂通方書。舉明經，又擢進士第。范希朝表爲振武掌書記，薦之德宗，拜左拾遺。元和時，遷給事中、皇太子侍讀。改中書舍人，知禮部貢舉。未已事，拜門下侍郎、同中書門下平章事。詔禮部尚書王播署榜。

逢吉性忌前，險譎多端。及得位，務償好惡。裴度討淮西，逢吉慮成功，密圖沮止，趣和議者請罷諸道兵。憲宗知而惡之，出爲劍南東川節度使。

穆宗卽位，徙山南東道。緣講侍恩，陰結近倖。長慶二年，召入爲兵部尚書。時度與元稹知政，度嘗條稹憸佞，逢吉以爲其隙易乘，遂幷中之，遣人上變，言和王傅于方結客，

欲爲稹刺度。帝命尚書左僕射韓皋、給事中鄭覃與逢吉參鞫方，無狀，稹、度坐是皆罷，逢吉代爲門下侍郎、平章事。因以恩爵動詭薄者，更相挻以詆傷度，於是李紳、韋處厚等誦言度爲逢吉排迮，度初得留。時已失河朔，王智興以徐叛，李岕以汴叛，國威不振，天下延頸俟相度，而中外交章言之，帝訖不省，度遂外遷。岕平，進尚書右僕射。

帝暴疾，中外阻遏，逢吉因中人梁守謙、劉弘規、王守澄議，請立景王爲皇太子，帝不能言，頷之而已。明日下詔，皇太子遂定。鄭注得幸於王守澄，逢吉遣從子訓賂注，結守澄爲奧援，自是肆志無所憚。其黨有張又新、李續、張權輿、劉栖楚、李虞、程昔範、姜洽及訓八人，而傅會者又八人，皆任要劇，故號「八關十六子」。有所求請，先賂關子，後達於逢吉，無不得所欲。未幾封涼國公。

敬宗新立，度求入覲，逢吉不自安，張權輿爲作讖言以沮度，而韋處厚亟爲帝言之，計卒不行。有武昭者，陳留人，果敢而辯。度之討蔡，遣說吳元濟，元濟臨以兵，辭不橈，厚禮遣還，度署以軍職，從鎭太原，除石州刺史。罷歸不得用，怨望，與太學博士李涉、金吾兵曹參軍茅彙居長安中，以氣俠相許。逢吉與李程同執政，不叶。程族人仍叔謂昭曰：「丞相欲用君，顧逢吉持不可。」昭愈憤，酒所，語其友劉審，欲刺逢吉。審竊語權輿，逢吉因彙召見昭，厚相結納，忿隙得解。逢吉素厚待彙，嘗與書曰：「足下當以『自求』字僕，吾當以『利見』

字君。」辭頗猥昵。及度將還，復命人發昭事。由是昭、彙皆下獄，命御史中丞王播按之。訓諷彙使誣昭與李程同謀，不然且死。彙不可，曰：「誣人以自免，不爲也！」獄成，昭榜死，彙流崖州，涉康州，仍叔貶道州司馬，訓流象州。擢審長壽主簿。而逢吉謀益露。昭死，人皆冤之。

初，逢吉興昭獄以止度入而不果，天子知度忠，卒相之。逢吉於是寖疎，以檢校司空、平章事爲山南東道節度使，表李續自副，張又新行軍司馬。頃之，檢校司徒。初，門下史田伾倚逢吉親信，顧財利，進婢，嬖之。伾坐事匿逢吉家，名捕弗獲。及出鎭，表隨軍，滿歲不敢集，使人僞過門下省，調房州司馬。爲有司所發，卽襄州捕之，詭讕不遣。御史劾奏，詔奪一季俸，因是貶續爲涪州刺史，又新汀州刺史。久乃徙宣武，以太子太師爲東都留守。及訓用事，召拜尙書左僕射，足病不能朝，以司徒致仕，卒，年七十八，贈太尉，謚曰成。無子，以從弟子植嗣。

元稹字微之，河南河內人。六代祖巖，爲隋兵部尙書。稹幼孤，母鄭賢而文，親授書傳。九歲工屬文，十五擢明經，判入等，補校書郎。元和元年舉制科，對策第一，拜左拾遺。

性明銳，遇事輒舉。

始，王叔文、王伾蒙幸太子宮，而橈國政，稹謂宜選正人輔導，因獻言曰：

伏見陛下降明詔，脩廢學，增胄子，然而事有先於此，臣敢昧死言之。

賈誼有言：「三代之君仁且久者，教之然也。」周成王本中才，近管、蔡則讒入，任周、召則善聞。豈天聰明哉？而克終于道者，教也。始爲太子也，太公爲師，周公爲傅，召公爲保，伯禽、唐叔與游，目不閱淫豔，耳不聞優笑，居不近庸邪，玩不備珍異。及爲君也，血氣既定，游習既成，雖有放心，不能奪已成之性。則彼道德之言，固吾所習聞，陳之者易諭焉；回佞庸違，固吾所積懼，諂之者易辨焉。人之情莫不耀所能，黨所近，苟得志，必快其所蘊。物性亦然，故魚得水而游，鳥乘風而翔，火得薪而熾。夫成王所蘊，道德也；所近，聖賢也。快其蘊，則興禮樂，朝諸侯，措刑罰，教之至也。

秦則不然，滅先王之學，黜師保之位。胡亥之生也，詩書不得聞，聖賢不得近。彼趙高，刑餘之人，傅之以殘忍戕賊之術，日恣睢，天下之人未盡愚，而亥不能分馬鹿矣；高之威懾天下，而亥自幽深宮矣。若秦亡則有以致之也。

太宗爲太子，選知道德者十八人與之游；即位後，雖間宴飲食，十八人者皆在。上之失無不言，下之情無不達，不四三年而名高盛古，斯游習之致也。貞觀以來，保、

傅皆宰相兼領，餘官亦時重選，故馬周恨位高不爲司議郎，其驗也。

母后臨朝，剪棄王室，中、睿爲太子，雖有骨鯁敢言之士，不得在調護保安職，及讒言中傷，惟樂工剖腹爲證，豈不哀哉！比來茲弊尤甚，師資保傅，不疾廢眊瞶，即休戎罷帥者處之。又以僻滯華首之儒備侍直、侍讀，越月踰時不得召。夫以匹士之愛其子，猶求明哲慈惠之師，豈天下元良而反不及乎？

臣以爲高祖至陛下十一聖，生而神明，長而仁聖，以是爲屑屑者，故不之省。設萬世之後，有周成中才，生於深宮，無保助之教，則將不能知喜怒哀樂所自，況稼穡艱難乎！願令皇太子洎諸王齒冑講業，行嚴師問道之禮，輟禽色之娛，資游習之善，豈不美哉！

又自以職諫諍，不得數召見，上疏曰：

臣聞治亂之始，各有萌象。容直言，廣視聽，躬勤庶務，委信大臣，使左右近習不得蔽疏遠之人，此治象也。大臣不親，直言不進，抵忌諱者殺，犯左右者刑，與一二近習決事深宮中，羣臣莫與，此亂萌也。人君始即位，萌象未見，必有狂直敢言者。上或激而進之，則天下君子望風曰：「彼狂而容於上，其欲來天下士乎？吾之道可以行矣！」其小人則竦利曰：「彼之直，得幸於上，吾將直言以徼利乎！」由是天下賢不肖各

以所忠貢於上，上下之志霈然而通。合天下之智，治萬物之心，人人樂得其所，戴其上如赤子之親慈母也，雖欲誘之爲亂，可得乎？及夫進計者入，而直言者戮，則天下君子內謀曰：「與其言不用而身爲戮，吾寧危行言遜以保其終乎！」其小人則擇利曰：「吾君所惡者拂心逆耳，吾將苟順是非以事之。」由是進見者革而不內，言事者寢而不聞，若此則十步之事不得見，況天下四方之遠乎！故曰：聾瞽之君非無耳目，左右前後者屏蔽之，不使視聽，欲不亂可得哉？

太宗初卽位，天下莫有言者，孫伏伽以小事持諫，厚賜以勉之。自是論事者唯懼言不直、諫不極、不能激上之盛意，曾不以忌諱爲虞。於是房、杜、王、魏議可否於前，四方言得失於外，不數年大治。豈文皇獨運聰明於上哉？蓋下盡其言，以宣揚發暢之也。夫樂全安，惡戮辱，古今情一也，豈獨貞觀之人輕犯忌諱而好戮辱哉？蓋上激而進之也。喜順從，怒蹇犯，亦古今情一也，豈獨文皇甘逆耳、怒從心哉？蓋以順從之利輕，而危亡之禍大，思爲子孫建永安計也。爲後嗣者，其可順一朝意，而蔑文皇之天下乎？

陛下卽位已一歲，百辟卿士、天下四方之人，曾未有獻一計進一言而受賞者；左右前後拾遺補闕，亦未有奏封執諫而蒙勸者。設諫鼓，置匭函，曾未聞雪冤決事、明察幽

之意者。以陛下睿博洪深，勵精求治，豈言而不用哉？蓋下不能有所發明耳！承顧問者獨一二執政，對不及頃而罷，豈暇陳治安、議教化哉？它有司或時召見，僅能奉簿書計錢穀登降耳。以陛下之政，視貞觀何如哉？貞觀時，尙有房、杜、王、魏輔翊之智，日有獻可替否者。今陛下當致治之初，而言事進計者歲無一人，豈非羣下因循竊位之罪乎？輒昧死條上十事：一、敎太子，正邦本；二、封諸王，固磐石；三、出宮人；四、嫁宗女；五、時召宰相講庶政；六、次對羣臣，廣聰明；七、復正衙奏事；八、許方幅糾彈；九、禁非時貢獻；十、省出入游畋。

于時論傪、高弘本、豆盧靖等出爲刺史，閱旬追還詔書，稹諫：「詔令數易，不能信天下。」又陳西北邊事。憲宗悅，召問得失。當路者惡之，出爲河南尉，以母喪解。服除，拜監察御史。按獄東川，因劾奏節度使嚴礪違詔過賦數百萬，沒入塗山甫等八十餘家田產奴婢。時礪已死，七刺史皆奪俸，礪黨怒。俄分司東都。

時浙西觀察使韓皋杖安吉令孫澥，數日死；武寧王紹護送監軍孟昇喪乘驛，內喪郵中，吏不敢止；內園擅繫人踰年，臺不及知；河南尹誣殺諸生尹大階；飛龍使誘亡命奴爲養子；田季安盜取洛陽衣冠女；汴州沒入死賈錢千萬。凡十餘事，悉論奏。會河南尹房式坐罪，稹擧劾，按故事追攝，移書停務。詔薄式罪，召稹還。次敷水驛，中人仇士良夜至，稹

不讓，中人怒，擊稹敗面。宰相以稹年少輕樹威，失憲臣體，貶江陵士曹參軍，而李絳、崔羣、白居易皆論其枉。久乃徙通州司馬，改虢州長史。元和末，召拜膳部員外郎。稹尤長於詩，與居易名相埒，天下傳諷，號「元和體」，往往播樂府。穆宗在東宮，妃嬪近習皆誦之，宮中呼元才子。稹之謫江陵，善監軍崔潭峻。長慶初，潭峻方親幸，以稹歌詞數十百篇奏御，帝大悅。問稹今安在，曰：「爲南宮散郎。」即擢祠部郎中，知制誥。變詔書體，務純厚明切，盛傳一時。然其進非公議，爲士類訾薄。稹內不平，因誡風俗詔歷詆羣有司以逞其憾。

俄遷中書舍人、翰林承旨學士。數召入，禮遇益厚，自謂得言天下事。中人爭與稹交，魏弘簡在樞密，尤相善。裴度出屯鎮州，有所論奏，共沮卻之。度三上疏劾弘簡、稹傾亂國政：「陛下欲平賊，當先清朝廷乃可。」帝迫羣議，乃罷弘簡，而出稹爲工部侍郎。然眷倚不衰，未幾，進同中書門下平章事，朝野雜然輕笑，稹思立奇節報天子以厭人心。時王廷湊方圍牛元翼於深州，稹所善于方言：「王昭、于友明皆豪士，雅游燕、趙間，能得賊要領，可使反間而出元翼。願以家貲辦行，得兵部虛告二十，以便宜募士。」稹然之。李逢吉知其謀，陰令李賞訹裴度曰：「于方爲稹結客，將刺公。」度隱不發。神策軍中尉以聞，詔韓皐、鄭覃及逢吉雜治，無刺度狀，而方計暴聞，遂與度偕罷宰相，出爲同州刺史。諫官爭言度不當免，

而黜稹輕。帝獨憐稹，但削長春宮使。初，獄未具，京兆劉遵古遣吏羅禁稹第，稹訴之，帝怒，責京兆，免捕賊尉，使使者慰稹。再期，徙浙東觀察使。明州歲貢蚶，役郵子萬人，不勝其疲，稹奏罷之。

大和三年，召爲尙書左丞，務振綱紀，出郎官尤無狀者七人。然稹素無檢，望輕，不爲公議所右。王播卒，謀復輔政甚力，訖不遂。俄拜武昌節度使。卒，年五十三，贈尙書右僕射。

所論著甚多，行于世。在越時，辟竇鞏。鞏，天下工爲詩，與之酬和，故鏡湖、秦望之奇益傳，時號「蘭亭絕唱」。稹始言事峭直，欲以立名，中見斥廢十年，信道不堅，乃喪所守。附宦貴得宰相，居位纔三月罷。晚彌沮喪，加廉節不飾云。

牛僧孺字思黯，隋僕射奇章公弘之裔。幼孤，下杜樊鄉有賜田數頃，依以爲生。工屬文，第進士。元和初，以賢良方正對策，與李宗閔、皇甫湜俱第一，條指失政，其言骾訐，不避宰相。宰相怒，故楊於陵、鄭敬、韋貫之、李益等坐考非其宜，皆謫去。僧孺調伊闕尉，改河南，遷監察御史，進累考工員外郎、集賢殿直學士。

穆宗初，以庫部郎中知制誥。徙御史中丞，按治不法，內外澄肅。宿州刺史李直臣坐賕當死，賂宦侍爲助，具獄上。帝曰：「直臣有才，朕欲貸而用之。」僧孺曰：「彼不才者，持祿取容耳。天子制法，所以束縛有才者。祿山、朱泚以才過人，故亂天下。」帝異其言，乃止。賜金紫服，以戶部侍郎同中書門下平章事。

始，韓弘入朝，其子公武用財賂權貴，杜塞言者。俄而弘、公武卒，孫弱不能事，帝遣使者至其家，悉收貲簿，校計出入。所以餉中朝臣者皆在，至僧孺，獨注其左曰：「某月日，送錢千萬，不納。」帝善之，謂左右曰：「吾不謬知人。」繇是遂以相。尋遷中書侍郎。

敬宗立，進封奇章郡公。是時政出近倖，僧孺數表去位，帝爲於鄂州置武昌軍，授武昌節度使、同平章事。鄂城土惡亟圮，歲增築，賦蓑茅於民，吏倚爲擾。僧孺陶甓以城，五年畢，鄂人無復歲費。又廢沔州以省冗官。

文宗立，李宗閔當國，屢稱僧孺賢，不宜棄外。復以兵部尙書平章事。幽州亂，楊志誠逐李載義，帝不時召宰相問計，僧孺曰：「是不足爲朝廷憂。夫范陽自安、史後，國家無所繫休戚，前日劉總挈境歸國，荒財耗力且百萬，終不得范陽尺帛斗粟入天府，俄復失之。今志誠繇向載義也，第付以節使扞奚、契丹，彼且自力，不足以逆順治也。」帝曰：「吾初不計此，公言是也。」因遣使慰撫之。進門下侍郎、弘文館大學士。

是時，吐蕃請和約弛兵，而大酋悉怛謀舉維州入之劍南，於是李德裕上言：「韋皋經略西山，至死恨不能致，今以生羌二千人燒十三橋，擣虜之虛，可以得志。」帝使羣臣大議，請如德裕策。僧孺持不可，曰：「吐蕃縣地萬里，失一維州無害其彊。今修好使者尙未至，遽反其言。且中國禦戎，守信爲上，應敵次之。彼來責曰：『何故失信？』贊普牧馬蔚茹川，若東襄隴坂，以騎綴回中，不三日抵咸陽橋，則京師戒嚴，雖得百維州何益！」帝然之，遂詔返降者。時皆謂僧孺挾素怨，橫議沮解之，帝亦以爲不直。

會中人王守澄引纖人竊議朝政，它日延英召見宰相曰：「公等有意於太平乎？何道以致之？」僧孺曰：「臣待罪宰相，不能康濟，然太平亦無象。今四夷不內擾，百姓安生業，私室無彊家，上不壅蔽，下不怨讟，雖未及至盛，亦足爲治矣。而更求太平，非臣所及。」退謂它宰相曰：「上責成如是，吾可久處此耶？」固請罷，乃檢校尙書左僕射平章事，爲淮南節度副大使。天子旣急於治，故李訓等投隙得售其妄，幾至亡國。

開成初，表解劇鎭，以檢校司空爲東都留守。僧孺治第洛之歸仁里，多致嘉木美石，與賓客相娛樂。三年，召爲尙書左僕射。僧孺入朝，會莊恪太子薨，旣見，陳父子君臣人倫大經，以悟帝意，帝泫然流涕。以足疾不任謁，檢校司空、平章事，爲山南東道節度使。賜彝樽、龍勺，詔曰：「精金古器以比況君子，卿宜少留。」僧孺固請，乃行。

會昌元年，漢水溢，壞城郭，坐不謹防，下遷太子少保。進少師。明年，以太子太傅留守東都。劉稹誅，而石雄軍吏得從諫與僧孺、李宗閔交結狀。又河南少尹呂述言：「僧孺聞稹誅，恨歎之。」武宗怒，黜爲太子少保，分司東都，累貶循州長史。宣宗立，徙衡、汝二州，還爲太子少師。卒，贈太尉，年六十九。謚曰文簡。

諸子蔚、叢最顯。

蔚字大章，少擢兩經，又第進士，繇監察御史爲右補闕。大中初，屢條切政，宣宗喜曰：「牛氏果有子，差尉人意。」出金州刺史，遷累吏部郎中。失權倖意，貶國子博士，分司東都。復以吏部召，兼史館修撰。

咸通中，進至戶部侍郎，襲奇章侯。坐累免，未一歲，復官。久之，檢校兵部尚書、山南西道節度使。治梁三年，徐州盜起，神策兩中尉諷諸藩悉財助軍，蔚索府帛三萬以獻，中人嫌其吝，用吳行魯代之。黃巢入京師，遁山南，故吏民喜蔚至，爭迎候。因請老，以尚書右僕射致仕，卒。

子徽。

徽舉進士，累擢吏部員外郎。乾符中選濫，吏多姦，歲調四千員，徽治以剛明，柅杜干請，法度復振。

蔚避地于梁，道病，徽與子扶篋輿，歷閣路，盜擊其首，血流面，持輿不息。盜迫之，徽拜曰：「人皆有父，今親老而疾，幸無駭驚。」盜感之，乃止。及前谷，又逢盜，輒相語曰：「此孝子也！」共舉輿舍之家，進帛裹創，以饘飲奉蔚，留信宿去。抵梁，徽趨蜀謁行在，丐歸侍親疾。會拜諫議大夫，固辭，見宰相杜讓能曰：「上遷幸當從，親有疾當侍，而徽兄在朝廷，身乞還營醫藥。」時兄循已位給事中，許之。父喪，客梁、漢。終喪，以中書舍人召，辭疾，改給事中，留陳倉。

張濬伐太原，引爲判官，敕在所敦遣。徽太息曰：「王室方復，廥藏殫耗，當協和諸侯以爲藩屛，而又濟以兵，諸侯離心，必有後憂。」不肯起。濬果敗。復召爲給事中。

楊復恭叛山南，李茂貞請假招討節伐之，未報，而與王行瑜輒出兵。昭宗怒，持奏不下。茂貞亟請，帝召羣臣議，無敢言。徽曰：「王室多難，茂貞誠有功。今復恭阻兵而討之，罪在不俟命爾。臣聞兩鎭兵多殺傷，不早有所制，則梁、益之人盡矣。請假以節，明約束，則軍有所畏。」帝曰：「然。」乃以招討使授茂貞，果有功，然益偃蹇，帝使宰相杜讓能將兵誅討，徽諫曰：「岐，國西門。茂貞憑其衆而暴，若令萬分一不利，屈威重奈何？願徐制之。」不

聽。師出，帝復召徽曰：「今伐茂貞，彼衆烏合，取必萬全，卿計何日有捷？」對曰：「臣職諫爭，所言者軍國大體，如索賊平之期，願陛下考蓍龜，責將帥，非臣職也。」既而師果敗，遂殺大臣，王室益弱。

俄繇中書舍人爲刑部侍郎，襲奇章男。崔胤忌徽之正，換左散常侍，徙太子賓客，以刑部尚書致仕，歸樊川。卒，贈吏部尚書。

叢字表齡，第進士，繇藩帥幕府任補闕，數言事。會宰相請廣諫員，宣宗曰：「諫臣惟能舉職爲可，奚用衆耶？今張符、趙璘、牛叢使朕聞所未聞，三人足矣。」以司勳員外郎爲睦州刺史，帝勞曰：「卿非得怨宰相乎？」對曰：「陛下比詔不由刺史縣令不任近臣，宰相以是擢臣，非嫌也。」卽賜金紫，謝曰：「臣今衣刺史所假緋，卽賜紫，爲越等。」乃賜銀緋。

咸通末，拜劍南西川節度使。時蠻犯邊，抵大渡，進略黎、雅，叩邛崍關，謾書求入朝，且曰假道。叢囚其使四十人，釋二人還之，蠻懼，卽引去。

僖宗幸蜀，授太常卿。以病求爲巴州刺史，不許。還京，爲吏部尚書。嗣襄王亂，叢客死太原。

李宗閔字損之，鄭王元懿四世孫。擢進士，調華州參軍事。舉賢良方正，與牛僧孺詆切時政，觸宰相，李吉甫惡之，補洛陽尉。久流落不偶，去從藩府辟署。入授監察御史、禮部員外郎。裴度伐蔡，引爲彰義觀察判官。蔡平，遷駕部郎中，知制誥。穆宗卽位，進中書舍人。時爾爲華州刺史，父子同拜，世以爲寵。

長慶初，錢徽典貢舉，宗閔託所親於徽，而李德裕、李紳、元稹在翰林，有寵於帝，共白徽納干丐，取士不以實，宗閔坐貶劍州刺史。由是嫌忌顯結，樹黨相磨軋，凡四十年，搢紳之禍不能解。

俄復爲中書舍人，典貢舉，所取多知名士，若唐沖、薛庠、袁都等，世謂之「玉笋」。寶曆初，累進兵部侍郎，父喪解。大和中，以吏部侍郎同中書門下平章事。時德裕自浙西召，欲以相，而宗閔中助多，先得進，卽引僧孺同秉政，相唱和，去異己者，德裕所善皆逐之。遷中書侍郎。

久之，德裕爲相，與宗閔共當國。德裕入謝，文宗曰：「而知朝廷有朋黨乎？」德裕曰：「今中朝半爲黨人，雖後來者，趍利而靡，往往陷之。陛下能用中立無私者，黨與破矣。」帝曰：「衆以楊虞卿、張元夫、蕭澣爲黨魁。」德裕因請皆出爲刺史，帝然之。卽以虞卿爲常州，

元夫爲汝州，蕭澣爲鄭州。宗閔曰：「虞卿位給事中，州不容在元夫下。德裕居外久，其知黨人不如臣之詳。虞卿日見賓客於第，世號行中書，故臣未嘗與美官。」德裕質之曰：「給事中非美官云何？」宗閔大沮，不得對。俄以同平章事爲山南西道節度使。

李訓、鄭注始用事，疾德裕，共訾短之。乃罷德裕，復召宗閔知政事，進封襄武縣侯，恣肆附託。會虞卿以京兆尹得罪，極言營解，帝怒叱曰：「爾嘗以鄭覃爲妖氣，今自爲妖耶？」即出爲明州刺史，貶處州長史。訓、注乃劾宗閔異時陰結駙馬都尉沈嶬、內人宋若憲、宦者韋元素王踐言等求宰相，且言：「頃上有疾，密問術家呂華，迎考命曆，曰：『惡十二月。』而踐言監軍劍南，受德裕賕，復與宗閔交私。」乃貶宗閔潮州司戶參軍事，嶬逐柳州，元素等悉流嶺南，親信並斥。

時訓、注欲以權市天下，凡不附己者，皆指以二人黨，逐去之。人人駭栗，連月雺晦。帝乃詔宗閔、德裕姻家門生故吏，自今一切不問，所以慰安中外。嘗歎曰：「去河北賊易，去此朋黨難！」

開成初，幽州刺史元忠、河陽李載義累表論洗，乃徙爲衢州司馬。楊嗣復輔政，與宗閔善，欲復用，而畏鄭覃，乃托宦人諷帝。帝因紫宸對覃曰：「朕念宗閔久斥，應授一官。」覃曰：「陛下徙令少近則可，若再用，臣請前免。」陳夷行曰：「宗閔之罪，不即死爲幸。寶曆時，

李續、張又新等號『八關十六子』，朋比險妄，朝廷幾危。」李珏曰：「此李逢吉罪。今續喪闋，不可不任以官。」夷行曰：「不然，舜逐四凶天下治，朝廷何惜數憸人，使亂紀綱？」嗣復曰：「事當適宜，不可以憎愛奪。」帝曰：「州刺史可乎？」覃請授洪州別駕。夷行曰：「宗閔始庇鄭注，階其禍，幾覆國。」嗣復曰：「陛下向欲官鄭注，而宗閔不奉詔，尚當記之。」覃曰：「嗣復黨宗閔者，彼其惡似李林甫。」嗣復曰：「覃言過矣，林甫妬賢忌功，夷滅十餘族，宗閔固無之。始，宗閔與德裕俱得罪，德裕再徙鎮，而宗閔故在貶地。夫懲勸宜一，不可謂黨。」因折覃曰：「比殷侑爲韓益求官，臣以其昔坐贓，不許。覃託臣勿論，是豈不爲黨乎？」遂擢宗閔杭州刺史。遷太子賓客，分司東都。

既而覃、夷行去位，嗣復謀引宗閔復輔政，未及而文宗崩。會昌中，劉稹以澤潞叛，德裕建言宗閔素厚從諫，今上黨近東都，乃拜宗閔湖州刺史。稹敗，得交通狀，貶漳州長史，流封州。宣宗即位，徙郴州司馬，卒。

宗閔性機警，始有當世令名，既寖貴，喜權勢。初爲裴度引拔，後度薦德裕可爲相，宗閔遂與爲怨。韓愈爲作南山、猛虎行規之。而宗閔崇私黨，熏熾中外，卒以是敗。

子琨、瓚，皆擢進士。令狐綯作相，而瓚以知制誥歷翰林學士。綯罷，亦爲桂管觀察使。不善禦軍，爲士卒所逐，貶死。

宗閔弟宗冉，其子湯，累官京兆尹，黃巢陷長安，殺之。

楊嗣復字繼之。父於陵，始見識於浙西觀察使韓滉，妻以其女，歸謂妻曰：「吾閱人多矣，後貴且壽無若生者，有子必位宰相。」既而生嗣復，滉撫其頂曰：「名與位皆踰其父，楊氏之慶也。」因字曰慶門。八歲知屬文，後擢進士、博學宏辭，與裴度、柳公綽皆爲武元衡所知，表署劍南幕府。進右拾遺，直史館。尤善禮家學，改太常博士，再遷禮部員外郞。時於陵爲戶部侍郞，嗣復避同省，換它官，有詔：「同司，親大功以上，非聯判句檢官長，皆勿避。官同職異，雖父子兄弟無嫌。」遷累中書舍人。

嗣復與牛僧孺、李宗閔雅相善，二人輔政，引之，然不欲越父當國，故權知禮部侍郞。凡二期，得士六十八人，多顯官。文宗嗣位，進戶部侍郞。於陵老，求侍不許。喪除，擢尙書左丞。大和中，宗閔罷，嗣復出爲劍南東川節度使。宗閔復相，徙西川。

開成初，以戶部侍郞召，領諸道鹽鐵轉運使。俄與李珏並拜同中書門下平章事，弘農縣伯，仍領鹽鐵。後紫宸奏事，嗣復爲帝言：「陸洿屏居民間，而上書論兵，可勸以官。」珏和曰：「士多趍競，能奬洿，貪夫廉矣。比竇洵直以論事見賞，天下釋然，況官洿耶！」帝曰：

「朕賞洵直，褒其心爾。」鄭覃不平曰：「彼苞藏固未易知。」嗣復曰：「洵直無邪，臣知之。」覃曰：「陛下當察朋黨。」嗣復曰：「覃疑臣黨，臣應免。」卽再拜祈罷。珏見言切，繆曰：「朋黨固少弭。」覃曰：「附離復生。」帝曰：「向所謂黨與不已盡乎？」覃曰：「楊漢公、張又新、李續故在。」珏乃陳邊事，欲絕其語。覃曰：「論邊事安危，臣不如珏；嫉朋比，珏不如臣。」嗣復曰：「臣聞左右佩劍，彼此相笑，未知覃果謂誰爲朋黨邪？」因當香桉頓首曰：「臣位宰相，不能進賢退不肖，以朋黨獲譏，非所以重朝廷。」固乞罷，帝方委以政，故尉安之。

它日，帝問：「符讖可信乎？何從而生？」嗣復曰：「漢光武以讖決事，隋文帝亦喜之，故其書蔓天下。班彪王命論有所引述，特以止賊亂，非重之也。」珏曰：「治亂宜直推人事耳。」帝曰：「然。」又問：「天后時有起布衣爲宰相者，果可用乎？」嗣復曰：「天后重用刑，輕用官，自爲之計耳。必責能否，要待歷試乃可。」

是時延英訪對，史官不及知。嗣復建言：「故事，正衙，起居注在前；便坐，無所紀錄。姚璹、趙璟皆請置時政記，不能行。臣請延英對宰相語關道德刑政者，委中書門下直日紀錄，月付史官。」它宰相議不同，止。久之，帝又問：「延英政事，孰當記之？」珏監修國史，對曰：「臣之職也。」陳夷行曰：「宰相所錄，恐掩蔽聖德，自盜美名。臣向言不欲威權在下者，此也。」珏曰：「夷行疑宰相賣威權，貨刑賞。不然，何自居位而爲此言邪？臣得罷爲幸。」覃

曰：「陛下開成初政甚善，三年後，日不逮前。」嗣復曰：「開成初，覃、夷行當國，三年後，臣與李珏同進。臣不能悉心奉職，使政事日不逮前，臣之罪也。縱陛下不忍加誅，當自殄滅。」卽叩頭請從此辭，不敢更至中書，乃趍出。帝使使者召還，曰：「覃言失，何及此邪？」覃起謝曰：「臣愚不知忌諱，近事雖善，猶未盡公。臣非專斥嗣復，而遽求去，乃不使臣言耳。」嗣復曰：「陛下月費俸稟數十萬，時新異賜必先及，將責臣輔聖功，求至治也。使不及初，豈臣當死，累陛下之德，奈何？惟陛下別求賢以自輔。」帝曰：「覃偶及之，奚執咎？」嗣復闔門不肯起，帝乃免覃、夷行相，而嗣復專天下事。

進門下侍郎。建言：「使府官屬多，宜省。」帝曰：「無反滯才乎？」對曰：「才者自異，汰去粃滓者，菁華乃出。」帝曰：「昔蕭復秉政，難言者必言，卿其志之！」

未幾，帝崩，中尉仇士良廢遺詔，立武宗。帝之立，非宰相意，故內薄執政臣，不加禮，自用李德裕，而罷嗣復爲吏部尙書，出爲湖南觀察使。會誅薛季稜、劉弘逸，中人多言嘗附嗣復、珏，不利於陛下。帝剛急，卽詔中使分道誅嗣復等，德裕與崔鄲、崔珙等詣延英言：「故事，大臣非惡狀明白，未有誅死者。昔太宗、玄宗、德宗三帝，皆嘗用重刑，後無不悔，願徐思其宜，使天下知盛德有所容，不欲人以爲寃。」帝曰：「朕纘嗣之際，宰相何嘗比數！且珏等各有附會，若珏、季稜屬陳王，猶是先帝意。如嗣復、弘逸屬安王，乃內爲楊妃謀。且

其所詒書曰：『姑何不斅天后？』」德裕曰：「飛語難辨。」帝曰：「妃昔有疾，先帝許其弟入侍，得通其謀。禁中證左尤具，我不欲暴于外。使安王立，肯容我耶？」言畢戚然，乃曰：「爲卿赦之！」因追使者還，貶嗣復潮州刺史。

宣宗立，起爲江州刺史。以吏部尚書召，道岳州卒，年六十六，贈尚書左僕射，謚曰孝穆。

嗣復領貢舉時，於陵自洛入朝，乃率門生出迎，置酒第中，於陵坐堂上，嗣復與諸生坐兩序。始於陵在考功，擢浙東觀察使李師稷及第，時亦在焉。人謂楊氏上下門生，世以爲美。

嗣復五子，其顯者：授、損。

授字得符，於昆弟最賢。由進士第遷累戶部侍郎，以母病求爲祕書監。後以刑部尚書從昭宗幸華，徙太子少保，卒，贈尚書左僕射。

子煚，字公隱，累擢左拾遺。昭宗初立，數遊宴，上疏極諫。歷戶部員外郎。崔胤招朱全忠入京師，煚挈族客湖南。終諫議大夫。

損字子默，繇蔭補藍田尉，至殿中侍御史。家新昌里，與路巖第接。巖方爲相，欲易其廏以廣第。損族仕者十餘人，議曰：「家世盛衰，繫權者喜怒，不可拒。」損曰：「今尺寸土皆先人舊貲，非吾等所有，安可奉權臣邪？窮達，命也！」卒不與。巖不悅，使損按獄黔中，踰年還。三遷絳州刺史。巖罷去，召爲給事中，遷京兆尹。與宰相盧攜雅不叶，復除給事中。陝虢軍亂，逐觀察使崔蕘，命損代之，至則盡誅有罪者。拜平盧節度使，徙天平，未赴復留，卒官下。

贊曰：夫口道先王語，行如市人，其名曰「盜儒」。僧孺、宗閔以方正敢言進，既當國，反奮私昵黨，排擊所憎，是時權震天下，人指曰「牛李」，非盜謂何？逢吉險邪，稹浮躁，嗣復辯給，固無足言。幸主孱昏，不厎於戮，治世之罪人歟！

校勘記

〔一〕父顏　按本書卷七二上宰相世系表及舊書卷一六七李逢吉傳均謂逢吉父名歸期，祖名顏。

唐書卷一百七十五

列傳第一百

竇羣 常 牟 鞏　劉栖楚　張又新　楊虞卿 漢公 汝士　張宿

熊望　柏耆

竇羣字丹列，京兆金城人。父叔向，以詩自名，代宗時，位左拾遺。羣兄弟皆擢進士第，獨羣以處士客隱毗陵。母卒，齧一指置棺中，廬墓次終喪。從盧庇傳啖助春秋學，著書數十篇。蘇州刺史韋夏卿薦之朝，并表其書，報聞，不召。後夏卿入爲京兆尹，復言之，德宗擢爲左拾遺。時張薦持節使吐蕃，乃遷羣侍御史，爲薦判官。入見帝曰：「陛下即位二十年，始自草茅擢臣爲拾遺，何其難也？以二十年難進之臣爲和蕃判官，一何易？」帝壯其言，不遣。

王叔文黨盛，雅不喜羣，羣亦悻悻不肯附。欲逐之，韋執誼不可，乃止。羣往見叔文

曰：「事有不可知者。」叔文曰：「奈何？」曰：「去年李實伐恩恃權，震赫中外，君此時逡巡路傍，江南一吏耳。今君又處實之勢，豈不思路傍復有如君者乎？」叔文悚然，亦卒不用。

憲宗立，轉膳部員外郎，兼侍御史知雜事。出爲唐州刺史。節度使于頔聞其名，與語，奇之，表以自副。武元衡、李吉甫皆所厚善，故召拜吏部郎中。元衡輔政，薦羣代爲中丞。羣引呂溫、羊士諤爲御史，吉甫以二人躁險，持不下。羣忮很，反怨吉甫。吉甫節度淮南，羣謂失恩，因擠之。陳登者，善術，夜過吉甫家，羣即捕登掠考，上言吉甫陰事。憲宗面覆登，得其情，大怒，將誅羣，吉甫爲救解，乃免，出爲湖南觀察使。改黔中。會水壞城郛，調谿洞羣蠻築作，因是羣蠻亂，貶開州刺史。稍遷容管經略使。召還，卒于行，年五十五，贈左散騎常侍。

羣很自用，果於復怨。始召，將大任之，衆皆懼，及聞其死，乃安。

兄常、牟，弟庠、鞏，皆爲郎，工詞章，爲聯珠集行於時，義取昆弟若五星然。

常字中行，大曆中及進士第，不肯調，客廣陵，多所論著，隱居二十年。鎭州王武俊聞其才，奏辟不應。杜佑鎭淮南，署爲參謀。歷朗夔江撫四州刺史、國子祭酒，致仕。卒，贈越州都督。

牟字貽周，累佐節度府。晚從昭義盧從史，從史寖驕，牟度不可諫，即移疾歸東都，從史敗，不以覺微避去自賢。位國子司業。

庠字冑卿，終婺州刺史。

鞏字友封，雅裕，有名于時。平居與人言若不出口，世號「囁嚅翁」。元稹節度武昌，奏鞏自副，卒。

劉栖楚，其出寒鄙。爲鎭州小史，王承宗奇之，薦於李逢吉，繇鄧州司倉參軍擢右拾遺。逢吉之罷裴度、逐李紳，皆嗾而爲奸者。敬宗立，視朝常晏，數游畋失德。栖楚諫曰：「惟前世王者初嗣位，皆親庶政、坐以待旦。陛下新即位，安臥寢內，日晏乃作。大行殯宮密邇，鼓吹之聲日聞諸朝。且憲宗及先帝皆長君，朝夕恪勤，四方猶有叛者。陛下以少主，踐祚未幾，惡德流布，恐福祚之不長也。臣以諫爲官，使陛下負天下譏，請碎首以謝。」遂額叩龍

墀，血被面。李逢吉傳詔：「毋叩頭，待詔旨。」栖楚捧首立，帝動容，揚袂使去。栖楚曰：「不聽臣言，臣請死于此。」有詔尉喻，乃出。遷起居郎，辭疾歸洛。後諫官對延英，帝問：「向廷爭者在邪？」以諫議大夫召。未幾，宜授刑部侍郎。故事，侍郎無宣授者，逢吉喜助己，故不次任之。

數月，改京兆尹，峻誅罰，不避權豪。先是，諸惡少竄名北軍，凌藉衣冠，有罪則逃軍中，無敢捕。栖楚一切窮治，不閱旬，宿姦老蠹爲斂迹。一日，軍士乘醉有所凌突，諸少年從旁譟曰：「癡男子，不記頭上尹邪？」然其性詭激，敢爲怪行，乘險抵巇，若無顧藉，內實恃權怙寵以干進。詣宰相，厲色慢辭，韋處厚惡之，出爲桂管觀察使。卒，贈左散騎常侍。

張又新字孔昭，工部侍郎薦之子。元和中，及進士高第，歷左右補闕。性傾邪。李逢吉用事，惡李紳，冀得其罪，求中朝凶果敢言者厚之，以危中紳。又新與拾遺李續、劉栖楚等爲逢吉搏吠所憎，故有「八關十六子」之目。

敬宗立，紳貶端州司馬，朝臣過宰相賀，閽者曰：「止，宰相方與補闕語，姑伺之。」及又新

出，流汗揖百官曰：「端溪之事，竊不敢讓。」人皆辟易畏之。尋轉祠部員外郎。嘗買婢遷約，爲牙儈搜索陵突，御史劾舉，逢吉庇之，事不窮治。及逢吉罷，領山南東道節度，表又新爲行軍司馬。坐田伾事，貶汀州刺史。李訓有寵，又新復見用，遷刑部郎中，爲申州刺史。訓死，復坐貶。終左司郎中。

又新善文辭，再以諂附敗，喪其家聲云。

楊虞卿字師皋，虢州弘農人。父寧，有高操，談辯可喜。擢明經，調臨渙主簿，棄官還夏，與陽城爲莫逆交。德宗以諫議大夫召城，城未拜，詔寧諭，與俱來。陝虢觀察使李齊運表置幕府。齊運入爲京兆尹，表奉先主簿，拜監察御史，坐累免。順宗初，召爲殿中侍御史，終國子祭酒。

虞卿第進士、博學宏辭，爲校書郎。抵淮南，委婚幣焉，會陳商葬其先，貧不振，虞卿未嘗與游，悉所齎助之。擢累監察御史。

穆宗初立，逸游荒恣，虞卿上疏曰：「烏鳶遭害仁鳥逝，誹謗不誅良臣進。臣敢冒誅獻瞽言。臣聞堯、舜以天下爲憂，不以位爲樂。況今北虜方梗，西戎弗靖，兩河有瘡痏之虞，

五嶺罹氛厲之役。人之疾苦積下，朝之制度莫脩。邊亡見儲，國用寖屈，固未可以高枕而息也。陛下初臨萬幾，宜有憂天下心。當日見輔臣公卿百執事，垂意以問，使四方內外灼有所聞。而聽政六十日，八對延英，獨三數大臣承聖問而已，它內朝臣偕入齊出，無所咨詢。諫臣盈廷，忠言不聞，臣實羞之。蓋主恩疏而正路塞也。公卿大臣宜朝夕燕見，則君臣情接而治道得矣。今宰臣四五人，或頃刻侍坐，鞠躬隕越，隨旨上下，無能往來，此繇君太尊、臣太卑故也。公卿列位，雖陟降清地，曾未奉優睠、承下問。雖陛下神聖如五帝，猶宜周爰顧逮，惠以氣色，使支體相成，君臣昭明。陛下求治於宰相，宰相求治於臣等，進忠若趨利，論政若訴冤，此而不治，無有也。自古天子居危思安之心同，而居安慮危之心則異，故不得皆爲聖明也。」時又有衡山布衣趙知微，亦上書指言帝倡優在側，馳騁無度，內作色荒，外作禽荒。辭頗危切，帝詔宰相尉謝。宰相因是賀天子納諫，然不能用也。

俄詔行勞西北邊。還，遷侍御史，改禮部員外郎，史館脩撰。進吏部。會曹史李賨等鬻僞告，調官六十五員，贓千六百萬以上，虞卿發其姦，賨等繫御史府。而虞卿親吏嘗受二百萬，亡命，私奴受三十萬，虞卿縛奴送獄。三司嚴休復、高釴、韋景休雜推，賨等皆誅死。虞卿坐不檢下免官。

李宗閔、牛僧孺輔政，引爲右司郎中、弘文館學士。再遷給事中。虞卿佞柔，善諧麗權

幸，倚爲姦利。歲舉選者，皆走門下，署第注員，無不得所欲，升沈在牙頰間。當時有蘇景胤、張元夫，而虞卿兄弟汝士、漢公爲人所奔向，故語曰：「欲趨舉場，問蘇、張；蘇、張猶可，三楊殺我。」宗閔待之尤厚，就黨中爲最能唱和者，以口語軒輊事機，故時號黨魁。

德裕之相，出爲常州刺史。宗閔復入，以工部侍郎召，遷京兆尹。大和九年，京師訛言鄭注爲帝治丹，剔小兒肝心用之。民相驚，扃護兒曹。帝不悅，注亦內不安，而雅與虞卿有怨，即約李訓奏言：「語出虞卿家，因京兆騶伍布都下。」御史大夫李固言素嫉虞卿周比，因傅左端倪。帝大怒，下虞卿詔獄。於是諸子弟自囚闕下稱冤，虞卿得釋，貶虔州司戶參軍，死。

子知退、知權、壇、堪，漢公，皆擢進士第，漢公最顯。

漢公字用乂。始辟興元李絳幕府，絳死，不與其禍。遷累戶部郎中、史館脩撰，轉司封郎中。坐虞卿，下除舒州刺史，徙湖、亳、蘇三州。擢桂管、浙東觀察使。繇戶部侍郎拜荆南節度使，召爲工部尚書。或劾漢公治荆南有貪贓，降祕書監。稍遷國子祭酒。

宣宗擢爲同州刺史。於是，給事中鄭裔綽、鄭公輿共奏漢公冒猥無廉槩，不可處近輔，三還制書。帝它日凡門下論執駁正未嘗卻。漢公素結左右，有奥助。至是，帝惑不從，制卒行。會寒食宴近臣，帝自擊毬爲樂，巡勞從臣，見裔綽等曰：「省中議無不從，唯漢公事爲

有黨。」裔綽獨對：「同州，太宗興王地，陛下爲人子孫，當精擇守長付之，漢公既以墨敗，陛下容可舉劇部私貪人？」帝恚見顏間。翌日，斥裔綽爲商州刺史。漢公自同州更宣武、天平兩節度使，卒。

子籌、範，仕亦顯。

汝士字慕巢。中進士第，又擢宏辭。牛、李待之善，引爲中書舍人。開成初，繇兵部侍郎爲東川節度使。時嗣復鎭西川，乃族昆弟，對擁旄節，世榮其門。終刑部尙書。

子知温、知至，悉以進士第入官。知温終荆南節度使。知至爲宰相劉瞻所善，以比部郎中知制誥。瞻得罪，亦貶瓊州司馬，擢累戶部侍郎。

楊氏自汝士後，貴赫爲冠族。所居靜恭里，兄弟並列門戟。咸通後，在臺省方鎭率十餘人。

張宿者，本寒人，自名諸生。憲宗爲廣陵王時，因張茂宗薦尉，得出入邸中，誕譎敢言。及監撫，自布衣授左拾遺，交通權幸，四方賂遺滿門。數召對，不能愼密，坐漏禁中語，貶郴

丞十餘年。

累遷比部員外郎。宰相李逢吉數言其狡譎不可信，白爲濠州刺史，宿上疏自言，留不遣。帝欲以爲諫議大夫，逢吉曰：「諫議職要重，當待賢者。宿細人，不可使汙是官。陛下必用之，請先去臣乃可。」帝不悅。後逢吉罷，詔權知諫議大夫，宰相崔羣、王涯同議曰：「諫議大夫，前世或自山林、擢行伍任之者，然皆道義卓異於時。今宿望輕，若待以不次，未足以寵，適以累之也。」請授它官，不聽，使中人宣授焉。宿怨執政不與己，乃日肆讒慝，與皇甫鎛相附離，多中傷正人君子。元和末，持節至淄青，李師道願割地遣子入侍。既而悔，復遣宿往，暴卒于道，贈祕書監。

熊望者，字原師，擢進士第。性險躁，以辯說游公卿間。劉栖楚爲京兆尹，樹權勢，望日出入門下，爲刺取事機，陰佐計畫。敬宗喜爲歌詩，議置東頭學士，以備燕狎。栖楚薦望，未及用，帝崩。文宗立，韋處厚秉政，詔望因緣險薄，營密職，圖褻幸，讙沸衆議，貶漳州司戶參軍。

柏耆者，有縱横學。父良器，爲時威名將。耆志健而望高，急于立名。是時，王承宗以常山叛，朝廷厭兵，耆杖策詣淮西行營謁裴度，且言願得天子一節馳入鎭，可掉舌下之。度爲言，乃以左拾遺往。既至，以大誼動承宗，至泣下。乃請獻二州，以二子入質。眞擢耆左拾遺，由是聲震一時。遷起居舍人。

王承元徙義成軍，遣諫議大夫鄭覃往慰成德軍，賚緡錢百萬。賚未至，舉軍譁議，穆宗遣耆諭天子意，衆乃信悅。轉兵部郎中、諫議大夫。

大和初，李同捷反，詔兩河諸鎭出兵，久無功。乃授耆德州行營諸軍計會使，與判官沈亞之諭旨。會横海節度使李祐平德州，同捷窮，請降，祐使大將萬洪代守滄州，同捷未出也，耆以三百騎馳入滄，以事誅洪，與同捷朝京師。既行，諜言王廷湊欲以奇兵劫同捷，耆遂斬其首以獻。諸將嫉耆功，比奏攢詆，文宗不獲已，貶耆循州司戶參軍、亞之南康尉。宦人馬國亮譖耆受同捷先所得王稷女及奴婢珍貲。初，祐聞耆殺洪，大驚，疾遂劇。帝曰：「祐若死，是耆殺之。」至是，積前怒，詔長流愛州，賜死。

贊曰：詩人斥譖人最甚，投之豺虎、有北，不置也。如羣、栖楚輩則然，肆訐以示公，構黨以植私，其言纚纚若可聽，卒而入于敗亂也。孔子所謂「順非而澤」者歟，「利口覆邦家」者歟！耆掩衆取功，自速其死，哀哉！

唐書卷一百七十六

列傳第一百一

韓愈 孟郊 張籍 皇甫湜 盧仝 賈島 劉乂

韓愈字退之，鄧州南陽人。七世祖茂，有功於後魏，封安定王。父仲卿，爲武昌令，有美政，既去，縣人刻石頌德。終祕書郎。

愈生三歲而孤，隨伯兄會貶官嶺表。會卒，嫂鄭鞠之。愈自知讀書，日記數千百言，比長，盡能通六經、百家學。擢進士第。會董晉爲宣武節度使，表署觀察推官。晉卒，愈從喪出，不四日，汴軍亂，乃去依武寧節度使張建封，建封辟府推官。操行堅正，鯁言無所忌。調四門博士，遷監察御史。上疏極論宮市，德宗怒，貶陽山令。有愛在民，民生子多以其姓字之。改江陵法曹參軍。元和初，權知國子博士，分司東都，三歲爲眞。改都官員外郎，卽拜河南令。遷職方員外郎。

華陰令柳澗有罪，前刺史劾奏之，未報而刺史罷。澗諷百姓遮索軍頓役直，後刺史惡之，按其獄，貶澗房州司馬。愈過華，以爲刺史陰相黨，上疏治之。既御史覆問，得澗贓，再貶封溪尉。愈坐是復爲博士。既才高數黜，官又下遷，乃作進學解以自諭曰：

國子先生晨入太學，召諸生立館下，誨之曰：「業精于勤，荒于嬉；行成于思，毀于隨。方今聖賢相逢，治具畢張，拔去兇邪，登崇畯良。占小善者率以錄，名一藝者無不庸。爬羅剔抉，刮垢磨光。蓋有幸而獲選，孰云多而不揚？諸生業患不能精，無患有司之不明；行患不能成，無患有司之不公。」

言未既，有笑于列者曰：「先生欺予哉！弟子事先生，于茲有年矣。先生口不絕吟於六藝之文，手不停披於百家之編。記事者必提其要，纂言者必鉤其玄。貪多務得，細大不捐。燒膏油以繼晷，常矻矻以窮年。先生之業，可謂勤矣。觝排異端，攘斥佛老。補苴罅漏，張皇幽眇。尋墜緒之茫茫，獨旁搜而遠紹。停百川而東之，回狂瀾於既倒。先生之於儒，可謂有勞矣。沈浸醲郁，含英咀華。作爲文章，其書滿家。上規姚姒，渾渾亡涯。周誥商盤，佶屈聱牙。春秋謹嚴，左氏浮夸。易奇而法，詩正而葩。下逮莊騷，太史所錄，子雲相如，同工異曲。先生之於文，可謂閎其中而肆其外矣。少始知學，勇於敢爲。長通於方，左右其宜。先生之於爲人，可謂成矣。然而公不見信

於人，私不見助於友。跋前躓後，動輒得咎。暫爲御史，遂竄南夷。三年博士，冗不見治。命與仇謀，其敗幾時。冬煖而兒號寒，年豐而妻啼飢。頭童齒豁，竟死何裨？不知慮此，而反敎人爲！」

先生曰：「吁！子來前。夫大木爲杗，細木爲桷，欂櫨侏儒，椳闑扂楔，各得其宜，施以成室者，匠氏之工也。玉札丹砂，赤箭青芝，牛溲馬勃，敗鼓之皮，俱收並蓄，待用無遺者，醫師之良也。登明選公，雜進巧拙，紆餘爲姸，卓犖爲傑，校短量長，唯器是適者，宰相之方也。昔者孟軻好辯，孔道以明；轍環天下，卒老于行。荀卿宗王，大倫以興；逃讒于楚，廢死蘭陵。是二儒者，吐詞爲經，舉足爲法，絕類離倫，優入聖域，其遇於世何如也？今先生學雖勤而不繇其統，言雖多而不要其中；文雖奇而不濟於用，行雖脩而不顯於衆。猶且月費俸錢，歲靡廩粟，子不知耕，婦不知織；乘馬從徒，安坐而食；踵常塗之促促，窺陳編以盜竊。然而聖主不加誅，宰臣不見斥。茲非其幸歟？動而得謗，名亦隨之。投閑置散，乃分之宜。若夫商財賄之有無，計班資之崇庳，忘量己之所稱，指前人之瑕疵，是所謂詰匠氏之不以杙爲楹，而訾醫師以昌陽引年，欲進其豨苓也。」

執政覽之，奇其才，改比部郎中、史館脩撰。轉考功，知制誥，進中書舍人。

初，憲宗將平蔡，命御史中丞裴度使諸軍按視。及還，且言賊可滅，與宰相議不合。愈亦奏言：

淮西連年脩器械防守，金帛糧畜耗於給賞，執兵之卒四向侵掠，農夫織婦餉於其後，得不償費。比聞畜馬皆上槽櫪，此譬有十夫之力，自朝抵夕，跳躍叫呼，勢不支久，必自委頓。當其已衰，三尺童子可制其命。況以三州殘弊困劇之餘而當天下全力，其敗可立而待也。然未可知者，在陛下斷與不斷耳。夫兵不多不足以取勝，必勝之師不在速戰，兵多而戰不速則所費必廣。疆埸之上，日相攻劫，近賊州縣，賦役百端，小遇水旱，百姓愁苦。方此時，人人異議以惑陛下，陛下持之不堅，半塗而罷，傷威損費，爲弊必深。所要先決於心，詳度本末，事至不惑，乃可圖功。

又言：「諸道兵羈旅單弱不足用，而界賊州縣，百姓習戰鬭，知賊深淺，若募以內軍，教不三月，一切可用。」又欲「四道置兵，道率三萬，畜力伺利，一日俱縱，則蔡首尾不救，可以責功」。執政不喜。會有人詆愈在江陵時爲裴均所厚，均子鍔素無狀，愈爲文章，字命鍔，謗語囂暴，由是改太子右庶子。及度以宰相節度彰義軍，宣慰淮西，奏愈行軍司馬。愈請乘遽先入汴，說韓弘使叶力。元濟平，遷刑部侍郎。

憲宗遣使者往鳳翔迎佛骨入禁中，三日，乃送佛祠。王公士人奔走膜唄，至爲夷法灼

體膚，委珍貝，騰沓係路。愈聞惡之，乃上表曰：

佛者，夷狄之一法耳。自後漢時始入中國，上古未嘗有也。昔黃帝在位百年，年百一十歲；少昊在位八十年，年百歲；顓頊在位七十九年，年九十歲；帝嚳在位七十年，年百五歲；堯在位九十八年，年百一十八歲；帝舜在位及禹年皆百歲。此時天下太平，百姓安樂壽考，然而中國未有佛也。其後，湯亦年百歲，湯孫太戊在位七十五年，武丁在位五十年，書史不言其壽，推其年數，蓋不減百歲。周文王年九十七歲，武王年九十三歲，穆王在位百年。此時佛法亦未至中國，非因事佛而致然也。漢明帝時始有佛法，明帝在位纔十八年。其後亂亡相繼，運祚不長。宋、齊、梁、陳、元魏以下，事佛漸謹，年代尤促。唯梁武帝在位四十八年，前後三捨身施佛，宗廟祭不用牲牢，晝日一食，止於菜果，後爲侯景所逼，餓死臺城，國亦尋滅。事佛求福，乃更得禍。由此觀之，佛不足信，亦可知矣。

高祖始受隋禪，則議除之。當時羣臣識見不遠，不能深究先王之道、古今之宜，推闡聖明，以救斯弊，其事遂止。臣常恨焉！伏惟睿聖文武皇帝陛下，神聖英武，數千百年以來，未有倫比。卽位之初，卽不許度人爲僧尼、道士，又不許別立寺觀。臣當時以爲高祖之志，必行於陛下。今縱未能卽行，豈可恣之令盛也？今陛下令羣僧迎佛骨於

鳳翔，御樓以觀，舁入大內，又令諸寺遞加供養。臣雖至愚，必知陛下不惑於佛，作此崇奉以祈福祥也。直以豐年之樂，徇人之心，爲京都士庶設詭異之觀、戲玩之具耳。安有聖明若此，而肯信此等事哉？然百姓愚冥，易惑難曉，苟見陛下如此，將謂眞心信佛，皆云：「天子大聖，猶一心信向，百姓微賤，於佛豈合更惜身命？」以至灼頂燔指，十百爲羣，解衣散錢，自朝至暮，轉相放效，唯恐後時，老幼奔波，棄其生業。若不卽加禁遏，更歷諸寺，必有斷臂臠身以爲供養者。傷風敗俗，傳笑四方，非細事也。

佛本夷狄之人，與中國言語不通，衣服殊製，口不道先王之法言，身不服先王之法服，不知君臣之義、父子之情。假如其身尚在，奉其國命來朝京師，陛下容而接之，不過宣政一見，禮賓一設，賜衣一襲，衞而出之於境，不令貳於衆也。況其身死已久，枯朽之骨，凶穢之餘，豈宜以入宮禁？孔子曰：「敬鬼神而遠之。」古之諸侯弔於其國，必令巫祝先以桃茢祓除不祥，然後進弔。今無故取朽穢之物，親臨觀之，巫祝不先，桃茢不用，羣臣不言其非，御史不舉其失，臣實恥之。乞以此骨付之水火，永絕根本，斷天下之疑，絕前代之惑，使天下之人知大聖人之所作爲出於尋常萬萬也。佛如有靈，能作禍祟，凡有殃咎，宜加臣身。上天鑒臨，臣不怨悔。

表入，帝大怒，持示宰相，將抵以死。裴度、崔羣曰：「愈言訐牾，罪之誠宜。然非內懷至忠，

安能及此？顧少寬假，以來諫爭。」帝曰：「愈言我奉佛太過，猶可容；至謂東漢奉佛以後，天子咸夭促，言何乖剌邪？愈，人臣，狂妄敢爾，固不可赦。」於是中外駭懼，雖戚里諸貴，亦爲愈言，乃貶潮州刺史。

既至潮，以表哀謝曰：

臣以狂妄戇愚，不識禮度，陳佛骨事，言涉不恭，正名定罪，萬死莫塞。陛下哀臣愚忠，恕臣狂直，謂言雖可罪，心亦無它，特屈刑章，以臣爲潮州刺史，既免刑誅，又獲祿食，聖恩寬大，天地莫量，破腦刳心，豈足爲謝！

臣所領州，在廣府極東，過海口，下惡水，濤瀧壯猛，難計期程，颶風鱷魚，患禍不測。州南近界，漲海連天，毒霧瘴氛，日夕發作。臣少多病，年纔五十，髮白齒落，理不久長。加以罪犯至重，所處遠惡，憂惶慚悸，死亡無日。單立一身，朝無親黨，居蠻夷之地，與魑魅同羣，苟非陛下哀而念之，誰肯爲臣言者？

臣受性愚陋，人事多所不通，維酷好學問文章，未嘗一日暫廢，實爲時輩所見推許。臣於當時之文，亦未有過人者。至於論述陛下功德，與詩、書相表裏，作爲歌詩，薦之郊廟，紀太山之封，鏤白玉之牒，鋪張對天之宏休，揚厲無前之偉蹟，編於詩、書之策而無愧，措於天地之間而無虧，雖使古人復生，臣未肯讓。

伏以皇唐受命有天下，四海之內，莫不臣妾，南北東西，地各萬里。自天寶以後，政治少懈，文致未優，武剋不剛，孽臣奸隸，蠹居棋處，搖毒自防，外順內悖，父死子代，以祖以孫，如古諸侯，自擅其地，不朝不貢，六七十年。四聖傳序，以至陛下。陛下即位以來，躬親聽斷，旋乾轉坤，關機闔開，雷厲風飛，日月淸照，天戈所麾，無不從順。宜定樂章，以告神明，東巡泰山，奏功皇天，具著顯庸，明示得意，使永永年服我成烈。當此之際，所謂千載一時不可逢之嘉會，而臣負罪嬰釁，自拘海島，戚戚嗟嗟，日與死迫，曾不得奏薄伎於從官之內、隸御之間，窮思畢精，以贖前過。懷痛窮天，死不閉目，伏惟陛下天地父母哀而憐之。

帝得表，頗感悔，欲復用之，持示宰相曰：「愈前所論是天愛朕，然不當言天子事佛乃年促耳。」皇甫鎛素忌愈直，卽奏言：「愈終狂疏，可且內移。」乃改袁州刺史。

初，愈至潮，問民疾苦，皆曰：「惡溪有鱷魚，食民畜產且盡，民以是窮。」數日，愈自往視之，令其屬秦濟以一羊一豚投谿水而祝之曰：

昔先王既有天下，列山澤，罔繩擉刃以除蟲蛇惡物爲民物害者，驅而出之四海之外。及德薄，不能遠有，則江、漢之間尙皆棄之以與蠻夷楚、越，況湖、嶺之間去京師萬里哉？鱷魚之涵淹卵育於此，亦固其所。

今天子嗣唐位，神聖慈武，四海之外，六合之內，皆撫而有之，况禹跡所揜，揚州之近地，刺史縣令之所治，出貢賦以供天地、宗廟、百神之祀之壤者哉？鱷魚其不可與刺史雜處此土也。刺史受天子命，守此土，治此民，而鱷魚睅然不安溪潭，據處食民畜熊豕鹿麞以肥其身，以種其子孫，與刺史拒爭爲長雄。刺史雖駑弱，亦安肯爲鱷魚低首下心，伈伈睍睍，爲吏民羞，以偷活於此也？承天子命來爲吏，固其勢不得不與鱷魚辨。鱷魚有知，其聽刺史。

潮之州，大海在其南，鯨鵬之大，蝦蟹之細，無不容歸，以生以食，鱷魚朝發而夕至也。今與鱷魚約：「盡三日，其率醜類南徙于海，以避天子之命吏。三日不能，至五日；五日不能，至七日。七日不能，是終不肯徙也，是不有刺史、聽從其言也。不然，則是鱷魚冥頑不靈，刺史雖有言，不聞不知也。夫傲天子之命吏，不聽其言，不徙以避之，與頑不靈而爲民物害者，皆可殺。刺史則選材技民，操彊弓毒矢，以與鱷魚從事，必盡殺乃止，其無悔！」

祝之夕，暴風震電起谿中，數日水盡涸，西徙六十里，自是潮無鱷魚患。

袁人以男女爲隸，過期不贖，則沒入之。愈至，悉計庸得贖所沒，歸之父母七百餘人。因與約，禁其爲隸。召拜國子祭酒，轉兵部侍郎。

鎮州亂，殺田弘正而立王廷湊，詔愈宣撫。既行，衆皆危之。元稹言：「韓愈可惜。」穆宗亦悔，詔愈度事從宜，無必入。愈至，廷湊嚴兵迓之，甲士陳廷。既坐，廷湊曰：「所以紛紛者，乃此士卒也。」愈大聲曰：「天子以公爲有將帥材，故賜以節，豈意同賊反邪？」語未終，士前奮曰：「先太師爲國擊朱滔，血衣猶在，此軍何負，乃以爲賊乎？」愈曰：「以爲爾不記先太師也，若猶記之，固善。天寶以來，安祿山、史思明、李希烈等有子若孫在乎？亦有居官者乎？」衆曰：「無。」愈曰：「田公以魏、博六州歸朝廷，官中書令，父子受旗節，劉悟、李祐皆大鎮，此爾軍所共聞也。」衆曰：「弘正刻，故此軍不安。」愈曰：「然爾曹亦害田公，又殘其家矣，復何道？」衆讙曰：「善。」廷湊慮衆變，疾麾使去。因曰：「今欲廷湊何所爲？」愈曰：「神策六軍將如牛元翼者爲不乏，但朝廷顧大體，不可棄之。公久圍之，何也？」廷湊曰：「卽出之。」愈曰：「若爾，則無事矣。」會元翼亦潰圍出，廷湊不追。愈歸奏其語，帝大悅。轉吏部侍郎。

時宰相李逢吉惡李紳，欲逐之，遂以愈爲京兆尹，兼御史大夫，特詔不臺參，而除紳中丞。紳果劾奏愈，愈以詔自解。其後文刺紛然，宰相以臺、府不協，遂罷愈爲兵部侍郎，而出紳江西觀察使。紳見帝，得留，愈亦復爲吏部侍郎。長慶四年卒，年五十七，贈禮部尚書，謚曰文。

愈性明銳，不詭隨。與人交，終始不少變。成就後進士，往往知名。經愈指授，皆稱「韓門弟子」。愈官顯，稍謝遣。凡內外親若交友無後者，爲嫁遣孤女而卹其家。嫂鄭喪，爲服期以報。

每言文章自漢司馬相如、太史公、劉向、楊雄後，作者不世出，故愈深探本元，卓然樹立，成一家言。其原道、原性、師說等數十篇，皆奧衍閎深，與孟軻、楊雄相表裏而佐佑六經云。至它文造端置辭，要爲不襲蹈前人者。然惟愈爲之，沛然若有餘，至其徒李翺、李漢、皇甫湜從而效之，遽不及遠甚。從愈游者，若孟郊、張籍，亦皆自名於時。

孟郊者，字東野，湖州武康人。少隱嵩山，性介，少諧合。愈一見爲忘形交。年五十，得進士第，調溧陽尉。縣有投金瀨、平陵城，林薄蒙翳，下有積水。郊閒往坐水旁，裴回賦詩，而曹務多廢。令白府，以假尉代之，分其半奉。鄭餘慶爲東都留守，署水陸轉運判官。餘慶鎭興元，奏爲參謀。卒，年六十四。張籍謚曰貞曜先生。

郊爲詩有理致，最爲愈所稱，然思苦奇澀。李觀亦論其詩曰：「高處在古無上，平處下顧二謝」云。

張籍者，字文昌，和州烏江人。第進士，爲太常寺太祝。久次，遷祕書郎。愈薦爲國子博士。歷水部員外郎、主客郎中。當時有名士皆與游，而愈賢重之。籍性狷直，嘗責愈喜博簺及爲駮雜之說，論議好勝人，其排釋老不能著書若孟軻、楊雄以垂世者。愈最後答書曰：

吾子不以愈無似，意欲推之納諸聖賢之域，拂其邪心，增其所未高。謂愈之質有可以至於道者，浚其源，道其所歸，漑其根，將食其實。此盛德之所辭讓，況於愈者哉？抑其中有宜復者，故不可遂已。

昔者聖人之作春秋也，既深其文辭矣，然猶不敢公傳道之，口授弟子，至於後世，其書出焉。其所以慮患之道微也。今夫二氏之所宗而事之者，下及公卿輔相，吾豈敢昌言排之哉？擇其可語者誨之，猶時與吾悖，其聲嘵嘵。若遂成其書，則見而怒之者必多矣，必且以我爲狂爲惑。其身之不能恤，書於何有？夫子，聖人也，而曰：「自吾得子路，而惡聲不入於耳。」其餘輔而相者周天下，猶且絕糧於陳，畏於匡，毀於叔孫，奔走於齊、魯、宋、衞之郊。其道雖尊，其窮亦至矣。賴其徒相與守之，卒有立於天下。嚮使獨言之而獨書之，其存也可冀乎？今夫二氏行乎中土也，蓋六百年有餘矣。其植根固，其流波漫，非所以朝令而夕禁也。自文王沒，武王、周公、成、康相與守之，禮樂皆在，及乎夫子未久也，自夫子而至乎孟子未久也，自孟子而至乎楊雄亦未久也。然

猶其勤若此，其困若此，而后能有所立，吾豈可易而爲之哉？其爲也易，則其傳也不遠，故余所以不敢也。然觀古人，得其時，行其道，則無所爲書。爲書者，皆所爲不行乎今，而行乎後世者也。今吾之得吾志、失吾志未可知，則俟五十、六十爲之，未失也。天不欲使茲人有知乎，則吾之命不可期；如使茲人有知乎，非我其誰哉！其行道，其爲書，其化今，其傳後，必有在矣。吾子其何遽戚戚於吾所爲哉？

前書謂吾與人論不能下氣，若好勝者。雖誠有之，抑非好己勝也，好己之道勝也。非好己之道勝也，己之道乃夫子、孟軻、楊雄之道。傳者若不勝，則無所爲道，吾豈敢避是名哉！夫子之言曰：「吾與回言終日，不違如愚。」則其與衆人辯也有矣。駁雜之譏，前書盡之，吾子其復之。昔者夫子猶有所戲，詩不云乎：「善戲謔兮，不爲虐兮。」記曰：「張而不弛，文武不爲也。」惡害於道哉？吾子其未之思乎？

籍爲詩，長於樂府，多警句。仕終國子司業。

皇甫湜字持正，睦州新安人。擢進士第，爲陸渾尉，仕至工部郎中，辨急使酒，數忤同省，求分司東都。留守裴度辟爲判官。度修福先寺，將立碑，求文於白居易。湜怒曰：「近捨湜而遠取居易，請從此辭。」度謝之。湜卽請斗酒，飲酣，援筆立就。度贈以車馬繒綵甚

厚，湜大怒曰：「自吾爲顧況集序，未常許人。今碑字三千，字三縑，何遇我薄邪？」度笑曰：「不羈之才也。」從而酬之。

湜嘗爲蜂螫指，購小兒斂蜂，擣取其液。一日命其子錄詩，一字誤，詬躍呼杖，杖未至，嚙其臂血流。

盧仝居東都，愈爲河南令，愛其詩，厚禮之。仝自號玉川子，嘗爲月蝕詩以譏切元和逆黨，愈稱其工。

時又有賈島、劉乂，皆韓門弟子。

島字浪仙，范陽人，初爲浮屠，名无本。來東都，時洛陽令禁僧午後不得出，島爲詩自傷。愈憐之，因教其爲文，遂去浮屠，舉進士。當其苦吟，雖逢値公卿貴人，皆不之覺也。一日見京兆尹，跨驢不避，謼詰之，久乃得釋。累舉，不中第。文宗時，坐飛謗，貶長江主簿。會昌初，以普州司倉參軍遷司戶，未受命卒，年六十五。

劉乂者，亦一節士。少放肆爲俠行，因酒殺人亡命。會赦，出，更折節讀書，能爲歌

詩。然恃故時所負，不能俛仰貴人，常穿屐、破衣。聞愈接天下士，步歸之，作冰柱、雪車二詩，出盧仝、孟郊右。樊宗師見，爲獨拜。能面道人短長，其服義則又彌縫若親屬然。後以爭語不能下賓客，因持愈金數斤去，曰：「此諛墓中人得耳，不若與劉君爲壽。」愈不能止，歸齊、魯，不知所終。

贊曰：唐興，承五代剖分，王政不綱，文弊質窮，⿰扌黽俚混并。天下已定，治荒剔蠹，討究儒術，以興典憲，薰醲涵浸，殆百餘年，其後文章稍稍可述。至貞元、元和間，愈遂以六經之文爲諸儒倡，障隄末流，反刓以樸，剗僞以眞。然愈之才，自視司馬遷、楊雄，至班固以下不論也。當其所得，粹然一出於正，刊落陳言，橫騖別驅，汪洋大肆，要之無抵捂聖人者。其道蓋自比孟軻，以荀況、楊雄爲未淳，寧不信然？至進諫陳謀，排難卹孤，矯拂媮末，皇皇於仁義，可謂篤道君子矣。自晉汔隋，老佛顯行，聖道不斷如帶。諸儒倚天下正議，助爲怪神。愈獨喟然引聖，爭四海之惑，雖蒙訕笑，跲而復奮，始若未之信，卒大顯於時。昔孟軻拒楊、墨，去孔子才二百年。愈排二家，乃去千餘歲，撥衰反正，功與齊而力倍之，所以過況、雄爲不少矣。自愈沒，其言大行，學者仰之如泰山、北斗云。

唐書卷一百七十七

列傳第一百二

錢徽 珝　崔咸　韋表微　高釴 湜 銖 鍇 湘　馮宿 定 審

李虞仲　李翺　盧簡辭 知猷 弘止 簡求 汝弼　高元裕 少逸 璩

封敖　鄭薰　敬晦　韋博　李景讓 景溫

錢徽字蔚章。父起，附見盧綸傳。徽中進士第，居穀城。穀城令王郢善接僑士游客，以財貸饋，坐是得罪。觀察使樊澤視其簿，獨徽無有，乃表署掌書記。蔡賊方熾，澤多募武士于軍。澤卒，士頗希賞，周澈主留事，重擅發軍廥，不敢給。時大雨雪，士寒凍，徽先多頒衣絮，士乃大悅。又辟宣歙崔衍府。王師討蔡，檄遣采石兵會戰，戍還，頗驕蹇。會衍病亟，徽請召池州刺史李遜署副使，遜至而衍死，一軍賴以安。

入拜左補闕，以祠部員外郎爲翰林學士，三遷中書舍人，加承旨。憲宗嘗獨召徽，從容

言它學士皆高選，宜預聞機密，廣參決，帝稱其長者。是時，內積財，圖復河湟，然禁無名貢獻，而至者不甚却。徽懇諫罷之。帝密戒後有獻毋入右銀臺門，以避學士。梁守謙爲院使，見徽批監軍表語簡約，歎曰：「一字不可益邪！」銜之。以論淮西事忤旨，罷職，徙太子右庶子，出虢州刺史。

入拜禮部侍郎。宰相段文昌以所善楊渾之、學士李紳以周漢賓並諉徽求致第籍。渾之者憑子也，多納古帖祕書於文昌，皆世所寶。徽不能如二人請，自取楊殷士、蘇巢。巢者李宗閔壻，殷士者汝士之弟，皆與徽厚。文昌怒，方帥劍南西川，入辭，卽奏徽取士以私。訪紳及元稹，時稹與宗閔有隙，因是共擠其非。有詔王起、白居易覆試，而黜者過半，遂貶江州刺史。汝士等勸徽出文昌、紳私書自直，徽曰：「苟無愧於心，安事辨證邪？」敕子弟焚書。

初，州有盜劫貢船，捕吏取濱江惡少年二百人繫訊，徽按其枉，悉縱去。數日，舒州得眞盜。州有牛田錢百萬，刺史以給宴飲贈餉者，徽曰：「此農耕之備，可他用哉！」命代貧民租入。轉湖州。時宣、歙旱，左丞孔戣請徙徽領宣歙，宰相以其本文辭進，不用。戣曰：「相君宜知天下事，徽江、虢之治不及知，況其它邪？」還，遷工部侍郎，出爲華州刺史。

文宗立，召拜尙書左丞。會宣墨麻，羣臣在廷，方大寒，稍稍引避，徽素恭謹，不去位，

久而仆。因上疏告老，不許。大和初，復爲華州。俄以吏部尚書致仕。卒，年七十五，贈尚書右僕射。

徽與薛正倫、魏弘簡善，二人前死，徽撫其孤至婚嫁成立。任庶子時，韓公武以賂結公卿，遺徽錢二十萬，不納。或言非當路可無讓，徽曰：「取之在義不在官。」時稱有公望。子可復、方義。可復死鄭注時。方義終太子賓客，子珝，字瑞文，善文辭，宰相王摶薦知制誥，進中書舍人。摶得罪，珝貶撫州司馬。

崔咸字重易，博州博平人。元和初，擢進士第，又中宏辭。鄭餘慶、李夷簡皆表在幕府，與均禮。入朝爲侍御史，處正特立，風采動一時。敬宗將幸東都，裴度在興元憂之，自表求覲，與章偕來。於是李逢吉當國，畏度復相，使京兆尹劉栖楚等十餘人悉力拫却之，雖度門下賓客，皆有去就意。它日，度置酒延客，栖楚曲意自解，附耳語。咸嫉其矯，舉酒讓度曰：「丞相乃許所由官囁嚅耳語，願上罰爵。」度笑受而飲。栖楚不自安，趨出，坐上莫不壯之。

累遷陝虢觀察使，日與賓客僚屬痛飲，未嘗醒；夜分輒決事，裁剖精明，無一毫差，吏

稱爲神。入拜右散騎常侍、祕書監。大和八年卒。

咸素有高世志，造詣嶄遠。間游終南山，乘月吟嘯，至感慨泣下。諸文中歌詩最善。

韋表微字子明，隋鄖城公元禮七世孫。羈丱能屬文。母訓諭稍厲，輒不敢食，以是未嘗讓責。

韋皐鎮西川，王緯、司空曙、獨孤良弼、裴涚居幕府，皆厚相推挹。涚嘗謂表微似衞玠，自以不能及也。擢進士第，數辟諸使府。久之，入授監察御史裏行，不樂，曰「爵祿譬滋味也，人皆欲之，吾年五十，拭鏡撋白，冒游少年間，取一班一級，不見其味也。將爲松菊主人，不愧陶淵明」云。

俄爲翰林學士。是時，李紳忤宰相，貶端州，龐嚴、蔣防皆謫去，學士缺人，人爭薦丞相所善者，表微獨薦韋處厚，人服其公。進知制誥。後與處厚議增選學士，復薦路隋。處厚以諸父事表微，因曰：「隋位崇，入且翕右，奈何？」答曰：「選德進賢，初不計私也。」久之，遷中書舍人。敬宗嘗語左右，欲相二韋，會崩。文宗立，獨相處厚，進表微戶部侍郎。

丌志沼叛，詔李聽率師討之，次河上。天子憂無成功，表微曰：「以聽軍勢，不十五日必

破賊。」及捷書上，止浹日。志沼殘兵六千奔昭義，宰相請推處首惡者誅之，歸脅從者于魏。表徹上言：「逆子降，又殺之，非好生也。請以聽代史憲誠于魏，志沼之徒，可使招納。」不聽。以病痼罷學士。卒，年六十，贈禮部尚書。

始，被病，醫藥不能具，所居堂寢隘陋，既沒，弔客咨嗟。篤故舊，雖庸下，與攜手語笑無間然。尤好春秋，病諸儒執一概，是非紛然，著三傳總例，完會經趣。又以學者薄師道，不如聲樂賤工能尊其師，著九經師授譜詆其違。

高釴字翹之，史失其何所人。與弟銖、鍇俱擢進士第。累遷右補闕、史館脩撰。元和末，以中人爲和糴使，釴繼疏論執。轉起居郎，數陳政得失，穆宗嘉之，面賜緋、魚，召入翰林爲學士。

張韶變興倉卒，釴從敬宗夜駐左軍。翌日，進知制誥，拜中書舍人。入見帝，因勸躬聽聽以示憂勤，帝納其言，賜錦綵。俄罷學士。累進吏部侍郎，人善其振職。出爲同州刺史。卒，贈兵部尚書，遺命薄葬。

釴少孤窶，介然無黨援，以致宦達。諸弟皆檢愿友愛，爲搢紳景重。

子湜，字澄之，第進士，累官右諫議大夫。咸通末，爲禮部侍郎。時士多繇權要干請，湜不能裁，既而抵帽于地曰：「吾決以至公取之，得譴固吾分！」乃取公乘億、許棠、聶夷中等。以兵部侍郎判度支出爲昭義節度使，爲下所逐，貶連州司馬。以太子賓客分司東都，卒。

億字壽仙，棠字文化，夷中字坦之，皆有名當時。

銖字權仲，既擢第，署太原張弘靖幕府，入遷監察御史。大和時，擢累給事中。文宗得李訓，驟拜侍講學士，銖率諫官伏閤言訓素行憸邪，不可任，必亂天下。帝遣使者諭曰：「朕留訓時時講繹，前命不可改。」當是時，已旱而水，彗變未息，鄭注權震赫，人情危駭，既銖等弗見省，羣臣失色。明年，訓當國，出銖爲浙東觀察使，歷義成節度使。大中初，遷禮部尚書判戶部，徙太常卿。嘗罰禮生，博士李慤慍見曰：「故事，禮院不關白太常，故卿莅職，博士不參集。不宜罰小史，隳舊典。」銖歎曰：「吾老不能退，乃爲小兒所辱！」卒。

鍇字弱金，連中進士、宏辭科，辟河東府參謀，歷吏部員外郎，遷中書舍人。開成元年，權知貢舉。文宗自以題畀有司，鍇以籍上，帝語侍臣曰：「比年文章卑弱，今

所上差勝於前。」鄭覃曰：「陛下矯革近制，以正頹俗，而錯乃能爲陛下得人。」帝曰：「諸鎭表奏太浮華，宜責掌書記，以誡流宕。」李石曰：「古人因事爲文，今人以文害事，懲弊抑末，誠如聖訓。」即以錯爲禮部侍郎。閱三歲，頗得才實。始，歲取四十人，才益少，詔減十人，猶不能滿。遷吏部侍郎，出爲鄂岳觀察使。卒，贈禮部尚書。

子湘，字濬之，擢進士第，歷長安令、右諫議大夫。從兄湜與路巖親善，而湘厚劉瞻，巖既逐瞻，貶湘高州司馬。僖宗初，召爲太子右庶子，終江西觀察使。

馮宿字拱之，婺州東陽人。父子華，廬親墓，有靈芝、白兔，號「孝馮家」。宿，貞元中與弟定、從弟審寬並擢進士第，徐州張建封表掌書記。建封卒，子愔爲軍中脅主留事。李師古將乘喪復故地，愔大懼。於是，王武俊擁兵觀釁，宿以書說曰：「張公與公爲兄弟，欲共力驅兩河歸天子，天下莫不知。今張公不幸，幼兒爲亂兵所脅，內則誠款隔絕，外則彊寇侵逼，公安得坐視哉？誠能奏天子不忘舊勳，赦愔罪，使束身自歸，則公有靖亂之功、繼絕之德矣。」武俊悅，即以表聞，遂授愔留後。宿不樂佐愔，更從浙東賈全觀察府。愔憾其去，奏貶泉州司戶參軍。

召爲太常博士。王士眞死，子承宗阻命，不得謚，宿謂世勞不可遺，乃上佳謚，示不忘忠。再遷都官員外郎。裴度節度彰義軍，表爲判官。淮西平，除比部郎中。長慶時，進知制誥。牛元翼徙節山南東道，爲王廷湊所圍，以宿總留事。還，進中書舍人，出華州刺史，避諱不拜，徙左散騎常侍、兼集賢殿學士。拜河南尹。洛苑使姚文壽縱部曲奪民田，匿于軍，吏不敢捕。府大集，部曲輒與文壽偕來，宿掩取榜殺之。歷工部、刑部二侍郎。脩格後敕三十篇，行于時。累封長樂縣公。

擢東川節度使，完城郛，增兵械十餘萬，詔分餘甲賜黔巫道。涪水數壞民廬舍，宿脩利防庸，一方便賴。疾革，將斷重刑，家人請宥之，宿曰：「命脩短，天也，撓法以求祐，吾不敢。」卒，年七十，贈吏部尚書，謚曰懿。治命薄葬，悉以平生書納墓中。

子圖，字昌之，連中進士、宏辭科。大中時，終戶部侍郎、判度支。

寬爲起居郎。

定字介夫，偉儀觀，與宿齊名，人方漢二馮。于頔素善之。頔在襄陽，定徒步上謁，吏不肯白，乃亟去。頔聞，斥吏，歸錢五十萬，及諸境，定返其遺，以書讓頔不下士，頔大慚。第進士異等，辟浙西薛苹府，以鄠尉爲集賢校理。始，定居喪，號毀甚，故數移疾，大學

士疑其簡怠，奪職。三遷祠部員外郎，出爲郢州刺史。吏告定略民妻，乾沒庫錢，御史鞫治無狀。坐游宴不節免官。起爲國子司業，再遷太常少卿。文宗嘗詔開元霓裳羽衣舞參以雲韶，肄于廷。定部諸工立縣間，端凝若植。帝異之，問學士李珏，珏以定對。帝喜曰：「豈非能古章句者邪？」親誦定送客西江詩，召升殿，賜禁中瑞錦，詔悉所著以上。遷諫議大夫。

是歲，訓、注敗，多誅公卿，中外危惴。及改元，天子御前殿，仇士良請以神策仗衞殿門，定力爭罷之。又請許左右史從宰相至延英記所言，執政不悅，改太子詹事。鄭覃兼太子太師，上日欲會尙書省，定據禮當集詹事府，詔可。論者多其正。換衞尉卿，以左散騎常侍致仕。卒，贈工部尙書，謚曰節。

初，源寂使新羅，其國人傳定黑水碑、畫鶴記；韋休符使西蕃，所館寫定商山記於屏。其名播戎夷如此。

審字退思，開成中，爲諫議大夫，拜桂管觀察使，歷國子祭酒。監有孔子碑，武后所立，睿宗署額。審請琢「周」著「唐」。終祕書監。

子緘，字宗之，乾符初，歷京兆、河南尹。

李虞仲字見之。父端，附見文藝傳。虞仲第進士、宏辭，累遷太常博士。建言：「謚者所以表德懲惡，春秋褒貶法也。茆土爵祿，僇辱流放，皆緣一時，非以明示百代，然而後之所以知其行者，惟謚是觀。古者將葬請謚，今近或二三年，遠乃數十年，然後請謚；人歿已久，風績湮歇，採諸傳聞，不可考信，誄狀雖在，言與事浮。臣請凡得謚者，前葬一月，請考功刺太常定議，其不請與請而過時者，聽御史劾舉。居京師不得過半期，居外一期。若善惡著而不請，許考功察行謚之。節行卓異，雖無官及官卑者，在所以聞。」詔可。寶曆初，以兵部郎中知制誥，進中書舍人，出爲華州刺史，歷吏部侍郎。簡儉寡欲，時望歸重。卒，年六十五，贈吏部尚書。

李翺字習之，後魏尙書左僕射沖十世孫。中進士第，始調校書郎，累遷，元和初，爲國子博士、史館脩撰。常謂史官紀事不得實，乃建言：「大氐人之行，非大善大惡暴於世者，皆訪於人。人不周知，故取行狀謚牒。然其爲狀者，皆故吏門生，苟言虛美，溺于文而

忘其理。臣請指事載功，則賢不肖易見。如言魏徵，但記其諫爭語，足以爲直言；段秀實，但記倒用司農印追逆兵，笏擊朱泚，足以爲忠烈。不者，願敕考功、太常、史館勿受。如此可以傳信後世矣。」詔可。又條興復太平大略曰：

陛下即位以來，懷不廷臣，誅畔賊，刷五聖憤恥，自古中興之盛無以加。臣見聖德所不可及者，若淄青生口夏侯澄等四十七人，爲賊逼脅，質其父母妻子而驅之戰，陛下俘之，赦不誅，詔田弘正隨材授職，欲歸者縱之。澄等得生歸，轉以相謂，賊衆莫不懷盛德，無肯拒戰。劉悟所以能一昔斬師道者，以三軍皆苦賊而曙就陛下，故不淹日成大功。一也。今歲關中麥不收，陛下哀民之窮，下明詔蠲賦十萬石，羣臣動色，百姓歌樂遍畎畮。二也。昔齊遺魯以女樂，季桓子受之，君臣共觀，三日不朝，孔子行。今韓弘獻女樂，陛下不受，遂以歸之。三也。又出李宗奭妻女於掖廷，以田宅賜沈遼師，聖明寬恕，億兆欣感。臣愚不能盡識。若它詔令一皆類此，武德、貞觀不難及，太平可覆掌而致。

臣聞定禍亂者，武功也；復制度、興太平者，文德也。今陛下既以武功定海內，若遂革弊事，復高祖、太宗舊制：用忠正而不疑；屏邪佞而不邇；改稅法，不督錢而納布帛；絕進獻，寬百姓租賦；厚邊兵，以制蕃戎侵盜；數引見待制官，問以時事，通壅蔽

之路。此六者政之根本，太平所以興。陛下既已能行其難，若何而不爲其易者乎？以陛下資上聖，如不惑近習容悅之辭，任骨鯁正直，與之脩復故事，以興大化，可不勞而成也。若一日不事，臣恐大功之後，逸樂易生，進言者必曰：「天下既平矣，陛下可以高枕自安逸。」如是，則高祖、太宗之制度不可以復。制度不復，則太平未可以至。臣竊惜陛下當可興之時，而謙讓未爲也。

再遷考功員外郎。初，諫議大夫李景儉表翶自代。景儉斥，翶下除朗州刺史。久之，召爲禮部郎中。翶性峭鯁，論議無所屈，仕不得顯官，怫鬱無所發，見宰相李逢吉，面斥其過失，逢吉詭不校，翶恚懼，卽移病。滿百日，有司白免官，逢吉更表爲廬州刺史。時州旱，遂疫，逋捐係路，亡籍口四萬，權豪賤市田屋牟厚利，而窶戶仍輸賦，翶下教使以田占租，無得隱，收豪室稅萬二千緡，貧弱以安。

入爲諫議大夫，知制誥，改中書舍人。柏耆使滄州，翶盛言其才。耆得罪，由是左遷少府少監。後歷遷桂管湖南觀察使、山南東道節度使，卒。翶始從昌黎韓愈爲文章，辭致渾厚，見推當時，故有司亦謚曰文。

盧簡辭字子策。父綸，別傳。與兄簡能、弟弘止簡求皆有文，並第進士。歷佐帥府，入遷侍御史，習知法令及臺閣舊事。寶曆中，黎幹子煟詣臺請復葉縣故田，有司莫能知，簡辭獨詰曰：「按幹坐黨魚朝恩誅，貲田皆沒，大曆後數十年，比有赦令，無原洗之言，煟安得冒論？」不爲治。福建鹽鐵院官盧昂坐贓，簡辭窮按，乃得金牀、瑟瑟枕大如斗。敬宗曰：「禁中無此，昂爲吏可知矣。」

李程鎮太原，表爲節度判官。入授考功員外郎，累擢湖南、浙西觀察使，以檢校工部尚書爲忠武節度使。徙山南東道。坐事貶衢州刺史，卒。

簡能，見鄭注傳。其子知猷，字子謩，中進士第，登宏辭，補祕書省正字。蕭鄴鎮荆南、劍南，再辟掌書記。入遷右補闕，出爲饒州刺史，以政最聞。累進中書舍人。朱玫亂，避難不出。僖宗還京，召拜工部侍郎、史館脩撰。歷太常卿、戶部尚書，至太子太師。昭宗爲劉季述所幽，感憤卒，贈太尉。

知猷器量渾厚，世推爲長者。善書，有楷法。文辭贍麗。子文度，亦貴顯。

弘止字子疆，佐劉悟府，累擢監察御史。沈傳師表爲江西團練副使。入拜侍御史。

華州刺史宇文鼎、戶部員外盧允中坐贓，詔弘止按訊。文宗將殺鼎，弘止執據罪由允中，鼎乃連坐，不應死，帝釋之。累遷給事中。

會昌中，詔河北三節度討劉稹。何弘敬、王元逵先取邢、洺、磁三州，宰相李德裕畏諸帥有請地者，乃以弘止爲三州團練觀察留後。制未下，稹平，卽詔爲三州及河北兩鎮宣慰使。還，拜工部侍郎，以戶部領度支。初，兩池鹽法弊，得費不相償，弘止使判官司空輿檢鉤釐正，條上新法，卽表輿兩池使，自是課入歲倍，用度賴之。踰年，出爲武寧節度使。徐自王智興後，吏卒驕沓，銀刀軍尤不法，弘止戮其尤無狀者，終弘止治，不敢譁。優詔褒勞。弘止羸病，丐身還東都，不許。徙宣武，卒于鎮，贈尚書右僕射。

子虔灌，有美才，終祕書監。

簡求字子臧，始從江西王仲舒幕府，兩爲裴度、元稹所辟，又佐牛僧孺鎮襄陽，入遷戶部員外郎。會昌中，討劉稹，以忠武節度使李彥佐爲招討使，咨選簡求副之，俾知後務。歷蘇、壽二州刺史。

大中九年，党項擾邊，拜涇原渭武節度使。徙義武、鳳翔、河東三鎮。簡求爲政長權變，文不害，居邊善綏御，人皆安之。太原統退渾、契苾、沙陀三部，難馴制，它帥或與詛

盟，質子弟，然寇掠不爲止。簡求歸所質，開示至誠，虜憚其恩信，不敢亂。久之，辭疾，以太子少師致仕，還東都，治園沼林苑，與賓客置酒自娛。卒，年七十六，贈尙書左僕射。

子嗣業、汝弼，皆中進士第。汝弼以祠部員外郎知制誥，從昭宗遷洛。方柳璨斲喪王室，汝弼懼，移疾去，客上黨。後依李克用，克用表爲節度副使。太原府子亭，簡求所署多在，每宴亭中，未嘗居賓位，西向俛首，人美其有禮。

嗣業子文紀，後貴顯。

高元裕字景圭，其先蓋渤海人。第進士，累辟節度府。以右補闕召，道商州，會方士趙歸眞擅乘驛馬，元裕詆曰：「天子置驛，爾敢疾驅邪？」命左右奪之，還，具以聞。敬宗視朝不時，稍稍決事禁中，宦豎恣放，大臣不得進見。元裕諫曰：「今西頭勢乃重南衙，樞密之權過宰相。」帝頗寤而不能有所檢制，人皆危之。俄換侍御史內供奉，士始相賀。

李宗閔高其節，擢諫議大夫，進中書舍人。鄭注入翰林，元裕當書命，乃言「以醫術侍」，注愧憾。及宗閔得罪，元裕坐出餞，貶閬州刺史。注死，復授諫議大夫、翰林侍講學士。

莊恪太子立，擇可輔導者，乃兼賓客。進御史中丞。卽建言：「紀綱地官屬須選，有不稱

職者請罷之。」於是監察御史杜宣猷柳瓌崔郢、侍御史魏中庸高弘簡並奪職。故事，三司監院官帶御史者，號「外臺」，得察風俗，舉不法。元和中，李夷簡因請按察本道州縣。後益不職。元裕請監院御史隸本臺，得專督察。詔可。累擢尚書左丞，領吏部選。出爲宣歙觀察使，入授吏部尚書。拜山南東道節度使，封渤海郡公，奏蠲逋賦甚衆。在鎮五年，復以吏部尚書召，卒于道，年七十六，贈尚書右僕射。

元裕性勤約，通經術，敏於爲吏，巖巖有風采，推重于時。自侍講爲中丞，文宗難其代，元裕表言兄少逸才可任，因以命之，世榮其遷。

少逸，長慶末爲侍御史，坐失舉劾，貶贊善大夫，累遷諫議大夫，乃代元裕。稍進給事中，出爲陝虢觀察使。中人責峽石驛吏供餅惡，鞭之，少逸封餅以聞。宣宗怒，召使者責曰：「山谷間是餅豈易具邪？」謫隸恭陵，中人皆斂手。以兵部尚書致仕，卒。
元裕始名允中，大和中改今名。

元裕子璩，字瑩之。第進士，累佐使府。以左拾遺爲翰林學士，擢諫議大夫。近世學士超省郎進官者，惟鄭顥以尚主，而璩以寵升云。懿宗時，拜劍南東川節度使，召拜中書侍郎、同中書門下平章事。閱月卒，贈司空。太常博士曹鄴建言：「璩，宰相，交游醜雜，取多

蹊徑，謚法『不思妄愛曰刺』，請謚爲刺。」從之。

封敖字碩夫，其先蓋冀州蓨人。元和中，署進士第，江西裴堪辟置其府，轉右拾遺，雅爲宰相李德裕所器。會昌初，以左司員外郎召爲翰林學士，三遷工部侍郎。敖屬辭贍敏，不爲奇澀，語切而理勝。武宗使作詔書慰邊將傷夷者，曰：「傷居爾體，痛在朕躬。」帝善其如意出，賜以宮錦。劉稹平，德裕以定策功進太尉，時敖草其制曰：「謀皆予同，言不它惑。」德裕以能明專任己以成功，謂敖曰：「陸生恨文不逮意，如君此等語，豈易得邪？」解所賜玉帶贈之。未幾，拜御史中丞，與宰相盧商處囚，誤縱死罪，復爲工部侍郎。

大中中，歷平盧、興元節度使。初，鄭涯開新路，水壞其棧，敖更治斜谷道，行者告便。蓬、果賊依雞山，寇三川，敖遣副使王贄捕平之。加檢校吏部尚書。還爲太常卿。始視事，廷設九部樂，敖宴私第，爲御史所劾，徙國子祭酒。復拜太常，進尚書右僕射。然少行檢，士但高其才，故不至宰相，卒。

子彥卿、望卿，從子特卿，皆第進士。

鄭薰字子溥，亡鄉里世系。擢進士第，歷考功郎中、翰林學士。出爲宣歙觀察使。前人不治，薰頗以清力自將。牙將素驕，共謀逐出之，薰奔揚州。貶棣王府長史，分司東都。懿宗立，召爲太常少卿，擢累吏部侍郎。時數大赦，階正議光祿大夫者，得蔭一子，門施戟。於是宦人用階請蔭子，薰却之不肯敍。宰相杜悰才其人，擬判度支，辭；又擬刑部兼御史中丞，固辭乃免。久之，進左丞。性愛友，糾族百口，稟不充，求外遷。擬華州刺史，輒留中，爲俸侍酬沮。後以太子少師致仕。

薰端勁，再知禮部舉，引寒俊，士類多之。既老，號所居爲隱巖，蒔松于廷，號「七松處士」云。

敬晦字日彰，河中河東人。祖括，字叔弓，進士及第，遷殿中侍御史。楊國忠惡不諂己，外除果州刺史，進累兵部侍郎。志簡淡，在職不求名。周智光已誅，議者健括才，選爲同州刺史，拜御史大夫。隱然持重，弗以私害公。大曆中卒。

晦進士及第，辟山南東道節度府，與馬曙聯舍。於是，帥不政，法制陵頹，曙引大吏廷責之。吏負兼軍職，不引咎，走訴諸府牙將且十輩，方雜語以申吏枉，晦讓諸將曰：「吏冒軍名，公等不能詰，反引與爲伍，奈何？」衆愧謝，闔府咨美。擢累諫議大夫。武宗時，趙歸眞以詐營罔天子，御史平吳湘獄，得罪宰相。晦上疏極道非是，不少回縱。

大中中，歷御史中丞、刑部侍郎、諸道鹽鐵轉運使、浙西觀察使。時南方連饉，有詔弛榷酒茗，官用告乏，晦處身儉勤，貲力遂充。徙兗州節度使，以太子賓客分司，卒，贈兵部尙書，謚曰肅。

晦兄昕、暤，弟晤、煦，俱第進士籍。昕爲河陽節度使，暤右散騎常侍，世寵其家。

韋博字大業，京兆萬年人。祖黃裳，浙西節度觀察使。博取進士第，寖遷殿中侍御史。開成中，蕭本詐窮得罪，詔與中人籍其財，中人利寶玉，欲竊取去，博奪還，簿無遺貲。回鶻入寇，以苻澈爲河東節度使，拜博爲判官。久之，進主客郎中。時詔毁佛祠，悉浮屠隸主客。博言令太暴，宜近中，宰相李德裕惡之。會羌、渾叛，以何淸朝爲靈武節度使，詔博副之，擢右諫議大夫，召對，賜金紫。因行西北邊，商虜彊弱，還奏有旨，進左大夫，爲

京兆尹。與御史中丞嚚競不平，皆得罪，下除博衞尉卿。出爲平盧節度使、檢校禮部尙書，徙昭義。卒，年六十二，贈兵部尙書。

李景讓字後已，贈太尉憕孫也。性方毅有守。寶曆初，遷右拾遺。淮南節度使王播以錢十萬市朝廷歡，求領鹽鐵，景讓詣延英亟論不可，遂知名。沈傳師觀察江西，表以自副。歷中書舍人、禮部侍郎、商華虢三州刺史。

母鄭，治家嚴，身訓勸諸子。始，貧乏時，治牆得積錢，僮婢奔告，母曰：「士不勤而祿，猶菑其身，況無妄而得，我何取？」亟使閉坎。景讓自右散騎常侍出爲浙西觀察使，母問行日，景讓率然對：「有日。」鄭曰：「如是，吾方有事，未及行。」蓋怒其不嘗告也。且曰：「已貴，何庸母行？」景讓重請罪，乃赦。故雖老猶加箠敕，已起，欣欣如初。嘗怒牙將，杖殺之，軍且謀變，母欲息衆讙，召景讓廷責曰：「爾填撫方面而輕用刑，一夫不寧，豈特上負天子，亦使百歲母銜羞泉下，何面目見先大夫乎？」將鞭其背，吏大將再拜請，不許，皆泣謝，迺罷，一軍遂定。景讓家行脩治，閨門唯謹。

入爲尙書左丞，拜天平節度使，徙山南東道，封酒泉縣男。大中中，進御史大夫，甫視

事，劾免侍御史孫玉汝、監察御史盧栯，威肅當朝。爲大夫三月，蔣伸輔政，景讓名素出伸右，而宣宗擇宰相，盡書羣臣當選者，以名內器中，禱憲宗神御前射取之，而景讓名不得。世謂除大夫百日，有他官相者，謂之「辱臺」。景讓愧赧不能平，見宰相，自陳考深當代，卽拜西川節度使。以病丐致仕，或諫：「公廉潔亡素儲，不爲諸子謀邪？」景讓笑曰：「兒曹詎餓死乎？」書聞，輒還東都。以太子少保分司。卒，年七十二，贈太子太保，謚曰孝。

性獎士類，拔孤仄，如李蔚、楊知退皆所推引。始爲左丞，蔣伸坐宴所，酌酒語客曰：「有孝於家、忠於國者飲此。」客肅然，景讓起卒爵，伸曰：「無宜於公。」所善蘇滌、裴夷直皆爲李宗閔、楊嗣復所擢，故景讓在會昌時，抑厭不遷。宣宗銜穆宗舊怨，景讓建請遷敬、文、武三主，以猶子行爲嫌，請還代宗以下主復入廟，正昭穆。事下百官議，不然，乃罷，德望稍衰矣。然淸素寡欲，門無雜賓。李琢罷浙西，以同里訪之，避不見，及去，命斸其騙石焉。元和後，大臣有德望者，以居里顯，景讓宅東都樂和里，世稱淸德者，號「樂和李公」云。

弟景溫，字德己，歷諫議大夫、福建觀察使，徙華州刺史，以美政聞。累遷尙書右丞。盧攜當國，弟隱繇博士遷水部員外郎，材下資淺，人疾其冒，無敢繩，景溫不許赴省。時故事久廢，景溫既舉職，人皆韙其正。

弟景莊，亦至顯官。

唐書卷一百七十八

列傳第一百三

劉蕡

劉蕡字去華，幽州昌平人，客梁、汴間。明春秋，能言古興亡事，沈健于謀，浩然有救世意。擢進士第。元和後，權綱弛遷，神策中尉王守澄負弒逆罪，更二帝不能討，天下憤之。文宗即位，思洗元和宿恥，將翦落支黨。方宦人握兵，橫制海內，號曰「北司」，凶醜朋挻，外脅羣臣，內掣侮天子，蕡常痛疾。

大和二年，舉賢良方正能直言極諫，帝引諸儒百餘人于廷，策曰：

朕聞古先哲王之治也，玄默無爲，端拱司契，陶甿心以居簡，凝日用於不宰，厚下以立本，推誠而建中，繇是天人通，陰陽和，俗躋仁壽，物無疵癘。噫！盛德之所臻，敻乎其不可及已。三代令王，質文迭救，百氏滋熾，風流寖微，自漢以降，足言蓋寡。

朕顧唯昧道，祗荷丕構，奉若謨訓，不敢怠荒，任賢惕厲，宵衣旰食，詎追三五之遐軌，庶紹祖宗之鴻緒。而心有未達，行有未孚，由中及外，闕政斯廣。是以人不率化，氣或堙阨，災旱竟歲，播植愆時。國廩罕蓄，乏九年之儲；吏道多端，微三載之績。京師，諸夏之本也，將以觀治，而豪猾踰檢；太學，明教之源也，期於變風，而生徒惰業。列郡在乎頒條，而干禁或未絕；百工在乎按度，而淫巧或未息。俗恬風靡，積訛成蠹。其擇官濟治也，聽人以言則枝葉難辨，御下以法則恥格不形。其阜財發號也，生之寡而食之衆，煩於令而鮮於治。思所以究此繆盭，致之治平，茲心浩然，若涉淵水。故前詔有司，博延羣彥，佇啓宿懵，冀臻時雍。

子大夫皆識達古今，志在康濟，造廷待問，副朕虛懷，必當箴治之闕，辨政之疵，明綱條之致紊，稽富庶之所急。何施革於前弊？何澤惠於下土？何脩而治古可近？何道而和氣克充？推之本源，著於條對。至若夷吾輕重之權，孰輔於治？嚴尤底定之策，孰叶於時？元凱之考課何先？叔子之克平何務？惟此龜鑑，擇乎中庸，斯在洽聞，朕將親覽。

蕡對曰：

臣誠不佞，有正國致君之術，無位而不得行；有犯顏敢諫之心，無路而不得達。

懷憤鬱抑，思有時而發。常欲與庶人議于道、商賈謗于市，得通上聽，一悟主心，雖被祆言之罪無所悔。況逢陛下詢求過闕，咨訪嘉謀，制詔中外，舉直言極諫。臣辱斯舉，專承大問，敢不悉意以言。至於上所忌，時所禁，權幸所諱惡，有司所與奪，臣愚不識，伏惟陛下少加優容，不使聖時有讜言受戮者，天下之幸也。謹昧死以對：

伏以聖策有思古先之治，念玄默之化，將欲通天地以濟俗，和陰陽以煦物，見陛下慮道之深也。臣以爲哲王之治，其則不遠，惟致之之道何如耳。伏以聖策有祗荷丕構而不敢荒寧，奉若謨訓而罔有怠忽，見陛下憂勞之至也。若夫任賢惕厲，宵衣旰食，宜絀左右之纖佞，進股肱之大臣。若夫追蹤三五，紹復祖宗，宜鑒前古之興亡，明當代之成敗。心有未達，以下情蔽而不得上通；行有未孚，以上澤壅而不得下浹。欲人之化，在脩己以先之；欲氣之和，在遂性以導之。捄災旱在致精誠，廣播殖在視食力。國廩罕畜，本乎冗食尙繁；吏道多端，本乎選用失當。豪猾踰檢，繇中外之法殊；生徒惰業，繇學校之官廢；列郡干禁，繇授任非人；百工淫巧，繇制度不立。伏以聖策有擇官濟治之心，阜財發號之歎，見陛下敎化之本也。且進人以行，則枝葉安有難辨乎？防下以禮，則恥格安有不形乎？念生寡而食衆，可罷斥惰游；念令煩而治鮮，要察其行否。博延羣彥，願陛下必納其言；造廷待問，則小臣安敢愛死？伏以聖策有求

賢箴闕之言，審政辨疵之令，見陛下咨訪之勤也。遂小臣斥姦豪之志，則弊革于前；守陛下念康濟之心，則惠敷于下。邪正之道分，而治古可近；禮樂之方著，而和氣克充。至若夷吾之法，非皇王之權；嚴尤所陳，無最上之策；元凱之所先，不若唐堯考績；叔子之所務，不若虞舜舞干。且非大德之中庸、上聖之龜鑒，又何足爲陛下道之哉？或有以繫安危之機、兆存亡之變者，臣請披肝膽爲陛下別白而重言之。

臣前所謂「哲王之治，其則不遠」者，在陛下愼思之、力行之、始終不懈而已。謹按春秋，元者氣之始也，春者歲之元也。春秋以元加于歲，以春加于王，明王者當奉若天道，以謹其始也。又舉時以終歲，舉月以終時，春秋雖無事，必書首月以存時，明王者當承天之道，以謹其終也。王者動作終始必法於天者，以其運行不息也。陛下能謹其始，又能謹其終，懋而脩之，勤而行之，則執契而居簡，無爲而不宰，廣立本之大業，崇建中之盛德，安有三代循環之弊、百僞滋熾之漸乎？臣故曰：「唯致之之道何如耳。」

臣前所謂「若夫任賢惕厲，宵衣旰食，宜黜左右之纖佞，進股肱之大臣」，實以陛下憂勞之至也。臣聞不宜憂而憂者，國必衰；宜憂而不憂者，國必危。陛下不以國家存亡、社稷安危之策而降於淸問，臣未知陛下以布衣之臣不足與定大計耶？或萬機之勤有所未至也？不然，何宜憂而不憂乎？臣以爲陛下所先憂者，宮闈將變，社稷將危，天

下將傾，四海將亂。此四者，國家已然之兆，故臣謂聖慮宜先及之。夫帝業艱難而成之，固不可容易而守之。太祖肇其基，高祖勤其績，太宗定其業，玄宗繼其明，至于陛下，二百餘載，其間聖明相因，擾亂繼作，未有不用賢士、近正人而能興者。或一日不念，則顚覆大器，宗廟之恥，萬古爲恨。臣謹按春秋，人君之道，在體元以居正。昔董仲舒爲漢武帝言之略矣，有未盡者，臣得爲陛下備論之。夫繼故必書卽位，所以正其始也；終必書所終之地，所以正其終也。故爲君者，所發必正言，所履必正道，所居必正位，所近必正人。春秋：「閽弑吳子餘祭。」書其名，譏疏遠賢士，昵刑人，有不君之道。伏惟陛下思祖宗開國之勤，念春秋繼故之誡。明法度之端，則發正言，履正道；杜篡弑之漸，則居正位，近正人。遠刀鋸之殘，親骨鯁之直，輔相得以顓其任，庶寮得以守其官。奈何以褻近五六人總天下大政，外專陛下之命，內竊陛下之權，威懾朝廷，勢傾海內，羣臣莫敢指其狀，天子不得制其心，禍稔蕭牆，姦生帷幄，臣恐曹節、侯覽復生於今日，此宮闈將變也。臣謹按春秋：「定公元年春王。」不言正月者，春秋以爲先君不得正其終，則後君不得正其始，故曰「定無正」也。今忠賢無腹心之寄，閽寺專廢立之權，陷先帝不得正其終，致陛下不得正其始，況太子未立，郊祀未脩，將相之職不歸，名器之宜不定，此社稷將危也。臣謹按春秋：「王札子殺召伯、毛伯。」春秋之義，兩下

相殺不書。此書者，重其顓王命也。夫天之所授者在命，君之所存者在令。操其命而失之者，是不君也；侵其命而專之者，是不臣也。君不君，臣不臣，此天下所以將傾也。臣謹按春秋，晉趙鞅以晉陽之兵叛入于晉，書其歸者，能逐君側之惡以安其君，故春秋善之。今威柄陵夷，藩臣跋扈。有不達人臣大節，而首亂者將以安君爲名；不究春秋之微，稱兵者以逐惡爲義。則典刑不繇天子，征伐必自諸侯，此海內之將亂也。故樊噲排闥而雪涕，袁盎當車而抗辭，京房發憤以殞身，竇武不顧而畢命，此皆陛下明知之矣。臣謹按春秋，晉狐射姑殺陽處父，書襄公殺之者，以其君漏言也。襄公不能固陰重之機，處父所以及殘賊之禍，故春秋非之。夫上漏其情，則下不敢盡意；上泄其事，則下不敢盡言。故傳有造膝詭辭之文，易有失身害成之戒。今公卿大臣，非不欲爲陛下言之，慮陛下不能用也。忽而不用，必泄其言，臣下既言而不行，必嬰其禍；適足鉗直臣之口，而重姦臣之威。是以欲盡其言則有失身之懼，欲盡其意則有害成之憂，裴回鬱塞，以須陛下感悟，然後盡其啓沃。陛下何不聽朝之餘，時御便殿，召當世賢相老臣，訪持變扶危之謀，求定傾捄亂之術，塞陰邪之路，屏褻狎之臣，制侵陵迫脅之心，復門戶掃除之役，戒其所宜戒，憂其所宜憂。既不得治其前，當治於後；不得正其始，當正其終。則可以虔奉典謨，克承丕構，終任賢之效，無宵旰之憂矣。

臣前所謂「追蹤三五，紹復祖宗，宜鑒前古之興亡，明當時之成敗」者，臣聞堯、禹之爲君而天下大治者，以能任九官、四岳、十二牧，不失其舉，不貳其業，不侵其職，居官唯其能，左右唯其賢，元凱在下雖微而必舉，四凶在朝雖彊而必誅，考其安危，明其取捨。至秦二世、漢元成，咸願措國如唐、虞，致身如堯、舜，而終敗亡者，以其不見安危之機，不知取捨之道，不任大臣，不辨姦人，不親忠良，不遠讒佞也。伏惟陛下察唐、虞之所以興，而景行於前；鑒秦、漢之所以亡，而戒懼於後。陛下無謂廟堂無賢相，庶官無賢士。今紀綱未絕，典刑猶在，人誰不欲致身爲王臣，致時爲升平？陛下何忽而不用邪？又有居官非其能，左右非其賢，惡如四凶，詐如趙高，姦如恭、顯，陛下何憚而不去邪？神器固有歸，天命固有分，祖宗固有靈，忠臣固有心，陛下其念之哉！昔秦之亡也，失於彊暴；漢之亡也，失於微弱。彊暴則姦臣畏死而害上，微弱則彊臣竊權而震主。臣伏見敬宗不虞亡秦之禍，不翦其萌，伏惟陛下深軫亡漢之憂，以杜其漸，則祖宗之洪業可紹，三五之遐軌可追矣。

臣前所謂陛下「心有所未達，以下情塞而不能上通，行有所未孚，以上澤壅而不得下浹」，且百姓有塗炭之苦，陛下無繇而知，陛下有子惠之心，百姓無繇而信。臣謹按春秋書「梁亡」不書「取」者，梁自亡也，以其思慮昏而耳目塞，上出惡政，人爲寇盜，

皆不知其所以，終自取其滅亡也。臣聞國君之所以尊者，重其社稷也；社稷之所以重者，存其百姓也。苟百姓不存，則雖社稷不得固其重；社稷不重，則人君不得保其尊。故治天下者，不可不知百姓之情。夫百姓者，陛下之赤子，陛下宜令慈仁者視育之，如保傅焉，如乳哺焉，如師之教導焉。故人之於上也，恭之如神明，愛之如父母。今或不然，陛下親近貴倖，分曹建署，補除卒吏，召致賓客，因其貨賄，假以聲勢，大者統藩方，小者爲守牧，居上無清惠之政而有饕餮之害，居下無忠誠之節而有姦欺之罪。故人之於上也，畏之如豺狼，惡之如讎敵。今海內困窮，處處流散，飢者不得食，寒者不得衣，鰥寡孤獨不得存，老幼疾病不得養，加以國權兵柄䡄於左右，貪臣聚斂以固寵，姦吏因緣而弄法，冤痛之聲，上達於九天，下入於九泉，鬼神爲之怨怒，陰陽爲之愆錯。君門萬重，不得告訴，士人無所歸化，百姓無所歸命。官亂人貧，盜賊並起，土崩之勢，憂在旦夕。卽不幸因之以病癘，繼之以凶荒，陳勝、吳廣不獨起於秦，赤眉、黃巾不獨生於漢，臣所以爲陛下發憤扼腕，痛心泣血也。如此則百姓有塗炭之苦，陛下何繇而知之乎？陛下有子惠之心，百姓安得而信之乎？使陛下行有所未孚，心有所未達，固其然也。臣聞漢元帝卽位之初，更制七十餘事，其心甚誠，其稱甚美。然紀綱日紊，國祚日衰，姦宄日彊，黎元日困，繇不能擇賢明而任之，失其操柄也。自陛下卽位，憂勤兆庶，屢

降德音，四海之內，莫不抗首而長息，自喜復生於死亡之中也。伏惟陛下愼終如始，以塞四方之望。誠能揭國柄以歸于相，持兵柄以歸于將，去貪臣聚斂之政，除姦吏因緣之害，惟忠賢是近，惟正直是用，內寵便僻無所聽焉。選淸愼之官，擇仁惠之長，敏之以利，煦之以和，敎之以孝慈，導之以德義，去耳目之塞，通上下之情，俾萬國懽康，兆庶蘇息，卽心無不達，而行無不孚矣。

臣前所謂「欲人之化也，在脩己以先之」，臣聞德以脩己，敎以導人。脩之也，則人不勸而自立；導之也，則人不敎而率從。君子欲政之必行也，故以身先之；欲人之從化也，故以道御之。今陛下先之以身而政未必行，御之以道而人未從化，豈立敎之旨未盡其方邪？夫立敎之方，在乎君以明制之，臣以忠行之。君以知人爲明，臣以正時爲忠。知人則任賢而去邪，正時則固本而守法。賢不任則重賞不足以勸善，邪不去則嚴刑不足以禁非，本不固則人流，法不守則政散，而欲敎之必至，化之必行，不可得也。陛下能斥姦邪而不私其左右，舉賢正而不遺其疏遠，則化浹朝廷矣。愛人而敦本，分職而奉法，脩其身以及其人，始於中而成於外，則化行天下矣。

臣前所謂「欲氣之和也，在遂其性以導之」者，當納人於仁壽也。夫欲人之仁壽也，在立制度，修敎化。夫制度立則財用省，財用省則賦斂輕，賦斂輕則人富矣。敎化

惰則爭競息，爭競息則刑罰淸，刑罰淸則人安矣。既富矣，則仁義興焉；既安矣，則壽考至焉。仁義之心感於下，和平之氣應於上，故災害不作，休祥荐臻，四方底寧，萬物咸遂矣。

臣前所謂「捄災旱在乎致精誠」者，臣謹按春秋，魯僖公一年之中，三書「不雨」者，以其人君有恤人之志也；文公三年之中，一書「不雨」者，以其人君無閔人之心也。故僖致誠而旱不害物，文無卹閔而變則成災。陛下有閔人之志，則無成災之變矣。

臣前所謂「廣播殖在乎視食力」者，臣謹按春秋：「君人者必時視民之所勤。民勤於力則功築罕，民勤於財則貢賦少，民勤於食則百事廢。」今財食與力皆勤矣，願陛下廢百事之用，以廣三時之務，則播植不愆矣。

臣前所謂「國廩罕蓄，本乎宂食尙繁」者，臣謹按春秋：「臧孫辰告糴于齊。」春秋譏其無九年之蓄，一年不登而百姓飢。臣願斥游惰之人以篤耕殖，省不急之費以贍黎元，則廩蓄不乏矣。

臣前所謂「吏道多端，本乎選用失當」者，繇國家取人不盡其材、任人不明其要故也。今陛下之用人也，求其聲而不求其實，故人之趨進也，務其末而不務其本。臣願覈考課之實，定遷序之制，則多端之吏息矣。

臣前所謂「豪猾踰檢，緜中外之法殊」者，以其官禁不一也。臣謹按春秋，齊桓公盟諸侯不日，而葵丘之盟特以日者，美其能宣明天子之禁，率奉王官之法，故春秋備而書之。然則官者，五帝、三王之所建也；法者，高祖、太宗之所制也。法宜畫一，官宜正名。今又分外官、中官之員，立南司、北司之局，或犯禁於南則亡命于北，或正刑于外則破律於中，法出多門，人無所措，緜兵農勢異，而中外法殊也。臣聞古者因井田以制軍賦，間農事以脩武備，提封約卒乘之數，命將在公卿之列，故兵農一致，而文武同方，以保乂邦家，式遏亂略。太宗置府兵臺省軍衞，文武參掌，閑歲則櫜弓力穡，有事則釋耒荷戈，所以脩復古制，不廢舊物。今則不然。夏官不知兵籍，止於奉朝請；六軍不主武事，止於養階勳。軍容合中官之政，戎律附內臣之職。首一戴武弁，疾文吏如仇讎；足一蹈軍門，視農夫如草芥。謀不足以翦除姦兇，而詐足以抑揚威福；勇不足以鎭衞社稷，而暴足以侵害閭里。羈紲藩臣，干陵宰輔，隳裂王度，汨亂朝經。張武夫之威，上以制君父；假天子之命，下以御英豪。有藏姦觀釁之心，無仗節死難之誼。豈先王經文緯武之旨邪！臣願陛下貫文武之道，均兵農之功，正貴賤之名，一中外之法，還軍衞之職，脩省署之官，近崇貞觀之風，遠復成周之制，自邦畿以形下國，始天子而達諸侯，可以制猾姦之彊，無踰檢之患矣。

臣前所謂「生徒惰業，緣學校之官廢」者，蓋國家貴其祿，賤其能，先其事，後其行，故庶官乏通經之學，諸生無脩業之心矣。

臣前所謂「列郡干禁，繇授任非人」者，臣以爲刺史之任，治亂之根本繫焉，朝廷之法制在焉，權可以御豪彊，恩可以惠孤寡，彊可以禦姦寇，政可以移風俗。其將校曾更戰陣，及功臣子弟，請隨宜酬賞，苟無治人之術者，不當任此官，卽絕干禁之患矣。

臣前所謂「百工淫巧，繇制度不立」者，臣請以官位祿秩制其器用車服，禁以金銀珠玉，錦繡雕鏤不蓄於私室，則無蕩心之巧矣。

臣前所謂「辨枝葉」者，繇考言以詢行也；臣前所謂「形于恥格」者，繇道德而齊禮也。

臣前所謂「念生寡而食衆，可罷斥惰游」者，已備於前矣。

臣前所謂「令煩而治鮮，要察其行否」者，臣聞號令者，治國之具也，君審而出之，臣奉而行之，或虧益止留，罪在不赦。今陛下令煩而治鮮，得非持之者有所蔽欺乎？

臣前謂「博延羣彥，願陛下必納其言；造廷待問，則小臣其敢愛死」者，昔晁錯爲漢削諸侯，非不知禍之將至，忠臣之心，壯夫之節，苟利社稷，死無悔焉。臣非不知言發而禍應，計行而身僇，蓋痛社稷之危，哀生人之悔，豈忍姑息時忌，竊陛下一命之寵

哉？昔龍逢死而啓商，比干死而啓周，韓非死而啓漢，陳蕃死而啓魏。今臣之來也，有司或不敢薦臣之言，陛下又無以察臣之心，退必戮於權臣之手，臣幸得從四子游於地下，固臣之願也，所不知殺臣者，臣死之後，將孰爲啓之哉！

至如人主之闕，政教之疵，前日之弊，臣既言之矣。若乃流下土之惠，修近古之治，而致和平者，在陛下行之而已。然上之所陳者，實以臣親承聖問，敢不條對。雖臣之愚，以爲未極教化之大端、皇王之要道。伏惟陛下事天地以教人恭，奉宗廟以教人孝，養高年以教人悌長，字百姓以教人慈幼，調元氣以煦育，扇大和以仁壽，可以消搖無爲，垂拱成化。至若念陶鈞之道，在擇宰相以任之，使權造化之柄；念保定之功，在擇將帥以任之，使脩閫外之寄；念百度之求正，在擇庶官而任之，使顓職業之守；念百姓之怨痛，在擇良吏以任之，使明惠養之術。自然言足以爲天下教，動足以爲天下法，仁足以勸善，義足以禁非，又何必宵衣旰食，勞神惕慮，然後致治哉！

是時，第策官左散騎常侍馮宿、太常少卿賈餗、庫部郎中龐嚴見蕡對嗟伏，以爲過古晁、董，而畏中官眦睚，不敢取。士人讀其辭，至感槩流涕者。諫官御史交章論其直。

於時，被選者二十有三人，所言皆冗齪常務，類得優調。河南府參軍事李郃曰：「蕡逐我留，吾顏其厚邪！」乃上疏曰：「陛下御正殿求直言，使人得自奮。臣才志懦劣，不能質今

古是非，使陛下聞未聞之言，行未行之事，忽忽內思，愧羞神明。今蕡所對，敢空臆盡言，至皇王之成敗，陛下所防閑，時政之安危，不私所料。又引春秋爲據，漢、魏以來，無與蕡比。有司以言涉訐忤，不敢聞。自詔書下，萬口籍籍，歎其誠鯁，至於垂泣，謂蕡指切左右，畏近臣銜怒，變興非常，朝野惴息，誠恐忠良道窮，綱紀遂絕，季漢之亂復興于今。以陛下仁聖，近臣故無害忠良之謀；以宗廟威嚴，近臣故無速敗亡之禍。指事取驗，何懼直言？且陛下以直言召天下士，蕡以直言副陛下所問，雖訐必容，雖過當奬，書于史策，千古光明。使萬有一蕡不幸死，天下必曰陛下陰殺讜直，結讎海內，忠義之士，皆憚誅夷，人心一搖，無以自解。況臣所對，不及蕡遠甚，內懷愧恥，自謂賢良，奈人言何！乞回臣所授，以旌蕡直。臣逃苟且之慚，朝有公正之路，陛下免天下之疑，顧不美哉！」帝不納。郃字子玄，後歷賀州刺史。

蕡對後七年，有甘露之難。令狐楚、牛僧孺節度山南東西道，皆表蕡幕府，授祕書郎，以師禮禮之。而宦人深嫉蕡，誣以罪，貶柳州司戶參軍，卒。

始，帝恭儉求治，志除凶人，然懦而不睿，臣下畏禍不敢言，故蕡對極陳晉襄公殺陽處父以戒帝，又引閽殺吳子，陰贊帝決。帝後與宋申錫謀誅守澄不克，守澄廢帝弟漳王而斥申錫，帝依違其間，不敢主也。賈餗與王涯、李訓、舒元輿位宰相，以謀敗，皆爲中官夷

其宗，而宦者益横，帝以憂崩。

及昭宗誅韓全誨等，左拾遺羅衮上言：「蕡當大和時，宦官始熾，因直言策請奪爵土，復掃除之役，遂罹讒逐，身死異土，六十餘年，正人義夫切齒飲泣。比陛下幽東內，幸西州，王室幾喪。使蕡策早用，則杜漸防萌，逆節可消，寧殷憂多難，遠及聖世耶！今天地反正，枉魄憤胔，有望於陛下。」帝感悟，贈蕡左諫議大夫，訪子孫授以官云。

贊曰：漢武帝三策董仲舒，仲舒所對，陳天人大槩，緩而不切也。蕡與諸儒偕進，獨譏切宦官，然亦太疏直矣。戒帝漏言，而身誦語于廷，何邪？其後宋申錫以謀泄貶，李訓以計不臧死，宦者遂彊，可不戒哉！意蕡之賢，當先以忠結上，後爲帝謀天下所以安危者，庶其紓患邪！

唐書卷一百七十九

列傳第一百四

李訓　鄭注　王涯　賈餗　舒元輿　王璠　郭行餘　韓約　羅立言

李孝本　顧師邕　李貞素

李訓字子垂，始名仲言，字子訓，故宰相揆族孫。質狀魁梧，敏于辯論，多大言，自標置。擢進士第，補太學助教，辟河陽節度府。從父逢吉爲宰相，以仲言陰險善謀事，厚昵之。坐武昭獄，流象州。文宗嗣位，更赦還，以母喪居東都。鄭注佐昭義府，仲言慨然曰：「當世操權力者皆齷齪，吾聞注好士，有中助，可與共事。」因往見注，相得甚歡。時逢吉方留守，怏怏不樂，思復用，知與注善，付金幣百萬，使西至京師厚結注。注喜，介之謁王守澄。守澄善遇之，即以注術、仲言經義幷薦於帝。

仲言持詭辯，激卬可聽，善鉤揣人主意，又以身儒者，海內望族，既見識擢，志望不淺。

始，宋申錫謀誅守澄不克，死，宦尹益横，帝愈憤耻。而憲祖之弑，罪人未得，雖外假借，内不堪，欲夷絶其類，顧在位臣持祿取安，無伏節死難者。注陰知帝指，屢建密計，引仲言叶力。帝外託講勸，又皆以守澄進，故與之謀則其黨不疑。仲言尙縗粗，帝使衣戎服，號「王山人」，與注出入禁中。服除，起爲四門助教，賜緋袍、銀魚，時大和八年也。其十月，遷周易博士兼翰林侍講學士。入院，詔法曲弟子二十人侑宴，示優寵。於是給事中鄭肅、韓佽、諫議大夫李珝郭承嘏、中書舍人高元裕權璩等共劾仲言憸人，天下共知，不宜在左右。帝不聽。仲言數進講，至閹寺，必感憤中重，以激帝心。帝見其言縱横，謂果可任，遂不疑，而待遇莫與比，因改名訓。帝猶慮宦人猜忌，乃疏易五義示羣臣，有能異訓意者賞，欲天下知以師臣待訓。

明年秋七月，進翰林學士、兵部郎中，知制誥，居中倚重，實行宰相事。宦人陳弘志時監襄陽軍，訓啓帝召還，至青泥驛，遣使者杖殺之。復以計白罷守澄觀軍容使，賜鴆死。又逐西川監軍楊承和、淮南韋元素、河東王踐言於嶺外，已行，皆賜死。而崔潭峻前物故，詔剖棺鞭尸。元和逆黨幾盡。

訓本挾奇進，及大權在己，鋭意去惡，故與帝言天下事，無不如所欲。挾注相朋比，務報恩復讎，素忌李德裕、宗閔之寵，乃因楊虞卿獄，指爲黨人，嘗所惡者，悉陷黨中，遷貶無

闃日，班列幾空，中外震畏。帝爲下詔開諭，羣情稍安。不踰月，以禮部侍郎同中書門下平章事，賜金紫服，仍詔三日一至翰林，以終易義。

訓起流人，一歲至宰相，謂遭時，其志可行。欲先誅宦豎，乃復河、湟，攘夷狄，歸河朔諸鎮。意果而謀淺，天子以爲然。俄賜第勝業里，賞賚旁午。每進見，他宰相備位，天子傾意，宦官衞兵皆慴憚迎拜。天下險怪士徼取富貴，皆憑以爲資。訓時時進賢才偉望，以悅士心，人皆惑之。嘗建言天下浮屠避傜賦，耗國衣食，請行業不如令者還爲民。既執政，自白罷，因以市恩。

始，注先顯，訓藉以進，及勢相埒，賴寵爭功，不兩立。然方事未集，乃出注使鎮鳳翔，外爲助援，內實猜克，待逞，且殺之。擢所厚善分總兵柄，於是王璠爲太原節度使，郭行餘爲邠寧節度使，羅立言權京兆尹，韓約金吾將軍，李孝本權御史中丞。陰許璠、行餘多募士及金吾臺府卒，劫以爲用。

十一月壬戌，帝御紫宸殿，約奏甘露降金吾左仗樹，羣臣賀。訓、元輿奏言：「甘露近在禁中，陛下宜親往以承天祉。」許之。即輦如含元殿，詔宰相羣臣往視，還，訓奏言：「非甘露。」帝曰：「豈約妄邪？」顧中尉仇士良、魚志弘等驗之，訓因欲閉止諸宦人，使無逸者。時璠、行餘皆辭赴鎮，兵列丹鳳門外，彀而待，訓傳呼曰：「兩鎮軍入受詔旨！」聞者趨入，邠寧

軍不至，瑶懼，弗能前，獨行餘拜殿下。宦人至仗所，約流汗不能舉首，士良等怪之曰：「將軍何爲爾？」會風動廡幕，見執兵者，士良等驚，走出，閽者將闔扉，爲宦侍叱爭，不及閉。訓急連呼金吾兵曰：「衞乘輿者，人賜錢百千！」於是有隨訓入者。宦人曰：「急矣，上當還內！」即扶輦決罘罳下殿趨，訓攀輦曰：「陛下不可去！」士良曰：「李訓反！」帝曰：「訓不反。」士良手搏訓而躓，訓壓之，將引刀鞾中，救至，士良免。立言、孝本領衆四百東西來，上殿與金吾士縱擊，宦官死者數十人。訓持輦愈急，至宣政門，宦人郗志榮揕訓仆之，輦入東上閤，即閉，宮中呼萬歲。元輿雖知謀，不以告涯，曰：「上將開延英邪？」而羣臣見宰相問故。會士良遣神策副使劉泰倫、陳君奕等率衞士五百挺兵出，所值輒殺。涯等惶遽易服步出。殺諸司史六七百人，復分兵屯諸宮門，捕訓黨千餘人斬四方館，流血成渠。宦豎知訓事連天子，相與怨嘖，帝懼，僞不語，故宦人得肆志殺戮。俄而元輿、涯皆爲兵所執。涯實不知謀，士良榜笞急，乃自署反狀。詔出衞騎千餘，馳咸陽、奉天捕亡者，大索都城，分掩涯、訓等第，兵遂大掠，入黎埴、羅讓、渾鐬、胡証等家及賈耽廟，貲產一空。兩省印、簿書輒持去，祕館圖籍，蕩然無餘者。

明日，召羣臣朝，至建福門，從者不得入，光範門尚閉，列兵誰何，乃繇金吾右仗至宣政衙，兵皆露持。是時無宰相、御史中丞，久之，閤門使馬元贄啓宣政扉，傳詔張仲方可京兆

尹，而吏皆前死，羣臣不能班。帝初未知涯等被繫，猶遲其不朝，既而士良白涯與訓謀逆，將立鄭注。遽召僕射令狐楚鄭覃、兵部尚書王源中、吏部侍郎李虞仲等至，帝對悲憤，因付涯訊牒曰：「果涯書邪？」楚曰：「然！」「涯誠有謀，罪應死。」

是日，京師兵剽劫未止，民乘亂，往往復私怨相戕擊，人死甚衆。帝遣楊鎭、靳遂良等屯兵大衢，鼓而儆之，兵乃止。帝逼宦官，於是下詔暴訓、涯等罪。孝本易綠幘，猶金帶，以帽幛面，奔鄭注，至咸陽，追騎及之。餗匿民間，羸服乘驢自歸。璠聚河東兵環第自衞，弘志使偏將攻之，呼曰：「王涯等得罪，起尚書爲相。」璠喜，啓關納之，既行，知見紿，泣曰：「李訓累我。」俄行餘、立言皆得。自涯十餘族并奴婢悉繫左右軍。璠見涯，恚曰：「公何見引？」涯曰：「君昔漏宋丞相謀於守澄，今焉逃死？」

訓既敗，被綠衣，詭言黜官，走終南山，依浮屠宗密。宗密欲匿之，其徒不可，乃奔鳳翔，爲盩厔將所執，械而東。訓恐爲宦人酷辱，祈監者曰：「得我者有賞，不如持首去。」乃斬之，傳其首，餘黨悉禽。

後一日，兩神策兵將涯等赴郊廟，過兩市，皆腰斬梟首以徇。餗臨刑憤叱，獨元輿曰：「鼂錯、張華尙不免，豈特吾屬哉？」約最後捕得，責以反狀，不服，斬之。殺訓弟仲褒、元臯。始，元臯以屬疏自解，得去，士良訊奴，言事前一昔宿訓第，遣人追斬之。訓死，士良

捕宗密將殺之，怡然曰：「與訓游久，浮屠法遇困則救，死固其分。」乃釋之。是時暴尸旁午，有詔棄都外，男女孩嬰相雜廁。淹旬，許京兆府瘞斂，作二大冢，葬道左右。

它日，帝頗思訓，數爲李石、鄭覃稱其才。而宦豎益熾，帝未以制，居常忽忽不懌，每游燕，雖倡樂雜沓，未嘗歡，顏慘不展，往往瞋目獨語，或裴回眺望，賦詩以見情，自是感疢，至棄天下云。

鄭注，絳州翼城人。世微賤，以方伎游江湖間。元和末，至襄陽，依節度使李愬。爲愬煮黃金餌之，寖親遇，署衙推，從至徐州，稍參處軍政。注多藝，詭譎陰狡，億探人庾隱，輒中所欲。爲愬籌事，未嘗不用，挾邪市權，舉軍患之。監軍王守澄白愬，愬曰：「然彼奇士也，將軍試與語。」守澄始拒不納，既坐，機辯橫生，鉤得其意，守澄大驚，引至後堂，語終夕，恨相見晚。謝愬曰：「誠如公言。」即署巡官。

守澄入總樞密，與俱至京師，厚加贍卹，日夜爲守澄計議，因陰通路遺。初士纖巧者附離，後要官貴人亦趨往。既陷宋申錫，搢紳側目。金吾將軍孟文亮鎭邠寧，取爲司馬，不肯行，御史中丞宇文鼎劾奏，乃上道，過奉天，輒還。御史復言注姦狀，請付有司治罪。始，

王涯用注力再輔政，又憚守澄，遏其奏。更擢通王府司馬、右神策判官，士議讙駭。劉從諫惡其人，欲因斥去之，卽表副昭義節度，至府不旬月，文宗暴眩，守澄復薦注，卽日召入，對浴堂門，賜賚至渥。是夜，彗出東方，長三尺，芒燿怒急。俄進太僕卿，兼御史大夫。

注資貪沓，既藉權寵，專鬻官射利，貲積鉅萬，不知止。起第善和里，通永巷，飛廡複壁，聚京師輕薄子、方鎭將吏，以煽聲焰。間入神策，與守澄語必終日，或夜艾乃罷。險人躁夫有所干謝，日走門。李訓既附注進，於是兩人權震天下矣。尋擢工部尚書、翰林侍講學士，時訓已在禁中，日日議論帝前，相倡和，謀鉏翦中官，自謂功在晷刻，帝惑之。乘是進退士大夫，撓亂朝法，賢不肖淆亂，以爲弛張當然。衆策其必亂。

帝問富人術，以榷茶對。其法欲置茶官，籍民圃而給其直，工自擷暴，則利悉之官。帝始詔王涯爲榷茶使。又言秦、雍災，當興役厭之。帝嘗詠杜甫曲江辭，有「宮殿千門」語，意天寶時環江有觀榭宮室，聞注言，卽詔兩神策治曲江、昆明，作紫雲樓、采霞亭，詔公卿得列舍隄上。

注本姓魚，冒爲鄭，故當時號「魚鄭」，及用事，人廋謂曰「水族」。貌寢陋，不能遠視，常衣粗裘，外示質素。始，李愬病痿，注治之有狀，守澄神其術，故中人皆昵愛。

俄檢校尚書左僕射、鳳翔隴右節度使，詔月入奏事。請寮屬於訓，訓與舒元輿謀終殺

注，慮其豪俊爲助，更擇臺閣長厚者，以錢可復爲副，李敬彝爲司馬，盧簡能、蕭傑爲判官，盧弘茂爲掌書記。舊制，節度使受命，戎服詣兵部謁，後寖廢，注請復之，而王璠、郭行餘皆踵爲常。是日，度支、京兆等供帳。入辭，帝賜通天犀帶。出都門，旗干折，注惡之。

先是，守澄死，以十一月葬滻水，注奏言：「守澄，國勞舊，願身護喪。」因羣宦者臨送，欲以鎭兵悉禽誅之。訓畏注專其功，乃先五日舉事。注率五百騎至扶風，令韓遼知其謀，奔武功。注聞訓敗，乃還。其屬魏弘節勸注殺監軍張仲淸及大將賈克中等十餘人，注驚撓不暇聽。仲淸與前少尹陸暢用其將李叔和策，訪注計事，斬其首，兵皆潰去。注妻兄魏逢尤佻險，贊注爲姦，數顧眄，爲率更令、鳳翔少尹。遣逢至京師與訓約，被誅。可復等及親卒千餘人皆族矣。擢仲淸內常侍，遼咸陽令，叔和檢校太子賓客，賜錢千萬，暢鳳翔行軍司馬。梟注首光宅坊，三日瘞之，羣臣皆賀，乃夷其家。初，未獲注，京師戒嚴，涇原、鄜坊節度使王茂元、蕭弘皆勒兵備非常。及是人相慶。籍其貲，得絹百萬匹，它物稱是。注敗前，菌生所服帶上，褚中藥化爲蠅數萬飛去。

可復，徽子也，爲禮部郎中。簡能者，簡辭弟，駕部員外郎。傑者，俛弟也，主客員外郎。弘茂，右拾遺。可復將死，女年十四，爲祈免，女曰：「殺我父，何面目以生！」抱可復求死，亦斬之。弘茂妻蕭，臨刑詬曰：「我太后妹，奴輩可來殺！」兵皆斂手，乃免。弘節勇而

多謀，始在鄜坊趙儋節度府，爲注所辟。敬彝爲路隋所辟，隋卒，客江淮，以未赴免，因擢兵部員外郎，終衢州刺史。

王涯字廣津，其先本太原人，魏廣陽侯冏之裔。祖祚，武后時諫罷萬象神宮知名，開元時，以大理司直馳傳決獄，所至仁平。父晃，歷左補闕、温州刺史。

涯博學，工屬文。往見梁肅，肅異其才，薦於陸贄。擢進士，又舉宏辭，再調藍田尉。久之，以左拾遺爲翰林學士，進起居舍人。元和初，會其甥皇甫湜以賢良方正對策異等，忤宰相，涯坐不避嫌，罷學士，再貶虢州司馬，徙爲袁州刺史。憲宗思之，以兵部員外郎召，知制誥，再爲翰林學士，累遷工部侍郎，封清源縣男。

涯文有雅思，永貞、元和間，訓誥温麗，多所稟定。帝以其孤進自樹立，數訪逮，以私居遠，或召不時至，詔假光宅里官第，諸學士莫敢望。俄拜中書侍郎、同中書門下平章事，坐循默不稱職罷，再遷吏部侍郎。

穆宗立，出爲劍南東川節度使。時吐蕃寇邊，西北騷然，又略雅州，涯調兵拒之。上言：「蜀有兩道直擣賊腹，一繇龍州清川以抵松州〔一〕，一繇綿州威蕃柵抵棲雞城，皆虜險要

地。臣願不愛金帛，使信臣持節與北虜約曰：『能發兵深入者，殺某人，取某地，受其賞。』開懷以示之，所以要約諄熟異它日者，則匈奴之銳可出，西戎之力衰矣。」帝不報。

長慶三年，入爲御史大夫，遷戶部尚書、鹽鐵轉運使。寶曆時，復出領山南西道節度使。文宗嗣位，召拜太常卿，以吏部尚書代王播，復統鹽鐵，政益刻急。歲中，進尚書右僕射、代郡公。而御史中丞宇文鼎以涯兼使職，恥爲之屈，奏：「僕射視事日，四品以上官不宜獨拜。」涯怒，即建言：「與其廢禮，不如審官，請避位以存舊典。」帝難之，詔尚書省雜議。工部侍郎李固言謂：「禮，君於士不答拜，非其臣則答，不臣人之臣也；大夫於其臣，雖賤必答拜，避正君也；大夫於獻不親，君有賜不面拜，爲君之答己也。古者列國君猶與大夫答拜，所以尊事天子，別嫌明微也。議者謂『僕射代尚書令，禮當重。凡百司州縣皆有副貳，缺則攝總，至著定之禮，則不可越，僕射由是也』。按令，凡文武三品拜一品，四品拜二品。開元禮，京兆河南牧、州刺史、縣令上日，丞以下答拜。此禮、令相戾，不可獨據。」又言：「受册官始上，無不答拜者，而僕射亦受册，禮不得異。雖相承爲故事，然人情難安者，安得弗改？請如禮便。」帝不能決，涯竟用舊儀。

自李師道平，三道十二州皆有銅鐵官，歲取冶賦百萬，觀察使擅有之，不入公上。涯始建白：「如建中元年九月戊辰詔書，收隸天子鹽鐵。」詔可。久之，以本官同中書門下平章事，

合度支、鹽鐵爲一使，兼領之。乃奏罷京畿榷酒錢以悅衆。俄檢校司空，兼門下侍郎。罷度支，眞拜司空。始變茶法，益其稅以濟用度，下益困，而鄭注亦議榷茶，天子命涯爲使，心知不可，不敢爭。李訓敗，乃及禍。初，民怨茶禁苛急，涯就誅，皆羣詬詈，抵以瓦礫。

涯質狀頎省，長上短下，動舉詳華。性嗇儉，不畜妓妾，惡卜祝及它方伎。別墅有佳木流泉，居常書史自怡，使客賀若夷鼓琴娛賓。文宗惡俗侈靡，詔涯懲革。涯條上其制，凡衣服室宇，使略如古，貴戚皆不便，謗訕囂然，議遂格。然涯年過七十，嗜權固位，偷合訓等，不能絜去就，以至覆宗。是時，十一族貲貨悉爲兵掠，而涯居永寧里，乃楊憑故第，財貯鉅萬，取之彌日不盡。家書多與祕府侔，前世名書畫，嘗以厚貨鉤致，或私以官，鑿垣納之，重複祕固，若不可窺者，至是爲人破垣剔取奩軸金玉，而棄其書畫於道。籍田宅入于官。

子孟堅爲工部郎中、集賢殿學士，仲翔太常博士，季琰校書郎，皆死。仲翔始匿侍御史裴鐇家，鐇執以赴軍，仲翔曰：「業不見容，當自求生，奈何反相噬邪？」聞者哀之。後令狐楚見帝從容言：「向與臣並列者，既族滅矣，而露胔不藏，深可悼痛。」帝惻然，詔京兆尹薛元賞葬涯等十一人，各賜襲衣。仇士良使盜竊發其冢，投骨渭水。涯女爲竇紃妻，以痼病免，家人給告涯當貶，忽夢涯自提首告曰：「族滅矣，惟若存，歲時無忘我。」女驚號墮地，乃以實告。涯從弟沭，客江南，困窮來京師謁涯，二歲乃得見，許以祿仕，難作，亦死。

昭宗天復初，大赦，明涯、訓之冤，追復爵位，官其後裔。

賈餗字子美，河南人。少孤，客江、淮間。從父全觀察浙東，餗往依之，全尤器異，收䘏良厚。舉進士高第，聲稱籍甚。又策賢良方正異等，授渭南尉、集賢校理。擢累考功員外郎，知制誥。餗美文辭，開敏有斷，然褊急，氣陵輩行。李渤爲諫議大夫，惡其人，爲宰相言之，而李逢吉、竇易直愛餗才，得不斥。

穆宗崩，告哀江、浙，道拜常州刺史。舊制，兩省官出使，得朱衣吏前導，餗赴州，猶用之，觀察使李德裕敕吏還，怏怏爲憾。入爲太常少卿，復知制誥，歷禮部侍郎，凡三典貢舉，得士七十五人，多名卿宰相。再遷京兆尹、兼御史大夫、姑臧縣男。

大和九年上巳，詔百官會曲江。故事，尹自門步入，揖御史。餗自矜大，不徹扇蓋，騎而入。御史楊儉、蘇特固爭，餗曰：「黃面兒敢爾！」儉曰：「公爲御史，能嘿嘿耶？」大夫温造以聞。坐奪俸，不勝恚，求出，爲浙西觀察使。未行，拜中書侍郎、同中書門下平章事。俄爲集賢殿大學士、監脩國史。既得位，會李宗閔得罪，而指儉、特爲黨，斥去之。

少與沈傳師善，傳師前死，嘗夢云：「君可休矣！」餗寤而祭諸寢，復夢曰：「事已爾，叵

奈何！」劉蕡以賢良方正對策，指中人爲禍亂根本，而餗與馮宿、龐嚴爲考官，畏避不敢聞，竟罹其禍。餗本中立，不肯身犯顏排姦倖以及誅，與王涯實不知謀，人冤之。

舒元輿，婺州東陽人。地寒，不與士齒。始學，即警悟。去客江夏，節度使郗士美異其秀特，數延譽。

元和中，舉進士，見有司鉤校苛切，既試尚書，雖水炭脂炬飡具，皆人自將，吏一倡名乃得入，列棘圍，席坐廡下，因上書言：「古貢士未有輕於此者，且宰相公卿繇此出，夫宰相公卿非賢不在選，而有司以隸人待之，誠非所以下賢意。羅棘遮截疑其姦，又非所以求忠直也。詩賦微藝，斷離經傳，非所以觀人文化成也。臣恐賢者遠辱自引去，而不肖者爲陛下用也。今貢珠貝金玉，有司承以棐笥皮幣，何輕賢者，重金玉邪？」又言：「取士不宜限數，今有司多者三十，少止二十，假令歲有百元凱，而曰吾格取二十，謂求賢可乎？歲有才德纔數人，而曰必取二十，謬進者乃過半，謂合令格可乎？」

俄擢高第，調鄠尉，有能名。裴度表掌興元書記，文檄豪健，一時推許。拜監察御史，劾按深害無所縱。再遷刑部員外郎。

元輿自負才有過人者，銳進取。大和五年，獻文闕下，不得報，上書自言：「馬周、張嘉貞代人作奏，起逆旅，卒爲名臣。今臣備位于朝，自陳文章，凡五晦朔不一報，竊自謂才不後周、嘉貞，而無因入，又不露所緼，是終無振發時也。漢主父偃、徐樂、嚴安以布衣上書，朝奏暮召，而臣所上八萬言，其文鍛鍊精粹，出入今古數千百年，披剔剖抉，有可以輔教化者未始遺，拔犀之角，擢象之齒，豈主父等可比哉？盛時難逢，竊自愛惜。」文宗得書，高其自激卬，出示宰相，李宗閔以浮躁誕肆不可用，改著作郎，分司東都。

時李訓居喪，尤與元輿善。及訓用事，再遷左司郎中。御史大夫李固言表知雜事。固言輔政，權知御史中丞。會帝錄囚，元輿奏辨明審，不三月即眞，兼刑部侍郎。專附鄭注，注所惡，舉繩逐之。月中，以本官同中書門下平章事。詭謀謬算，日與訓比，敗天下事，二人爲之也。然加禮舊臣，外釣人譽。先時，裴度、令狐楚、鄭覃皆爲當路所軋，致閑處，至是悉還高秩。

元輿爲牡丹賦一篇，時稱其工。死後，帝觀牡丹，憑殿闌誦賦，爲泣下。

弟元褒、元肱、元迥，皆第進士。元褒又擢賢良方正，終司封員外郎。餘及誅。

王璠字魯玉。元和初舉進士、宏辭皆中，遷累監察御史。儀宇峻整，著稱于時。以起

居舍人副鄭覃宣慰鎮州。長慶末，擢職方郎中，知制誥。

時李逢吉秉政，特厚璠，驟拜御史中丞。璠挾所恃，頗橫恣，道直左僕射李絳，交騎不避。絳上言：「左右僕射，師長庶官，開元時，名左右丞相，雖去機務，然猶總百司，署位不著姓。上日班見百官，而中丞、御史在廷。元和中，伊愼爲僕射，太常博士韋謙以愼位緣恩進，削其禮，至僕射就臺見中丞，或立廷中，中丞乃至。憲度倒置，不可爲法。」逢吉憚絳正，遏其事不奏，但罷璠爲工部侍郎，而絳亦用太子少師分司東都，議者不直之。初，璠按武昭獄，意逢吉德己，及罷中丞，乃大望。

久之，出爲河南尹。時內廄小兒頗擾民，璠殺其尤暴者，遠近畏伏。入爲尙書右丞，再遷京兆尹。自李諒後，政條隳斁，姦豪寖不戢，璠頗脩舉，政有名。

鄭注姦狀始露，宰相宋申錫、御史中丞宇文鼎密與璠議除之，璠反以告王守澄，而注由是傾心於璠。進左丞，判太常卿事。出爲浙西觀察使。李訓得幸，璠於逢吉舊故，故薦之，復召爲左丞，拜戶部尙書，判度支，封祁縣男。李宗閔得罪，璠亦其黨，見注求解乃免。訓將誅宦人，乃授河東節度使，已而敗。

璠子遐休，直弘文館，所善學士令狐定及劉軻、劉軿、仲無頗、柳喜集其所，皆被縛。定等自解辯，得釋。遐休誅。璠鑿潤州外隍，得石刻曰：「山有石，石有玉，玉有瑕。」術家謂璠

祖名崟，生礎，礎生璠，盡遐休，蓋其應云。

郭行餘者，元和時擢進士。河陽烏重胤表掌書記。重胤葬其先，使誌冢，辭不爲，重胤怒，卽解去。

擢累京兆少尹。嘗値尹劉栖楚，不肯避，栖楚捕導從繫之。自言宰相裴度，頗爲諭止。行餘移書曰：「京兆府在漢時有尹，有都尉，有丞，皆詔自除，後循而不改。開元時，諸王爲牧，故尹爲長史，司馬卽都尉、丞耳。今尹總牧務，少尹副焉，未聞道路間有下車望塵避者，故事猶在。」栖楚不能答。

遷楚、汝二州刺史、大理卿，擢邠寧節度使。李訓在東都，與行餘善，故用之。

韓約，朗州武陵人，本名重華。志勇決，略涉書，有吏幹。歷兩池榷鹽使、虔州刺史。交趾叛，領安南都護。再遷太府卿。

大和九年，代崔鄯爲左金吾衞大將軍，居四日，起事。約綵錢穀進，吏安南富饒地，聚貲尤多。

羅立言者，宣州人。貞元末擢進士，魏博田弘正表佐其府。改陽武令，以治劇遷河陰。立言始築城郭，地所當者，皆富豪大賈所占，下令使自築其處，吏籍其闊狹，號於衆曰：「有不如約，爲我更完！」民憚其嚴，數旬畢。民無田者，不知有役。設鎖絕汴流，姦盜屏息。河南尹丁公著上狀，加朝散大夫。然倨下傲上，出具弓矢呵道，宴賓客列倡優如大府，人皆惡之，以是稀遷，然自放不衰。

改度支河陰留後，坐平羅非實，沒萬九千緡，鹽鐵使惜其幹，止奏削兼侍御史。繇廬州刺史召爲司農少卿，以財事鄭注，亦與李訓厚善。訓以京兆多吏卒，擢爲少尹，知府事，以就其謀。

李孝本，宗室子。元和時第進士，累遷刑部郎中。依訓得進，於是御史中丞舒元輿引知雜事。元輿入相，擢權知中丞事。

顧師邕字睦之，少連子。性恬約，喜書，寡游合。第進士，累遷監察御史。李訓薦爲水部員外郎、翰林學士。訓遣宦官田全操、劉行深、周元稹、薛士幹、似先義逸、劉英誗按邊，既行，命師邕爲詔賜六道殺之，會訓敗，不果。師邕流崖州，至藍田賜死。

李貞素，嗣道王實子。性和裕，衣服喜鮮明。漢陽公主妻以季女。累遷宗正少卿，由將作監改左金吾衞將軍。韓約之詐，貞素知之，流儋州，至商山賜死。

贊曰：李訓浮躁寡謀，鄭注斬斬小人，王涯暗沓，舒元輿險而輕，邀幸天功，寧不殆哉！李德裕嘗言天下有常勢，北軍是也。訓因王守澄以進，此時出入北軍，若以上意說諸將，易如靡風，而返以臺、府抱關游徼抗中人以搏精兵，其死宜哉！文宗與宰相李石、李固言、鄭覃稱：「訓稟五常性、服人倫之教，不如公等，然天下奇才，公等弗及也。」德裕曰：「訓曾不得齒徒隸，尙才之云！」世以德裕言爲然。傳曰：「國將亡，天與之亂人。」若訓等持腐株支大廈之顚，天下爲寒心豎毛，文宗偃然倚之成功，卒爲閹謁所乘，天果厭唐德哉！

校勘記

〔一〕一絲龍州清川以抵松州　「龍州」，各本原作「龍川」，舊書卷一六九王涯傳作「龍州」。按本書卷四二及舊書卷四一地理志、寰宇記卷八四，淸川縣屬龍州，隸劍南道。此當作「龍州」，據改。

唐書卷一百八十

列傳第一百五

李德裕 燁 延古 崔嘏 丁柔立

李德裕字文饒，元和宰相吉甫子也。少力于學，既冠，卓犖有大節。不喜與諸生試有司，以蔭補校書郎。河東張弘靖辟爲掌書記。府罷，召拜監察御史。

穆宗卽位，擢翰林學士。帝爲太子時，已聞吉甫名，由是顧德裕厚，凡號令大典册，皆更其手。數召見，賚獎優華。帝怠荒于政，故戚里多所請丐，挾宦人詗禁中語，關託大臣。德裕建言：「舊制，駙馬都尉與要官禁不往來。開元中，訶督尤切，今乃公至宰相及大臣私第。是等無佗材，直洩漏禁密，交通中外耳。請白事宰相者，聽至中書，無輒詣第。」帝然之。再進中書舍人。未幾，授御史中丞。

始，吉甫相憲宗，牛僧孺、李宗閔對直言策，痛詆當路，條失政。吉甫訴於帝，且泣，有

司皆得罪，遂與爲怨。吉甫又爲帝謀討兩河叛將，李逢吉沮解其言，功未既而吉甫卒，裴度實繼之。逢吉以議不合罷去，故追銜吉甫而怨度，擯德裕不得進。至是，間帝暗庸，訹度使與元稹相怨，奪其宰相而己代之。欲引僧孺益樹黨，乃出德裕爲浙西觀察使。俄而僧孺入相，由是牛、李之憾結矣。

初，潤州承王國清亂，竇易直傾府庫賚軍，貲用空殫，而下益驕。德裕自檢約，以留州財贍兵，雖儉而均，故士無怨。再期，則賦物儲牣。南方信禨巫，雖父母癘疾，子棄不敢養。德裕擇長老可語者，諭以孝慈大倫，患難相收不可棄之義，使歸相曉敕，違約者顯寘以法。數年，惡俗大變。又按屬州非經祠者，毀千餘所，撤私邑山房千四百舍，寇無所廋蔽。天子下詔褒揚。

敬宗立，侈用無度，詔浙西上脂盝粧具，德裕奏：「比年旱災，物力未完。乃三月壬子赦令，『常貢之外，悉罷進獻』。此陛下恐聚斂之吏緣以成姦，彫瘵之人不勝其弊也。本道素號富饒，更李錡、薛苹，皆榷酒於民，供有羡財。元和詔書停榷酤，又赦令禁諸州羡餘無送使。今存者惟留使錢五十萬緡，率歲經費常少十三萬，軍用褊急。今所須脂盝粧具，度用銀二萬三千兩，金百三十兩，物非土產，雖力營索，尚恐不逮。願詔宰相議，何以俾臣不違詔旨，不乏軍興，不疲人，不斂怨，則前敕後詔，咸可遵承。」不報。方是時，罷進獻不閱

月，而求貢使者足相接于道，故德裕推一以諷它。

又詔索盤條繚綾千匹，復奏言：「太宗時，使至涼州，見名鷹，諷李大亮獻之，大亮諫止，賜詔嘉歎。玄宗時，使者抵江南捕鵁鶄、翠鳥，汴州刺史倪若水言之，即見褒納。皇甫詢織半臂、造琵琶捍撥、鏤牙筩於益州，蘇頲不奉詔，帝不加罪。夫鵁鶄、鏤牙，微物也。二三臣尙以勞人損德爲言，豈二祖有臣如此，今獨無之？蓋有位者蔽而不聞，非陛下拒不納也。且立鵝天馬，盤條掬豹，文彩怪麗，惟乘輿當御。今廣用千匹，臣所未諭。昔漢文身衣弋綈，元帝罷輕纖服，故仁德慈儉，至今稱之。願陛下師二祖容納，遠思漢家恭約，裁賜節減，則海隅蒼生畢受賜矣。」優詔爲停。

自元和後，天下禁毋私度僧。徐州王智興紿言天子誕月，請築壇度人以資福，詔可。即顯募江淮間，民皆曹輩奔走，因牟擷其財以自入。德裕劾奏：「智興爲壇泗州，募願度者人輸錢二千，則不復勘詰，普加髡落。自淮而右，戶三丁男，必一男剔髮，規影傜賦，所度無算。臣閱度江者日數百，蘇、常齊民，十固八九，若不加禁遏，則前至誕月，江淮失丁男六十萬，不爲細變。」有詔徐州禁止。

時帝昏荒，數游幸，狎比羣小，聽朝簡忽。德裕上丹扆六箴，表言：「『心乎愛矣，遐不謂矣』，此古之賢人篤於事君者也。夫迹疏而言親者危，地遠而意忠者忤。臣竊惟念拔自先

聖，偏荷寵私，不能竭忠，是負靈鑒。臣在先朝，嘗獻大明賦以諷，頗蒙嘉採。今日盡節明主，亦由是也。」其一曰宵衣，諷視朝希晚也；二曰正服，諷服御非法也；三曰罷獻，諷斂求怪珍也；四曰納誨，諷侮棄忠言也；五曰辨邪，諷任羣小也；六曰防微，諷僞游輕出也。辭皆明直婉切。帝雖不能用其言，猶敕韋處厚諄諄作詔，厚謝其意。然爲逢吉排笮，訖不內徙。

時亳州浮屠詭言水可愈疾，號曰「聖水」，轉相流聞，南方之人，率十戶僦一人使往汲。既行若飲，病者不敢近葷血，危老之人率多死。而水斗三十千，取者益它汲轉鬻於道，互相欺訹，往者日數十百人。德裕嚴勒津邏捕絕之，且言：「昔吳有聖水，宋、齊有聖火，皆本妖祥，古人所禁。請下觀察使令狐楚塡塞，以絕妄源。」從之。

帝方惑佛老，禱福祈年，浮屠方士，並出入禁中。狂人杜景先上言，其友周息元壽數百歲，帝遣宦者至浙西迎之，詔在所馳驲敦遣。德裕上疏曰：「道之高者，莫若廣成、玄元；人之聖者，莫若軒轅、孔子。昔軒轅問廣成子治身之要，曰：『無視無聽，抱神以靜，形將自正。無勞子形，無搖子精，乃可長生。愼守其一，以處其和。故我脩身千二百歲矣，形未嘗衰。』又曰：『得吾道者上爲皇，下爲王。』玄元語孔子曰：『去子之驕氣與多欲、態色與淫志，是皆無益於子之身。』陛下脩軒后之術，物色異人，若使廣成、玄元混迹而至，告陛下之言，亦無

出於此。臣慮今所得者，皆迂怪之士，使物淖冰，以小術欺聰明，如文成、五利者也。又前世天子雖好方士，未有御其藥者。故漢人稱黃金可成，以爲飲食器則壽。高宗時劉道合、玄宗時孫甑生皆能作黃金，二祖不之服，豈非以宗廟爲重乎？儻必致眞隱，願止師保和之術，愼毋及藥，則九廟尉悅矣。」息元果誕譎不情，自言與張果、葉靜能游。帝詔畫工肖狀爲圖以觀之，終帝世無它驗。文宗即位，乃逐之。

大和三年，召拜兵部侍郎。裴度薦材堪宰相，而李宗閔以中人助，先秉政，且得君，出德裕爲鄭滑節度使，引僧孺協力，罷度政事。二怨相濟，凡德裕所善，悉逐之。於是二人權震天下，黨人牢不可破矣。

踰年，徙劍南西川。蜀自南詔入寇，敗杜元穎，而郭釗代之，病不能事，民失職，無聊生。德裕至，則完殘奮怯，皆有條次。成都旣南失姚、協，西亡維、松，由清溪下沫水而左，盡爲蠻有。始，韋皐招來南詔，復巂州，傾內資結蠻好，示以戰陣文法。德裕以皐啓戎資盜，其策非是，養成癰疽，弟未決耳。至元穎時，遇隙而發，故長驅深入，蹂剔千里，蕩無孑遺。今瘢夷尙新，非痛矯革，不能刷一方恥。乃建籌邊樓，按南道山川險要與蠻相入者圖之左，西道與吐蕃接者圖之右。其部落衆寡，饋餫遠邇，曲折咸具。乃召習邊事者與之指畫商訂，凡虜之情僞盡知之。又料擇伏瘴舊獠與州兵之任戰者，廢遣獰耄什三四，士無敢怨。

又請甲人於安定，弓人河中，弩人浙西。繇是蜀之器械皆犀銳。率戶二百取一人，使習戰，貸勿事，緩則農，急則戰，謂之「雄邊子弟」。其精兵曰南燕保義、保惠、兩河慕義、左右連弩；騎士曰飛星、鷙擊、奇鋒、流電、霆聲、突騎。總十一軍。築杖義城，以制大度、青溪關之阻；作禦侮城，以控榮經掎角勢；作柔遠城，以阨西山吐蕃；復邛崍關，徙嶲州治臺登，以奪蠻險。

舊制，歲杪運內粟贍黎、嶲州，起嘉、眉，道陽山江，而達大度，乃分餉諸戍。常以盛夏至，地苦瘴毒，輦夫多死。德裕命轉邛、雅粟，以十月爲漕始，先夏而至，以佐陽山之運，饋者不涉炎月，遠民乃安。

蜀人多鬻女爲人妾，德裕爲著科約：凡十三而上，執三年勞；下者，五歲；及期則歸之父母。毀屬下浮屠私廬數千，以地予農。蜀先主祠旁有猱村，其民剔髮若浮屠者，畜妻子自如，德裕下令禁止。蜀風大變。

於是二邊寖懼，南詔請還所俘掠四千人，吐蕃維州將悉怛謀以城降。維距成都四百里，因山爲固，東北繇索叢嶺而下二百里，地無險，走長川不三千里，直吐蕃之牙，異時戍之，以制虜入者也。德裕既得之，卽發兵以守，且陳出師之利。僧孺居中沮其功，命返悉怛謀於虜，以信所盟，德裕終身以爲恨。會監軍使王踐言入朝，盛言悉怛謀死，拒遠人向

化意。帝亦悔之，卽以兵部尙書召，俄拜中書門下平章事，封贊皇縣伯。

故事，丞郎詣宰相，須少間乃敢通，郎官非公事不敢謁。李宗閔時，往往通賓客。李聽爲太子太傅，招所善載酒集宗閔閣，酣醉乃去。至德裕，則喩御史：「有以事見宰相，必先白臺乃聽。凡罷朝，繇龍尾道趨出。」遂無輒至閣者。又罷京兆築沙隄、兩街上朝衞兵。嘗建言：「朝廷惟邪正二途，正必去邪，邪必害正。然其辭皆若可聽，願審所取舍。不然，二者並進，雖聖賢經營，無繇成功。」俄而宗閔罷，德裕代爲中書侍郎、集賢殿大學士。始，二省符江淮大賈，使主堂廚食利，因是挾貲行天下，所至州鎭爲右客，富人倚以自高。德裕一切罷之。

後帝暴感風，害語言。鄭注始因王守澄以藥進，帝少間，又薦李訓使待詔，帝欲授諫官，德裕曰：「昔諸葛亮有言：『親賢臣，遠小人，漢所以興隆也。親小人，遠賢士，後漢所以傾頹也。』今訓小人，頃咎惡暴天下，不宜引致左右。」帝曰：「人誰無過，當容其改。且逢吉嘗言之。」對曰：「聖賢則有改過，若訓天資姦邪，尙何能改？逢吉位宰相，而顧愛兇回，以累陛下，亦罪人也。」帝語王涯別與官，德裕搖手止涯，帝適見，不懌，訓、注皆怨，卽復召宗閔輔政，拜德裕爲興元節度使。入見帝，自陳願留闕下，復拜兵部尙書，宗閔奏：「命已行，不可止。」更徙鎭海軍以代王璠。

先是大和中，漳王養母杜仲陽歸浙西，有詔在所存問。時德裕被召，乃檄留後使如詔書。璠入爲尙書左丞，而漳王以罪廢死，因與戶部侍郎李漢共譖德裕嘗賂仲陽導王爲不軌。帝惑其言，召王涯、李固言、路隋質之。注、璠、漢三人者語益堅，獨隋言：「德裕大臣，不宜有此。」讒焰少衰。遂貶德裕爲太子賓客，分司東都。復貶袁州長史，隋亦免宰相。未幾，宗閔以罪斥，而注、訓等亂敗。帝追悟德裕以誣構逐，乃徙滁州刺史。又以太子賓客分司東都。開成初，帝從容語宰相：「朝廷豈有遺事乎？」衆進以宋申錫對。帝俛首涕數行下，曰：「當此時，兄弟不相保，況申錫邪？有司爲我褒顯之。」又曰：「德裕亦申錫比也。」起爲浙西觀察使。後對學士禁中，黎埴頓首言：「德裕與宗閔皆逐，而獨三進官。」帝曰：「彼嘗進鄭注，而德裕欲殺之，今當以官與何人？」埴懼而出。又指坐扆前示宰相曰：「此德裕爭鄭注處。」

德裕三在浙西，出入十年，遷淮南節度使，代牛僧孺。僧孺聞之，以軍事付其副張鷺，卽馳去。淮南府錢八十萬緡，德裕奏言止四十萬，爲鷺用其半。僧孺訴于帝，而諫官姚合、魏謩等共劾奏德裕挾私怨沮傷僧孺，帝置章不下，詔德裕覆實。德裕上言：「諸鎭更代，例殺半數以備水旱、助軍費。因索王播、段文昌、崔從相授簿最具在。惟從死官下，僧孺代之，其所殺數最多。」卽自劾「始至鎭，失於用例，不敢妄」。遂待罪，有詔釋之。

武宗立，召爲門下侍郎、同中書門下平章事。旣入謝，卽進戒帝：「辨邪正，專委任，而後朝廷治。臣嘗爲先帝言之，不見用。夫正人旣呼小人爲邪，小人亦謂正人爲邪，何以辨之？請借物爲諭，松柏之爲木，孤生勁特，無所因倚。蘿蔦則不然，弱不能立，必附它木。故正人一心事君，無待於助。邪人必更爲黨，以相蔽欺。君人者以是辨之，則無惑矣。」又謂治亂繫信任，引齊桓公問管仲所以害霸者，仲對琴瑟笙竽、弋獵馳騁，非害霸者；惟知人不能舉，舉不能任，任而又雜以小人，害霸也。「太、玄、德、憲四宗皆盛朝，其始臨御，自視若堯、舜，寖久則不及初，陛下知其然乎？始一委輔相，故賢者得盡心。久則小人並進，造黨與，亂視聽，故上疑而不專。政去宰相則不治矣。在德宗最甚，晚節宰相惟奉行詔書，所與圖事者，李齊運、裴延齡、韋渠牟等，訖今謂之亂政。夫輔相有欺罔不忠，當亟免，忠而材者屬任之。政無它門，天下安有不治？先帝任人，始皆回容，積纖微以至誅貶。誠使雖小過必知而改之，君臣無猜，則讒邪不干其間矣。」又言：「開元初，輔相率三考輒去，雖姚崇、宋璟不能逾。至李林甫秉權乃十九年，遂及禍敗。是知亟進罷宰相，使政在中書，誠治本也。」

帝嘗疑楊嗣復、李珏顧望不忠，遣使殺之，德裕知帝性剛而果於斷，卽率三宰相見延英，嗚咽流涕曰：「昔太宗、德宗誅大臣，未嘗不悔。臣欲陛下全活之，無異時恨。使二人

罪惡暴著，天下共疾之。」帝不許，德裕伏不起。帝曰：「爲公等赦之。」德裕降拜升坐。帝曰：「如令諫官論爭，雖千疏，我不赦。」德裕重拜。因追還使者，嗣復等乃免。

時帝數出畋游，暮夜乃還，德裕上言：「人君動法於日，故出而視朝，入而燕息。傳曰：『君就房有常節。』惟深察古誼，毋繼以夜。側聞五星失度，恐天以是勤勤儆戒。詩曰：『敬天之渝，不敢馳驅。』願節田游，承天意。」尋册拜司空。

回鶻自開成時爲黠戛斯所破。會昌後，烏介可汗挾公主牙塞下，種族大飢，以弱口、重器易粟於邊。退渾、党項利虜掠，因天德軍使田牟上言，願以部落兵擊之。議者請可其奏。德裕曰：「回鶻於國嘗有功，以窮來歸，未輒擾邊，遽伐之，非漢宣帝待呼韓之義。不如與之食，以待其變。」陳夷行曰：「資盜糧，非計也，不如擊之便。」德裕曰：「沙陀、退渾，不可恃也。夫見利則進，遇敵則走，雜虜之常態，孰肯爲國家用邪？天德兵素弱，以一城與勁虜确，無不敗。請詔牟無聽諸戎計。」帝於是貸粟三萬斛。

會嗢沒斯殺赤心以降，赤心兵潰去。於是回鶻勢窮，數丐羊馬，欲藉兵復故地，又願假天德城以舍公主，帝不許。乃進逼振武保大栅杷頭峯，以略朔川，轉戰雲州，刺史張獻節嬰城不出。回鶻乃大掠，党項、退渾皆保險莫敢拒。帝益知向不許田牟用二部兵之效，乃復問以計，德裕曰：「杷頭峯北皆大磧，利用騎，不可以步當之。今烏介所恃公主爾，得健將出

奇奪還之，王師急擊，彼必走。今鋭將無易石雄者，請以藩渾勁卒與漢兵銜枚夜擊之，勢必得。」帝卽以方略授劉沔，令雄邀擊可汗於殺胡山，敗之，迎公主還，回鶻遂敗。進位司徒。

黠戛斯遣使來，且言攻取安西、北庭，帝欲從黠戛斯求其地，德裕曰：「不可。安西距京師七千里，北庭五千里。異時繇河西、隴右抵玉門關，皆我郡縣，往往有兵，故能緩急調發。自河、隴入吐蕃，則道出回鶻。回鶻今破滅，未知黠戛斯果有其地邪？假令安西可得，卽復置都護，以萬人往戍，何所興發，何道饋輓？彼天德、振武於京師近，力猶苦不足，況七千里安西哉？臣以爲縱得之，無用也。昔漢魏相請罷田車師，賈捐之請棄珠崖，近狄仁傑亦請棄四鎭及安東，皆不願貪外以耗內。此三臣者，當全盛時，尙欲棄割以肥中國，況久沒甚遠之地乎？是持實費市虛事，滅一回鶻，而又生之。」帝乃止。

澤潞劉從諫死，其從子稹擅留事，以邀節度，德裕曰：「澤潞內地，非河朔比，昔皆儒術大臣守之。李抱眞始建昭義軍，最有功，德宗尙不許其子繼。及劉悟死，敬宗方怠於政，遂以符節付從諫。大和時，擅兵長子，陰連訓、注，外託効忠，請除君側。及有狗馬疾，謝醫拒使，便以兵屬稹。捨而不討，無以示四方。」帝曰：「可勝乎？」對曰：「河朔，稹所恃以脣齒也。如令魏、鎭不與，則破矣。夫三鎭世嗣，列聖許之。請使近臣明告以：『澤潞命帥，不得視三鎭，今朕欲誅稹，其各以兵會。』」帝然之。乃以李回持節諭王元逵、何弘敬，皆聽命。

始議用兵，中外交章固爭，皆曰：「悟功高，不可絕其嗣。又從諫畜兵十萬，粟支十年，未可以破也。」它宰相亦媕婀趨和，德裕獨曰：「諸葛亮言曹操善爲兵，猶五攻昌霸，三越漅，況其下哉。然贏縮勝負，兵家之常，惟陛下聖策先定，不以小利鈍爲浮議所搖，則有功矣。有如不利，臣請以死塞責！」帝忿然曰：「爲我語於朝，有沮吾軍議者，先誅之！」羣論遂息。元逵兵已出，而弘敬逗留持兩端。德裕建遣王宰以陳、許精甲，假道於魏以伐磁。弘敬聞，遽勒兵請自涉漳取磁、洺。

會橫水戍兵叛，入太原，逐其帥李石，奉裨將楊弁主留事。方是時，稹未下，朝廷益爲憂。議者頗言兵皆可罷。帝遣中人馬元實如太原，偵其變。弁厚賄中人，帳飲三日。還，謬曰：「弁兵多，屬明光甲者十五里。」德裕詰曰：「李石以太原無兵，故調橫水卒千五百使戍楡社，弁因以亂，渠能列卒如此多邪？」則曰：「晉人勇，皆兵也，募而得之。」德裕曰：「募士當以財，李石以人欠一縑，故兵亂，石無以索之，弁何得邪？太原一鎧一戟，舉送行營，安致十五里明光乎？」使者語塞。德裕卽奏：「弁賤伍，不可赦。如力不足，請捨稹而誅弁。」遽趣王逢起楡社軍，詔元逵趨土門，會太原。河東監軍呂義忠聞，卽日召楡社卒入斬弁，獻首京師。

德裕每疾貞元、大和間有所討伐，諸道兵出境，卽仰給度支，多遷延以困國力。或與賊

約，令懈守備，得一縣一屯以報天子，故師無大功。因請敕諸將，令直取州，勿攻縣。故元逵等下邢、洺、磁，而稹氣索矣。俄而高文端歸命，稱稹糧乏，皆女子挼穟哺兵。未幾，郭誼持稹首降。帝問：「何以處誼？」德裕曰：「稹豎子，安知反？職誼爲之。今三州已降，而稹窮蹙，又販其族以邀富貴，不誅，後無以懲惡。」帝曰：「朕意亦爾。」因詔石雄入潞，盡取誼等及嘗爲稹用者，悉誅之。策功拜太尉，進封趙國公。德裕固讓，言：「唐興，太尉惟七人，尚父子儀乃不敢拜。近王智興、李載義皆超拜保、傅，蓋重惜此官。裴度爲司徒十年，亦不遷，臣願守舊秩足矣。」帝曰：「吾恨無官酬公，毋固辭。」德裕又陳：「先臣封於趙，冢孫寬中始生，字曰三趙，意將傳嫡，不及支庶。臣前益封，已改中山。臣先世皆嘗居汲，願得封衞。」從之，遂改衞國公。

帝嘗從容謂宰相曰：「有人稱孔子其徒三千亦爲黨，信乎？」德裕曰：「昔劉向云：『孔子與顔回、子貢更相稱譽，不爲朋黨；禹、稷與臯陶轉相汲引，不爲比周。無邪心也。』臣嘗以共、鮌、驩兜與舜、禹雜處堯朝，共工、驩兜則爲黨，舜、禹不爲黨。小人相與比周，迭爲掩蔽也。賢人君子不然，忠於國則同心，聞於義則同志，退而各行其己，不可交以私。趙宣子、隨會繼而納諫，司馬侯、叔向比以事君，不爲黨也。公孫弘每與汲黯請間，黯先發之，弘推其後，武帝所言皆聽。黯、弘雖並進，然廷詰齊人少情，譏其布被爲詐，則先發後繼，不爲黨

也。太宗與房玄齡圖事，則曰非杜如晦莫能籌之。及如晦在焉，亦推玄齡之策。則同心圖國，不爲黨也。漢朱博、陳咸相爲腹心，背公死黨。周福、房植各以其黨相傾，議論相軋，故朋黨始於甘陵二部。及甚也，謂之鉤黨，繼受誅夷。以王制言之，非不幸也。周之衰，列國公子有信陵、平原、孟嘗、春申，游談者以四豪爲稱首，亦各有客三千，務以譎詐勢利相高；仲尼之徒，唯行仁義。今議者欲以比之，罔矣。臣未知所謂黨者爲國乎？爲身乎？誠爲國邪，隨會、叔向、汲黯、房、杜之道可行，不必黨也。今所謂黨者，誣善蔽忠，附下罔上，車馬馳驅，以趨權勢，晝夜合謀，美官要選，悉引其黨爲之，否則抑壓以退。仲尼之徒，有是乎？陛下以是察之，則姦僞見矣。」

時韋弘質建言，宰相不可兼治錢穀，德裕奏言：「管仲明於治國，其語曰：『國之重器，莫重於令。令重君尊，君尊國安。治人之本，莫要於令。』故曰『虧令者死，益令者死，不行令者死，留令者死，不從令者死。五者無赦』。又曰：『令在上而論可否在下，是主威下繫於人也。』大和後，風俗寖敝，令出於上，非之在下。此敝不止，無以治國。匡衡曰：『大臣者，國家股肱，萬姓所瞻仰，明主所愼擇也。』傳曰：『下輕其上爵，賤人圖柄臣，則國家搖動而人不靜。』今弘質爲人所教而言，是圖柄臣者也。且蕭望之漢名儒，爲御史大夫，奏云：『歲首，日月少光，咎在臣等。』宣帝以望之意輕丞相，下有司詰問。貞觀中，監察御史陳師合上言：

『人之思慮有限，一人不可總數職。』太宗曰：『此欲離間我君臣。』斥之嶺外。臣謂宰相有姦謀隱慝，則人人皆得上論。至於制置職業，人主之柄，非小人所得干。古者朝廷之士，各守官業，思不出位。弘質賤臣，豈得以非所宜言妄觸天聽！是輕宰相。陛下照其邪計，從黨人中來，當遏絕之。」德裕大意，欲朝廷尊，臣下肅，而政出宰相，深疾朋黨，故感憤切言之。

又嘗謂：「省事不如省官，省官不如省吏，能簡冗官，誠治本也。」乃請罷郡縣吏凡二千餘員，衣冠去者皆怨。時天下已平，數上疏乞骸骨，而星家言熒惑犯上相，又懇丐去位，皆不許。當國凡六年，方用兵時，決策制勝，它相無與，故威名獨重於時。

宣宗即位，德裕奉冊太極殿。帝退謂左右曰：「向行事近我者，非太尉邪？每顧我，毛髮爲森豎。」翌日，罷爲檢校司徒、同中書門下平章事，荆南節度使。俄徙東都留守。白敏中、令狐綯、崔鉉皆素仇，大中元年，使黨人李咸斥德裕陰事。故以太子少保分司東都，再貶潮州司馬。明年，又導吳汝納訟李紳殺吳湘事，而大理卿盧言、刑部侍郎馬植、御史中丞魏扶言：「紳殺無罪，德裕徇成其冤，至爲黜御史，罔上不道。」乃貶爲崖州司戶參軍事。明年，卒，年六十三。德裕既沒，見夢令狐綯曰：「公幸哀我，使得歸葬。」綯語其子滈，滈曰：「執政皆其憾，可乎？」既夕，又夢，綯懼曰：「衞公精爽可畏，不言，禍將及。」白于帝，得以喪還。

德裕性孤峭，明辯有風采，善爲文章。雖至大位，猶不去書。其謀議援古爲質，衮衮可喜。常以經綸天下自爲，武宗知而能任之，言從計行，是時王室幾中興。

先是，韓全義敗於蔡，杜叔良敗於深，皆監軍宦人制其權，將不得專進退，詔書一日三四下，宰相不豫。又諸道銳兵票士，皆監軍取以自隨，每督戰，乘高建旗自表，師小不勝，輒卷旗去，大兵隨以北。繇是王師所向多負。至討回鶻、澤潞，德裕建請詔書付宰司乃下，監軍不得干軍要，率兵百人取一以爲衞。自是，號令明壹，將乃有功。

元和後數用兵，宰相不休沐，或繼火乃得罷。德裕在位，雖遽書警奏，皆從容裁決，率午漏下還第，休沐輒如令，沛然若無事時。其處報機急，帝一切令德裕作詔，德裕數辭，帝曰：「學士不能盡吾意。」伐劉稹也，詔王元逵、何弘敬曰：「勿爲子孫之謀，存輔車之勢。」元逵等情得，皆震恐思效。已而三州降，賊遂平。帝每稱魏博功，則顧德裕道詔語，咨其切於事而能伐謀也。三鎭每奏事，德裕引使者戒敕爲忠義，指意丁寧，使歸各謂其帥道之，故河朔畏威不敢慢。後除浮屠法，僧亡命多趣幽州，德裕召邸吏戒曰：「爲我謝張仲武，劉從諫招納亡命，今視之何益？」仲武懼，以刀授居庸關吏曰：「僧敢入者斬！」

帝旣數討叛有功，德裕慮怠于武，不可戢，卽奏言：「曹操破袁紹於官度，不追奔，自謂所獲已多，恐傷威重。養由基古善射者，柳葉雖百步必中，觀者曰：『不如少息，若弓撥矢

鉤，前功皆棄。』陛下征伐無不得所欲，願以兵爲戒，乃可保成功。」帝嘉納其言。

方士趙歸眞以術進，德裕諫曰：「是嘗敬宗時以詭妄出入禁中，人皆不願至陛下前。」帝曰：「歸眞我自識，顧無大過，召與語養生術爾。」對曰：「小人於利，若蛾赴燭。向見歸眞之門，車轍滿矣。」帝不聽。于是挾術詭時者進，帝志衰焉。

所居安邑里第，有院號起草，亭曰精思，每計大事，則處其中，雖左右侍御不得豫。不喜飲酒，後房無聲色娛。生平所論著多行于世云。

子燁，仕汴宋幕府，貶象州立山尉。懿宗時，以赦令徙郴州。餘子皆從死貶所。燁子延古，乾符中，爲集賢校理，擢累司勳員外郎，還居平泉。昭宗東遷，坐不朝謁，貶衞尉主簿。

德裕之斥，中書舍人崔嘏，字乾錫，諠士也。坐書制不深切，貶端州刺史。嘏擧進士，復以制策歷邢州刺史。劉稹叛，使其黨裴問戍于州，嘏說使聽命，改考功郎中，時皆謂遴賞。至是，作詔不肯巧傅以罪。

吳汝納之獄，朝廷公卿無爲辨者，惟淮南府佐魏鉶就逮，吏使誣引德裕，雖痛楚掠，終不從，竟貶死嶺外。

又丁柔立者，德裕當國時，或薦其直清可任諫爭官，不果用。大中初，爲左拾遺。既

德裕被放，柔立內愍傷之，爲上書直其冤，坐阿附，貶南陽尉。

懿宗時，詔追復德裕太子少保、衞國公，贈尙書左僕射，距其沒十年。

贊曰：漢劉向論朋黨，其言明切，可爲流涕，而主不悟，卒陷亡辜。德裕復援向言，指質邪正，再被逐，終嬰大禍。嗟乎，朋黨之興也，殆哉！根夫主威奪者下陵，聽弗明者賢不肖兩進，進必務勝，而後人人引所私，以所私乘狐疑不斷之隙，是引桀、跖、孔、顏相鬭于前，而以衆寡爲勝負矣。欲國不亡，得乎？身爲名宰相，不能損所憎，顯擠以仇，使比周勢成，根株牽連，賢智播奔，而王室亦衰，寧明有未哲歟？不然，功烈光明，佐武中興，與姚、宋等矣。

唐書卷一百八十一

列傳第一百六

陳夷行　李紳　李讓夷　曹確　劉瞻助　李蔚

陳夷行字周道，其先江左諸陳也，世客潁川。由進士第，擢累起居郎、史館脩撰。以勞遷司封員外郎，凡再歲，以吏部郎中爲翰林學士。莊恪太子在東宮，夷行兼侍讀，五日一謁，爲太子講說。數遷至工部侍郎。

開成二年，進同中書門下平章事。而楊嗣復、李珏相次輔政，夷行介特，雅不與合，每議論天子前，往往語相侵短。夷行不能堪，輒引疾求去，文宗遣使者尉勞起之。會以王彥威爲忠武節度使，史孝章領邠寧，議皆出嗣復。及夷行對延英，帝問：「除二鎭當否？」對曰：「苟自聖擇，無不當者。」嗣復曰：「若用人盡出上意而當，固善，如小不稱，下安得嘿然？」夷行曰：「比姦臣數干權，願陛下無倒持大阿，以鐏授人。」嗣復曰：「古者任則不疑，齊桓公

器管仲於讎虜，豈有倒持慮邪？」帝以其面相觸，頗不悅。仙韶樂工尉遲璋授王府率，右拾遺竇洵直當衙論奏，鄭覃、嗣復嫌以細故，謂洵直近名。夷行曰：「諫官當衙，正須論宰相得失，彼賤工安足言者？然亦不可置不用。」帝即徙璋光州長史，以百縑賜洵直。進門下侍郎。

帝嘗怪天寶政事不善，問：「姚元崇、宋璟于時在否？」李珏曰：「姚亡而宋罷。」珏因推言：「玄宗自謂未嘗殺一不辜，而任李林甫，種夷數十族，不亦惑乎？」夷行曰：「陛下今亦宜戒以權屬人。」嗣復曰：「夷行失言，太宗易暴亂爲仁義，用房玄齡十有六年，任魏徵十有五年，未嘗失道。人主用忠良久益治，用邪佞一日多矣。」時用郭薳爲坊州刺史，右拾遺宋邧論不可，薳果坐贓敗，帝欲賞邧，夷行曰：「諫官論事是其職，若一事善輒進官，恐後不免有私。」夷行蓋專詆嗣復。又素善覃，陰助其力，以排折朋黨。是時，雖天子亦惡其太過，恩禮浸衰，罷爲吏部尚書，尋拜華州刺史。

武宗即位，召爲御史大夫，俄還門下侍郎平章事，進位尚書左僕射。夷行與崔珙俱拜，乃奏：「僕射始視事，受四品官拜，無著令。比日左右丞、吏部侍郎、御史中丞皆爲僕射拜階下，謂之『隔品致敬』。準禮，皇太子見上臺羣官，羣官先拜而後答，以無二上也。僕射與四品官並列朝廷，不容獨優。前日鄭餘慶著僕射上儀，謂隔品官無亢禮。時竇易直任御史中丞，

議不可。及易直自爲僕射，乃忘前議，當時鄙厭之。臣等不願以失禮速誚於時，且開元元年，以左右僕射爲左右丞相，位次三公，三公上日答拜，而僕射受之，非是。望敕所司約三公上儀，著定令。」詔可。始，累朝紛議不決，至夷行遂定。以足疾乞身，罷爲太子太保，以檢校司空爲河中節度使，卒。

李紳字公垂，中書令敬玄曾孫。世宦南方，客潤州。紳六歲而孤，哀等成人。母盧，躬授之學。爲人短小精悍，於詩最有名，時號「短李」。蘇州刺史韋夏卿數稱之。葬母，有烏銜芝墜輤車。

元和初，擢進士第，補國子助教，不樂，輒去。客金陵，李錡愛其才，辟掌書記。錡寖不法，賓客莫敢言，紳數諫，不入；欲去，不許。會使者召錡，稱疾，留後王澹爲具行，錡怒，陰教士臠食之，即脅使者爲衆奏天子，幸得留。錡召紳作疏，坐錡前，紳陽怖栗，至不能爲字，下筆輒塗去，盡數紙，錡怒罵曰：「何敢爾，不憚死邪？」對曰：「生未嘗見金革，今得死爲幸。」即注以刃，令易紙，復然。或言許縱能軍中書，紳不足用。召縱至，操書如所欲，即囚紳獄中，錡誅乃免。或欲以聞，謝曰：「本激于義，非市名也。」乃止。

久之，從辟山南觀察府。穆宗召爲右拾遺、翰林學士，與李德裕、元稹同時，號「三俊」。累擢中書舍人。稹爲宰相，而李逢吉教人告于方事，稹遂罷；欲引牛僧孺，懼紳等在禁近沮解，乃授德裕浙西觀察使。僧孺輔政，以紳爲御史中丞，顧其氣剛卞，易疵累，而韓愈勁直，乃以愈爲京兆尹，兼御史大夫，免臺參以激紳。紳、愈果不相下，更持臺府故事，論詰往反，詆訐紛然，繇是皆罷之，以紳爲江西觀察使。帝素厚遇紳，遣使者就第勞賜，以爲樂外遷，紳泣言爲逢吉中傷。入謝，又自陳所以然，帝悟，改戶部侍郎。

逢吉終欲陷之。紳族子虞，有文學名，隱居華陽，自言不願仕，時來省紳，雅與柏耆、程昔範善。及耆爲拾遺，虞以書求薦，紳惡其無立操，痛誚之。虞失望，後至京師，悉暴紳所言於逢吉。逢吉滋怒，乃用張又新、李續等計，擢虞、昔範與劉栖楚皆爲拾遺，以伺紳隙，內結中人王守澄自助。會敬宗立，逢吉知紳失勢可乘，使守澄從容奏言：「先帝始議立太子，杜元穎、李紳勸立深王，獨宰相逢吉請立陛下，而李續、李虞助之。」逢吉乘間言紳嘗不利於陛下，請逐之。帝初卽位，不能辨，乃貶紳爲端州司馬。栖楚等怒得善地，皆切齒。詔下，百官賀逢吉，唯右拾遺吳思不往，逢吉斥思，令告大行喪於吐蕃。此時，人無敢言者，惟韋處厚屢言紳枉，折逢吉之姦。後天子於禁中得先帝手緘書一笥，發之，見裴度、元穎、紳三疏請立帝爲嗣，始大感悟，悉焚逢吉黨所上謗書。

始，紳南逐，歷封、康間，湍瀨險澀，惟乘漲流乃濟。康州有媪龍祠，舊傳能致雲雨，紳以書禱，俄而大漲。寶曆赦令不言左降官與量移，處厚執爭，詔爲追定，得徙江州長史，遷滁、壽二州刺史。霍山多虎，擷茶者病之，治機穽，發民跡射，不能止。紳至，盡去之，虎不爲暴。以太子賓客分司東都。大和中，李德裕當國，擢紳浙東觀察使。李宗閔方得君，復以太子賓客分司。開成初，鄭覃以紳爲河南尹。河南多惡少，或危帽散衣，擊大毬，戶官道，車馬不敢前。紳治剛嚴，皆望風遁去。遷宣武節度使。大旱，蝗不入境。

武宗即位，徙淮南，召拜中書侍郎、同中書門下平章事，進尚書右僕射、門下侍郎，封趙郡公。居位四年，以足緩不任朝謁，辭位，以檢校右僕射平章事，復節度淮南。卒，贈太尉，謚文肅。

始，澧人吳汝納者，韶州刺史武陵兄子也。武陵坐贓貶潘州司戶參軍死，汝納家被逐，久不調。時李吉甫任宰相，汝納怨之，後遂附宗閔黨中。會昌時，爲永寧尉，弟湘爲江都尉。部人訟湘受贓狠籍，身娶民顏悅女。紳使觀察判官魏鉶鞫湘，罪明白，論報殺之。時，議者謂吳氏世與宰相有嫌，疑紳內顧望，織成其罪。諫官屢論列，詔遣御史崔元藻覆按，元藻言湘盜用程糧錢有狀，娶部人女不實，按悅嘗爲青州衙推，而妻王故衣冠女，不應坐。德裕惡元藻持兩端，奏貶崖州司戶參軍。宣宗立，德裕去位，紳已卒。崔鉉等久不得志，導汝納使

爲湘訟，言：「湘素直，爲人誣蟣，大校重牢，五木被體，吏至以娶妻資媵結贓。」且言：「顏悅故士族，湘罪皆不當死，紳枉殺之。」又言：「湘死，紳令卽瘞，不得歸葬。按紳以舊宰相鎭一方，恣威權。凡戮有罪，猶待秋分；湘無辜，盛夏被殺。」崔元藻銜德裕斥己，卽翻其辭，因言：「御史覆獄還，皆對天子別白是非，德裕權軋天下，使不得對，具獄不付有司，但用紳奏而寘湘死。」是時，德裕已失權，而宗閔故黨令狐綯、崔鉉、白敏中皆當路，因是逞憾，以利誘動元藻等，使三司結紳杖鉞作藩，虐殺良平，準神龍詔書，酷吏歿者官爵皆奪，子孫不得進宦，紳雖亡，請從春秋戮死者之比。詔削紳三官，子孫不得仕。貶德裕等，擢汝納左拾遺，元藻武功令。

始，紳以文藝節操見用，而屢爲怨仇所裉却，卒能自伸其才，以名位終。所至務爲威烈，或陷暴刻，故雖沒而坐湘冤云。

李讓夷字達心，系本隴西。擢進士第，辟鎭國李絳府判官。又從西川杜元穎幕府。與宋申錫善，申錫爲翰林學士，薦讓夷右拾遺，俄拜學士。素善薛廷老，廷老不飭細檢，數飮酒不治職，罷去，坐是亦奪職。累進諫議大夫。

開成初，起居舍人李褒免，文宗謂李石曰：「褚遂良以諫議大夫兼起居郎，今諫議誰歟？可言其人。」石以馮定、孫簡、蕭俶、李讓夷對，帝曰：「讓夷可也。」李固言請用崔球、張次宗。鄭覃曰：「球故與李宗閔善，且記注操筆在赤墀下，所書爲後世法，不可用黨人。若裴中孺、李讓夷，臣不敢有言。」乃決用讓夷，進中書舍人。既而李珏、楊嗣復以覃之薦，終帝世不得遷。

武宗初，李德裕復入，三遷至尚書右丞，拜中書侍郎、同中書門下平章事。潞州平，檢校尚書右僕射。宣宗立，進司空、門下侍郎，爲大行山陵使。未復土，拜淮南節度使。以疾願還，卒于道，贈司徒。讓夷廉介不妄交，位雖顯劇，以儉約自將，爲世咨美。

曹確字剛中，河南河南人。擢進士第，歷踐中外官，累拜兵部侍郎。懿宗咸通中，以本官同中書門下平章事，俄進中書侍郎。

確邃儒術，器識方重，動循法度。時帝薄於德，昵寵優人李可及。可及者，能新聲，自度曲，辭調悽折，京師媮薄少年爭慕之，號爲「拍彈」。同昌公主喪畢，帝與郭淑妃悼念不已，可及爲帝造曲，曰歎百年，教舞者數百，皆珠翠襐飾，刻畫魚龍地衣，度用繒五千，倚曲作

餅，哀思裴回，聞者皆涕下。舞闋，珠寶覆地，帝以爲天下之至悲，愈寵之。家嘗娶婦，帝曰：「第去，吾當賜酒。」俄而使者負二銀榼與之，皆珠珍也。可及憑恩橫甚，人無敢斥，遂擢爲威衞將軍。確曰：「太宗著令，文武官六百四十三，謂房玄齡曰：『朕設此待天下賢士。工商雜流，假使技出等夷，正當厚給以財，不可假以官，與賢者比肩立、同坐食也。』文宗欲以樂工尉遲璋爲王府率，拾遺竇洵直固爭，卒授光州長史。今而位將軍，不可。」帝不聽。至僖宗立，始貶死。方幸時，惟確屢言之。而神策中尉西門季玄者，亦剛鯁，謂可及曰：「汝以巧佞惑天子，當族滅。」嘗見其受賜，謂曰：「今載以官車，後籍沒亦當爾。」

確居位六年，進尚書右僕射，以同平章事出爲鎮海節度使，徙河中，卒。始，畢諴與確同宰相，俱有雅望，世謂「曹畢」云。

弟汾以忠武軍節度使入爲戶部侍郎，判度支，卒。

劉瞻字幾之，其先出彭城，後徙桂陽。舉進士、博學宏詞，皆中。徐商辟署鹽鐵府，累遷太常博士。劉瑑執政，薦爲翰林學士，拜中書舍人，進承旨。出爲河東節度使。

咸通十一年，以中書侍郎同中書門下平章事。同昌公主薨，懿宗捕太醫韓宗紹等送詔

獄，逮繫宗族數百人。瞻喻諫官，皆依違無敢言，卽自上疏固爭：「宗紹窮其術不能效，情有可矜。陛下徇愛女，囚平民，忿不顧難，取肆暴不明之謗。」帝大怒，卽日賜罷，以檢校刑部尚書、同平章事爲荆南節度使。路巖、韋保衡從爲惡言聞帝，俄斥康州刺史。於是，翰林學士鄭畋以責詔不深切，御史中丞孫瑝、諫議大夫高湘等坐與瞻善，分貶嶺南。巖等殊未慊，按圖視驩州道萬里，卽貶驩州司戶參軍事，命李庾作詔極詆，將遂殺之。天下謂瞻鯁正，特爲讒擠，舉以爲冤。幽州節度使張公素上疏申解，巖等不敢害。

僖宗立，徙康、虢二州刺史，以刑部尚書召，復以中書侍郎平章事，居位三月卒。

瞻爲人廉約，所得俸以餘濟親舊之窶困者，家不留儲。無第舍，四方獻饋不及門，行己終始完潔。

弟助，字元德，性仁孝，幼時與諸兄游，至食飲，取最下者。及長，能文辭，喜黃老言。年二十卒。

李蔚字茂休，系本隴西。舉進士、書判拔萃，皆中，拜監察御史，擢累尚書右丞。

懿宗惑浮屠，常飯萬僧禁中，自爲贊唄。蔚上疏切諫，引狄仁傑、姚元崇、辛替否所言，譏病時弊。帝不聽，但以虛禮褒答。俄拜京兆尹、太常卿。出爲宣武節度使，徙淮南。代還，民詣闕請留，詔許一歲。僖宗乾符初，以吏部尚書同中書門下平章事。罷爲東都留守。河東亂，殺其帥崔季康，用邠寧李侃代之，士不附，以蔚嘗在太原府有惠政，爲人所懷，拜河東節度使，同平章事。至鎮三日，卒。

始，懿宗成安國祠，賜寶坐二，度高二丈，構以沈檀，塗髹，鏤龍鳳葩蘤，金釦之，上施複坐，陳經几其前，四隅立瑞鳥神人，高數尺，磴道以升，前被繡囊錦襜，珍麗精絕。咸通十四年春，詔迎佛骨鳳翔，或言：「昔憲宗嘗爲此，俄晏駕。」帝曰：「使朕生見之，死無恨！」乃以金銀爲刹，珠玉爲帳，孔鷸周飾之，小者尋丈，高至倍，刻檀爲檐注，陛墄塗黃金，每一刹，數百人舉之。香輿前後係道，綴珠瑟瑟幡蓋，殘綵以爲幢節，費無貲限。夏四月，至長安，綵觀夾路，其徒導衞。天子御安福樓迎拜，至泣下。詔賜兩街僧金幣，京師耆老及見元和事者，悉厚賜之。不逞小人至斷臂指，流血滿道。所過鄉聚，皆裒土爲刹，相望于塗，爭以金翠抆飾。傳言刹悉震搖，若有光景云。京師高貲相與集大衢，作繒臺縵闕，注水銀爲池，金玉爲樹木，聚桑門羅像，考鼓鳴螺繼日夜，錦車繡輿，載歌舞從之。秋七月，帝崩。方人主甘心篤向，如蔚言者甚多，皆不能救。僖宗立，詔歸其骨，都人耆耋辭餞，或嗚咽流涕。

贊曰：人之惑怪神也，甚哉！若佛者，特西域一槁人耳。裸顛露足，以乞食自資，癯辱其身，屏營山樊，行一概之苦，本無求于人，徒屬稍稍從之。然其言荒氾漫靡，夷幻變現，善推不驗無實之事，以鬼神死生貫爲一條，據之不疑。掊嗜欲，棄親屬，大抵與黃老相出入。至漢十四葉，書入中國。蹟夫生人之情，以耳目不際爲奇，以不可知爲神，以物理之外爲畏，以變化無方爲聖，以生而死、死復生、回復償報、歆豔其間爲或然，以賤近貴遠爲意。鞮譯差殊，不可研詰。華人之譎誕者，又攘莊周、列禦寇之說佐其高，層累架騰，直出其表，以無上不可加爲勝，妄相夸脅而倡其風。於是，自天子逮庶人，皆震動而祠奉之。

初，宰相王縉以緣業事佐代宗，於是始作內道場，晝夜梵唄，冀禳寇戎，大作盂蘭，肖祖宗像，分供塔廟，爲賊臣嘻笑。至憲宗世，遂迎佛骨於鳳翔，內之宮中。韓愈指言其弊，帝怒，竄愈瀕死，憲亦弗獲天年。幸福而禍，無亦左乎！懿宗不君，精爽奪迷，復陷前車而覆之。興哀無知之場，丐庇百解之胔，以死自誓，無有顧藉，流涙拜伏，雖事宗廟上帝，無以進焉。屈萬乘之貴，自等太古胡，數千載而遠，以身爲徇。嗚呼，運痑祚殫，天告之矣！懿不三月而徂，唐德之不競，厥有來哉，悲夫！

唐書卷一百八十二

列傳第一百七

李固言 李珏 崔珙 涓 琯 澹 遠 蕭鄴 鄭肅 仁表 盧商
盧鈞 盧簡方 韋琮 周墀 裴休 劉瑑 夏侯孜 趙隱 裴坦 贄
鄭延昌 王溥 盧光啓 韋貽範

李固言字仲樞，其先趙人。擢進士甲科，江西裴堪、劍南王播皆表署幕府。累官戶部郎中。温造爲御史中丞，表知雜事，進給事中。將作監王堪坐治太廟不謹，改太子賓客，固言上還制書曰：「陛下當以名臣左右太子，堪以慢官斥，處調護地非所宜。」詔改它王傅。固言再遷尚書右丞。

李德裕輔政，出固言華州刺史。俄而李宗閔復用，召爲吏部侍郎。州大豪何延慶橫猾，譁衆遮道，使不得去，固言怒，捕取杖殺之，尸諸道。既領選，按籍自擬，先收寒素，梡吏

姦。進御史大夫。

大和九年，宗閔得罪，李訓、鄭注用事，訓欲自取宰相，乃先以固言爲門下侍郎、同中書門下平章事。旋坐黨人，出爲山南西道節度使，訓自代其處。訓敗，文宗頗思之，復召爲平章事，仍判戶部。

羣臣請上徽號，帝曰：「今治道猶鬱，羣臣之請謂何？比州縣多不治，信乎？」固言因白鄧州刺史王堪、隋州刺史鄭襄尤無狀。帝曰：「貞元時御史，獨王堪爾。」鄭覃本舉堪，疑固言抵己，即曰：「臣知堪，故用爲刺史。舉天下不職，何獨二人？」帝識其意，不主前語，因稱：「詩曰『濟濟多士，文王以寧。』聞德宗時多闕官，寧乏才邪？」固言曰：「用人之道，隨所保任，觀稱與否而升黜之，無乏才矣。」帝曰：「宰相用人毋計親疏。竇易直爲宰相，未嘗用姻戚。使己才不足任天下重，自宜引去；苟公舉，雖親何嫌？用所長耳！」帝不欲大臣有黨，故語兩與之。

俄以門下侍郎平章事爲西川節度使，詔雲韶雅樂即臨皋館送之。讓還門下侍郎，乃檢校尚書左僕射。始置贏軍千四，又募銳士三千，武備雄完。

武宗立，召授右僕射。會崔珙、陳夷行以僕射爲宰相，改檢校司空兼太子少師，領河中節度使。蒲津歲河水壞梁，吏撤笮用舟，邀丐行人。固言至，悉除之。帝伐回鶻，詔方鎭獻

財助軍，上疏固諫，不從。以疾復爲少師，遷東都留守。宣宗初，還右僕射。後以太子太傅分司東都。卒，年七十八，贈太尉。

固言吃，接賓客頗謇緩，然每議論人主前，乃更詳辯。

李珏字待價，其先出趙郡，客居淮陰。幼孤，事母以孝聞。甫冠，舉明經，李絳爲華州刺史，見之，曰：「日角珠廷，非庸人相，明經碌碌，非子所宜。」乃更舉進士高第。河陽烏重胤表置幕府。以拔萃補渭南尉，擢右拾遺。

穆宗卽位，荒酒色，景陵始復土，卽召李光顏于邠寧，李愬于徐州，期九月九日大宴羣臣。珏與宇文鼎、溫畬、韋瓘、馮約同進曰：「道路皆言陛下追光顏等，將與百官高會。且元朔未改，陵土新復，三年之制，天下通喪。今同軌之會適去，遠夷之使未還，遏密弛禁，本爲齊人，鐘鼓合饗，不施禁內。夫王者之舉，爲天下法，不可不愼。且光顏、愬忠勞之臣，方盛秋屯邊，如令訪謀猷，付疆事，召之可也，豈以酒食之歡爲厚邪？」帝雖置其言，然厚加勞遣。

鹽鐵使王播增茶稅十之五以佐用度。珏上疏謂：「榷率本濟軍興，而稅茶自貞元以來

有之。方天下無事，忽厚斂以傷國體，一不可。茗爲人飲，與鹽粟同資，若重稅之，售必高，其𡚁先及貧下，二不可。山澤之產無定數，程斤論稅，以售多爲利，若價騰踊，則市者稀，其稅幾何？三不可。陛下初卽位，詔懲聚斂，今反增茶賦，必失人心。」帝不納。方是時，禁中造百尺樓，土木費鉅萬，故播亟斂，陰中帝欲。珏以數諫不得留，出爲下邽令。武昌牛僧孺辟署掌書記。還爲殿中侍御史。宰相韋處厚曰：「淸廟之器，豈擊搏才乎？」除禮部員外郎。僧孺還相，以司勳員外郎知制誥爲翰林學士，加戶部侍郎。

始，鄭注以醫進，文宗一日語珏曰：「卿亦知有鄭注乎？宜與之言。」珏曰：「臣知之，姦回人也。」帝愕然曰：「朕疾愈，注力也，可不一見之？」注由是怨珏。及李宗閔以罪去，珏爲申辨，貶江州刺史。徙河南尹，復爲戶部侍郎。

開成中，楊嗣復得君，引珏同中書門下平章事，與李固言皆善。三人者居中秉權，乃與鄭覃、陳夷行等更持議，一好惡，相影和，朋黨益熾矣。珏數辭位，不許。帝嘗自謂：「臨天下十四年，雖未至治，然視今日承平亦希矣！」珏曰：「爲國者如治身，及身康寧，調適以自助，如恃安而忽，則疾生。天下當無事，思所闕，禍亂可至哉？」

杜悰領度支有勞，帝欲拜戶部尙書，以問宰相，陳夷行答曰：「恩權予奪，願陛下自斷。」珏曰：「祖宗倚宰相，天下事皆先平章，故官曰平章事。君臣相須，所以致太平也。苟用一

吏、處一事皆決於上，將焉用彼相哉？隋文帝勞於小務，以疑待下，故二世而亡。陛下嘗謂臣曰：『竇易直勸我，凡宰相啓擬，五取三，二取一。彼宜勸我擇宰相，不容勸我疑宰相。』」帝曰：「易直此言殊可鄙。」帝又語：「貞元初政事誠善。」珏曰：「德宗晚喜聚財，方鎭以進奉市恩，吏得賦外求索，此其敝也。」帝曰：「人君輕所賦，節所用，可乎？」珏曰：「貞觀時，房、杜、王、魏爲文皇帝謀，固此耳！」帝頗向納。進封贊皇縣男。

始，莊恪太子薨，帝意屬陳王。既而帝崩，中人引宰相議所當立，珏曰：「帝既命陳王矣！」已而武宗卽位，人皆爲危之。珏曰：「臣下知奉所言，安與禁中事？」帝新聽政，珏數稱道無逸篇以勸。時潞州劉從諫獻大馬，滄州劉約獻白鷹，珏請却之以示四方。遷門下侍郎，爲文宗山陵使。會秋大雨，梓宮至安上門陷于濘，不前，罷爲太常卿。終以議所立，貶江西觀察使，再貶昭州刺史。

宣宗立，內徙郴、舒二州，以太子賓客分司東都。遷河陽節度使，罷橫賦宿逋百餘萬。以吏部尚書召，珏去鎭，而府庫十倍於初。俄檢校尚書右僕射、淮南節度使。珏顧己大臣，誼不以內外自異，表請立皇太子維天下心。江淮旱，發倉廩賑流民，以軍羨儲殺半價與人。卒，年六十九，贈司空，謚曰貞穆。

始，淮南三節度皆卒於鎭，人勸易署寢，珏曰：「上命我守揚州，是實正寢，若何去之？」

及疾亟，官屬見臥內，惟以州有稅酒直而神策軍常爲豪商占利，方論奏，未見報爲恨，一不及家事。性寡欲，早喪妻，不置妾侍，門無餽餉。淮南之人德之，珏已歿，叩闕下，願立碑刻其遺愛云。

贊曰：天子待宰相以不疑，是矣。雖然，於賢不肖當別白分明，乃可與言治。文宗無知人之明，但以不疑責宰相。是時善惡混淆，故黨人成於下，主聽亂於上，王室之衰，由此爲之階。劉向所云「持不斷之慮者，開羣枉之門」，殆文宗爲邪！

崔珙，其先博陵人。父頲，官同州刺史，生八子，皆有才，世以擬漢荀氏「八龍」。珙爲人有威重，精吏治，以拔萃異等，累擢至泗州刺史。由太府卿爲嶺南節度使，入對延英，文宗訪治撫後先，珙對精亮有理趣，帝咨嗟迂久。

時徐州以王智興後，軍驕，數犯法，節度使高瑀未能制。天子思材望威烈者檢革其弊，見珙意慷慨，又知治泗得士心，卽謂宰相曰：「欲武寧節度使者，無易珙才。」更詔王茂元帥嶺南，而以珙代瑀。居二歲，徐人戢畏。

入爲右金吾大將軍，遷京兆尹。會大旱，奏析滻入禁中者，取十九溉民田。仇士良使盜擊宰相李石於親仁里，迹出禁軍，珙坐不能捕，以爲負，望少衰。開成末，累進刑部尙書、諸道鹽鐵轉運使。俄同中書門下平章事，仍領鹽鐵，卽拜中書侍郎。會昌二年，進位尙書左僕射。明年，以兄琯喪，被疾求解，以所守官罷。

與崔鉉故有怨，及鉉宰相代爲使，卽奏珙妄費宋滑院鹽鐵錢九十萬緡，又劾與劉從諫厚，數護其姦。貶澧州刺史，再斥恩州司馬。宣宗立，徙商州刺史，以太子賓客分司東都，起爲鳳翔節度使。鉉復執政，珙懼，以疾自乞。方是時，西戎歸故地，邊奏係驛，議所以綏接，珙坐不自力避事，下除太子少師，分司東都，就拜留守。復節度鳳翔，卒于官。

子涓，性開敏。爲杭州刺史，受署，未盡識卒史，乃以紙各署姓名傅襟上，過前一閱，後數百人呼指無誤。終御史大夫。

琯字從律，珙兄。舉進士、賢良方正，皆高第。累辟諸使府。入朝，稍歷吏部員外郎。李德裕任御史中丞，引知雜事，進給事中。大和初，持節宣慰盧龍，使有指。及興元殺李絳，復往尉撫，軍皆按堵。還，遷工部侍郎、京兆尹。

宋申錫爲讒所危，宦豎切齒，時罕敢辨者。珦與大理卿王正雅固請出獄付外，與衆治之，天下重其賢。以尚書右丞出爲荆南節度使，進左丞。時弟珙任京兆尹，並據顯劇處，世以爲榮。俄判兵部西銓、吏部東銓，徙東都留守。以吏部尚書召，辭疾不拜。會昌中，終山南西道節度使，贈尚書左僕射。珦行方介，有器藴，人屬以爲相而卒不至，當時共咨云。

弟璪、璵尤顯，璪位刑部尚書，璵河中節度使。

璵子澹，舉止秀峙，時謂玉而冠者。擢進士第，累進禮部員外郎。當時士大夫以流品相尚，推名德者爲之首。咸通中，世推李都爲大龍甲，涓豪放不得預，雖自抑下，猶不許，而澹與焉。終吏部侍郎。

子遠，有文而風致整峻，世慕其爲，目曰「飣座梨」，言座所珍也。乾寧中，以兵部侍郎同中書門下平章事，遷中書侍郎。從遷洛，罷爲尚書右僕射。柳璨忌衣冠有望者，貶爲白州長史，被殺於白馬驛，家沒掖庭。

諸崔自咸通後有名，歷臺閣藩鎭者數十人，天下推士族之冠。始，其曾王母長孫春秋高，無齒，祖母唐事姑孝，每旦乳姑。一日病，召長幼言：「吾無以報婦，願後子孫皆若爾孝。」世謂崔氏昌大有所本云。

蕭鄴字啓之，梁長沙宣王懿九世孫。及進士第，累進監察御史、翰林學士，出爲衡州刺史。大中中，召還翰林，拜中書舍人，遷戶部侍郎，判本司，以工部尚書同中書門下平章事。懿宗初，罷爲荆南節度使，仍平章事，進檢校尚書左僕射，徙劍南西川。南詔內寇，不能制，下遷檢校右僕射、山南西道觀察使。歷戶部、吏部二尚書，拜右僕射。還，以平章事節度河東，在官無足稱道，卒。

鄭肅字乂敬，其先滎陽人，以儒世家。肅力于學，有根柢。第進士、書判拔萃，補興平尉。累擢太常少卿，博士有疑議往咨，必據經條答。文宗高擇魯王府屬，肅以諫議大夫兼長史。王爲皇太子，遷給事中，進尚書右丞。出爲陝虢觀察使。

開成二年，召拜吏部侍郎。帝以肅嘗輔導東宮，詔兼賓客，爲太子授經。既而太子母愛弛，爲讒所乘，廢斥有端。肅因入見，言天下大本，不可輕動，意致深切，帝爲動容。然內寵方煽，太子終以憂死。出爲檢校禮部尚書、河中節度使。武宗知太子無罪，特困於讒，而朝

廷謂肅臨義不可奪，侹侹有大臣節，召爲太常卿。遷山南東道節度使。五年，以檢校尚書右僕射同中書門下平章事，與李德裕叶心輔政。宣宗即位，遷中書侍郎，罷爲荆南節度使。卒，贈司空，謚曰文簡。

子洎，仕至州刺史。洎子仁規、仁表，皆豪爽有文。仁規位中書舍人。仁表累擢起居郎。嘗以門閥文章自高，曰：「天瑞有五色雲，人瑞有鄭仁表。」傲縱多所陵藉，人畏薄之。劉鄴未仕，往謁洎，而仁表等鄙誚其文。鄴爲相，因罪貶仁表，死嶺外。始，肅罷政事，帝以盧商代之。

商字爲臣，蚤孤，家窶困，能以學自奮。舉進士、拔萃，皆中。由校書郎佐宣歙、西川幕府。入朝，累十餘遷，至大理卿。爲蘇州刺史，吏以鹽法求贏貲，民愈困，商令計口售鹽，無常額，人便之，歲貲返增。宰相上其勞，進浙西觀察使，召爲刑部侍郎、京兆尹。

方伐潞，芻糧踰太行餉軍，環六七鎭，詔商以戶部侍郎判度支，又詔杜悰兼鹽鐵、度支，幷二使財以贍兵，乃不乏。出爲東川節度使，以兵部侍郎還判度支，擢中書侍郎、同中書門下平章事，范陽郡公。

大中元年春旱，詔商與御史中丞封敖理囚繫於尚書省，誤縱死罪，罷爲武昌軍節度使。以疾解，拜戶部尚書，卒。

盧鈞字子和，系出范陽，徙京兆藍田。擧進士中第，以拔萃補祕書正字。從李絳爲山南府推官，調長安尉。又從裴度爲太原觀察支使，遷監察御史，爭宋申錫獄知名。進吏部郎中，出爲常州刺史。遷給事中，有大詔令，必反覆省審，駁奏無私。拜華州刺史。關輔驛馬疲耗，鈞爲市健馬，率三歲一易，自是無乏事。

擢嶺南節度使。海道商舶始至，異時帥府爭先往，賤售其珍，鈞一不取，時稱絜廉。專以淸靜治。蕃獠與華人錯居，相婚嫁，多占田營第舍，吏或橈之，則相挻爲亂，鈞下令蕃華不得通婚，禁名田產，闔部肅壹無敢犯。貞元後流放衣冠，其子姓窮弱不能自還者，爲營棺槥還葬，有疾若喪則經給醫藥、殯斂，孤女稚兒，爲立夫家，以奉稟資助，凡數百家。南方服其德，不懲而化。又除采金稅。華、蠻數千走闕下，請爲鈞生立祠，刻石頌德，鈞固辭。以戶部侍郎召判戶部。

會昌中，漢水害襄陽，拜鈞山南東道節度使，築隄六千步，以障漢暴。王師伐劉稹，

武宗以鈞寬厚能得衆，詔兼節度昭義軍。會稹死，敕乘馹往，進檢校兵部尚書，專領昭義。鈞及潞，石雄兵已入，而稹將白惟信率餘卒三千保潞城，未下。雄召之，使往十餘輩皆死。鈞次高平，惟信獻款，且曰：「不即降者，畏石尚書爾。」鈞與約而遣。方雄欲盡夷潞兵，鈞不聽，坐治堂上，左右皆雄親卒，擊鼓傳漏，鈞自居甚安，雄引去，乃召惟信至，送闕下，餘衆悉原。

俄而興士五千戍代北，鈞坐城門勞遣，帷家人以觀。戍卒驕，顧家屬不欲去，酒酣，反攻城，迫大將李文矩爲帥，鈞倉卒奔潞城。文矩投地偃臥，稍諭叛者，衆乃悔服，即相與謝鈞，迎還府，斬首惡乃定。詔趣戍者行，密使盡戮之。鈞請徐乘其變，而使者不發，須報。時戍人已去潞一舍，鈞選牙卒五百，壯騎百，以騎載兵夜趨，遲明至太平驛，盡斬之。即拜檢校尚書左僕射。

宣宗即位，改吏部尚書。會劉約自天平徙宣武，未至，暴死，家僮五百無所仰衣食，思亂，乃授鈞宣武節度使，人情妥然。召入，復爲吏部尚書，遷檢校司空、太子少師，封范陽郡公，節度河東。

大中九年，召爲左僕射。鈞宿齒，數外遷，而後來多至宰相。始被召，自以當輔政，既失志，故內怨望，數移病不事事，遨遊林墅，累日一還。令狐綯惡之，罷僕射，以檢校司空守太

子太師。帝元日大饗含元殿，鈞年八十，升降如儀，音吐鴻暢，舉朝咨歎。以鈞耆碩長者，顧不任職，咎絢爲媢賢。絢聞，言于帝，即以鈞同中書門下平章事，爲山南西道節度使。俄檢校司徒，爲東都留守。懿宗初，復節度宣武，辭不拜，以太保致仕。卒，年八十七，贈太傅，謚曰元。

鈞與人交，始若澹薄，既久乃益固。所居官必有績，大抵根仁恕至誠而施於事。玩服不爲鮮明，位將相，沒而無贏財。

盧簡方，失其系世，不知所以進。盧鈞鎭太原，表爲節度府判官。會党項羌叛，鈞使簡方督兵乘邊，旁河相險，集樹堡鄣，自神山至鹿泉縣三百里，扈遏其衝，賊不得騁，候邏便之。累遷江州刺史。徙大同軍防禦使，大開屯田，練兵侈鬭，沙陀畏附。擢義昌節度使，入拜太僕卿，領大同節度。久之，徙振武軍，道病卒。

韋琮字禮玉，世顯仕。琮進士及第，稍進殿中侍御史。坐訊獄不得實，改太常博士。擢累戶部侍郎、翰林學士承旨。以中書侍郎同中書門下平章事，遷門下侍郎兼禮部尚書，

無功，罷爲太子賓客分司，卒。

周墀字德升，本汝南人。少孤，事母孝。及進士第，辟湖南團練府巡官，入爲監察御史、集賢殿學士。長史學，屬辭高古，文宗雅重之。李宗閔鎮山南，表行軍司馬，閱歲召還。

大和末，訓、注亂政，以黨語汙搢紳有名士，分逐之，獨墀雖嘗爲宗閔所禮，不能以罪誣也。遷起居舍人，改考功員外郎，兼舍人事。帝御紫宸，與宰相語事已，或召左右史咨質所宜，墀最爲天子欽矚。俄知制誥，入翰林爲學士。

武宗即位，以疾改工部侍郎，出爲華州刺史。徙江西觀察使。劾舉部刺史，翦捕劇賊，出兵戍彭蠡湖，禁止剽劫。進拜義成節度使，封汝南縣男。宿將暴謷不循令者，墀命鞭其背，一軍大治。

以兵部侍郎召判度支，進同中書門下平章事，遷中書侍郎。建言：「故宰相德裕重定元和實錄，竄寄它事，以廣父功。凡人君尙不改史，取必信也。」遂削新書。河東節度使王宰重賂權幸，求同平章事領宣武，墀言：「天下大鎭如幷、汴者纔幾，宰之求何可厭？」

宣宗納之。駙馬都尉韋讓求爲京兆，持不與。繇是妄進者少衰。

會吐蕃微弱，以三州七關自歸。帝召宰相議河湟事，墀對不合旨，罷爲劍南東川節度使。駙馬都尉鄭顥言于帝曰：「世謂墀以直言相，亦以直言免。」帝悟，加拜檢校尚書右僕射，卒，年五十九，贈司徒。

裴休字公美，孟州濟源人。父肅，貞元時爲浙東觀察使，劇賊栗鍠誘山越爲亂，陷州縣，肅引州兵破禽之，自記平賊一篇上之，德宗嘉美。生三子，休，仲子也，操守嚴正。方兒童時，兄弟偕隱家墅，晝講經，夜著書，終年不出戶。有饋鹿者，諸生共薦之，休不食，曰：「疏食猶不足，今一啖肉，後何以繼？」

擢進士第，舉賢良方正異等。歷諸府辟署，入爲監察御史，更內外任。至大中時，以兵部侍郎領諸道鹽鐵轉運使。六年，進同中書門下平章事，即奏言：「宰相論政上前，知印者次爲時政記，所論非一，詳己辭，略它議，事有所缺，史氏莫得詳。請宰相人自爲記，合付史官。」詔可。進中書侍郎。

大和後，歲漕江、淮米四十萬斛，至渭河倉者纔十三，舟檝僨敗，吏乘爲姦，冒沒百端，

劉晏之法盡廢。休分遣官詢按其弊，乃命在所令長兼董漕，褒能者，謫怠者。由江抵渭，舊歲率雇緡二十八萬，休悉歸諸吏，敕巡院不得輒侵牟。著新法十條，又立稅茶十二法，人以爲便。居三年，粟至渭倉者百二十萬斛，無留壅。時方鎮設邸閣居茶取直，因視商人它貨橫賦之，道路苛擾。休建言：「許收邸直，毋擅賦商人。」又：「收山澤寶冶，悉歸鹽鐵。」

秉政凡五歲，罷爲宣武軍節度使，封河東縣子。久之，由太子少保分司東都，復起歷昭義、河東、鳳翔、荊南四節度。卒，年七十四，贈太尉。

休不爲曒察行，所治吏下畏信。能文章，書楷遒媚有體法。爲人醞藉，進止雍閑。宣宗嘗曰：「休眞儒者。」然嗜浮屠法，居常不御酒肉，講求其說，演繹附著數萬言，習歌唄以爲樂。與紇干臮素善，至爲桑門號以相字，當世嘲薄之，而所好不衰。

劉瑑字子全，高宗宰相仁軌五世孫。第進士，鎭國陳夷行表爲判官。入遷左拾遺，諫罷武宗方士，言多懇悃。大中初，擢翰林學士。宣宗始復關隴，裁處叢繁，書詔夜數十，雖捉筆遽成，辭皆允切。會伐党項，詔爲行營宣慰使。

遷刑部侍郎，乃裒彙敕令可用者，由武德訖大中，凡二千八百六十五事，類而析之，參

訂重輕，號大中刑律統類以聞，法家推其詳。

緜河南尹進宣武軍節度使。先時，大饗雜進倡舞，璩曰：「豈軍中樂邪？」取壯士千人，被鎧擁矛盾，習擊刺，與吏士臨觀。又下令不何止夜行，使民自便，境內以安。徙河東節度使。

未幾，以戶部侍郎召判度支。始，璩在翰林，帝素器遇，至是，手詔追還，外無知者，既發太原，人方大驚。後請間，帝視案上曆，謂璩：「爲朕擇一令日。」璩跪曰：「某日良。」帝笑曰：「是日卿可遂相。」即詔同中書門下平章事，仍領度支。

嘗與崔愼由議帝前，愼由請甄別流品，璩質曰：「王夷甫相晉，崇尚浮虛，以泚流品，卒致淪夷。今日不循名責實，使百吏各稱職，而先流品，未知所以致治也。」愼由不得對，繇是罷宰相。俄而璩大病，加工部尚書，拜臥內，猶手疏陳政事。居位半歲卒，年六十三，贈尚書左僕射。

璩以名節自將，凡議論處事不私，趨於當乃止，未嘗以言色借貴近。與璩同知政者夏侯孜。

孜字好學，亳州譙人。累遷婺、絳等州刺史。繇兵部侍郎、諸道鹽鐵轉運使爲同中書

門下平章事，仍領鹽鐵。懿宗立，進門下侍郎、譙郡侯。俄以同平章事出爲西川節度使。召拜尙書左僕射，還執政，進司空，爲貞陵山陵使。坐隧壞，出爲河中節度使，猶同平章事。初，堂史署制，仆孜懷中，卽死。不數日，孜罷。

咸通時，蠻犯蜀深入，士乏糧，追責孜治蜀無素備，以太子少保分司東都，卒。

趙隱字大隱，京兆奉天人。祖植，當德宗出狩，變倉卒，羽衞單寡，朱泚攻城急，植率家人奴客以死拒守，獻家財勞軍，帝嘉之。賊平，渾瑊引在幕府。累擢鄭州刺史。鄭滑節度使李融奏以自副，融疾病，委以軍政，大將宋朝晏火其營，夜爲亂，植列卒不動須之，遲明而潰，捕斬皆盡，優詔嘉慰。累擢嶺南節度使，終于官。父存約，辟署興元李絳府，値軍亂，方與絳燕閒，吏報賊至，絳麾存約使去，對曰：「荷公德厚，誼不當獨免。」卽部勒左右捍之，而同被害。

隱以父死難，與兄騭廬墓幾十年，闔門誦書，不應辟召。親友更敦勉令仕，會昌中，擢進士第，歷州刺史、河南尹。以兵部侍郎領鹽鐵轉運使。咸通末，進同中書門下平章事，遷中書侍郎，封天水縣伯。

性仁悌，不敢以貴權自處。始布衣時，家無貲，與鷟同耕以養，雖姻宗之富，未嘗干以財。宦寖顯，還家，易衣侍左右，由布衣也。鷟終宣歙觀察使。

既輔政，它宰相及百官皆詣第升堂慶母，歲時公卿必參訊。懿宗誕日，宴慈恩寺，隱侍母以安輿臨觀，宰相方率百官拜恩於廷，卽回班候夫人起居，搢紳以爲榮。後崔彥昭、張濬當國，皆有母，遂踵其禮。

僖宗初，罷爲鎮海軍節度使。王郢之亂，坐撫御失宜，下除太常卿。廣明初，爲吏部尚書。居母喪，卒。

子光逢、光裔、光胤，皆第進士，歷臺省華劇。光逢尤規矱自持，以中書舍人爲翰林學士。時光裔由膳部郎中知制誥，對掌內外命書，士歆羨之。

裴坦字知進，隋營州都督世節裔孫。父乂，福建觀察使。

坦及進士第，沈傳師表置宣州觀察府，召拜左拾遺、史館脩撰。歷楚州刺史。令狐綯當國，薦爲職方郎中、知制誥，而裴休持不可，不能奪。故事，舍人初詣省視事，四丞相送之，施一榻堂上，壓角而坐。坦見休，重愧謝，休勃然曰：「此令狐丞相之舉，休何力？」顧左

右索肩輿亟出，省吏眙駭，以爲唐興無有此辱，人爲坦羞之。再進禮部侍郎，拜江西觀察使、華州刺史。召爲中書侍郎、同中書門下平章事，不數月卒。

坦性簡儉，子娶楊收女，齎具多飾金玉，坦命撤去，曰：「亂我家法。」世淸其槪。

從子贊。

贊字敬臣，及進士第，擢累右補闕、御史中丞、刑部尙書。昭宗引拜中書侍郎兼本官、同中書門下平章事，尋兼戶部尙書。

帝疑其外風檢而暱帷薄，逮問翰林學士韓偓，偓曰：「贊，咸通大臣坦從子，內雍友，合疏屬以居，故臧獲猥衆，出入無度，殆此致謗言者。」帝每聞咸通事，必肅然斂衽，故偓稱之爲贊地。

帝幸鳳翔，爲大明宮留守，罷。俄進尙書左僕射，以司空致仕。朱全忠將篡，貶靑州司戶參軍，殺之。

鄭延昌字光遠，咸通末，得進士第，遷監察御史。鄭畋鎭鳳翔，表在其府。黃巢亂京師，

畋倚延昌調兵食，且諭慰諸軍。畋再秉政，擢司勳員外郎、翰林學士。進累兵部侍郎，兼京兆尹，判度支。拜戶部尙書，以中書侍郎同中書門下平章事，兼刑部尙書。無它功，以病罷，拜尙書左僕射，卒。

王溥字德潤，失其何所人。第進士，擢累禮部員外郎、史館修撰。崔胤鎭武安，表署觀察府判官。胤不赴鎭，溥留充集賢殿直學士。御史中丞趙光逢奏爲刑部郎中，知雜事。昭宗蒙難東內，溥與胤說衞軍執劉季述等殺之。帝反正，驟拜翰林學士、戶部侍郎，以中書侍郎同中書門下平章事，判戶部。不能有所裨益，罷爲太子賓客，分司東都。未幾，召拜太常卿、工部尙書。會朱温侵逼，貶淄州司戶參軍，賜自盡，與裴樞等投尸于河。

盧光啓字子忠，不詳何所人。第進士，爲張濬所厚，擢累兵部侍郎。昭宗幸鳳翔，宰相皆不從，以光啓權總中書事，兼判三司，進左諫議大夫，參知機務。復拜兵部侍郎、同中書門下平章事。俄罷爲太子少保，改吏部侍郎。

初，光啓執政，韋貽範、蘇檢相繼爲宰相。貽範字垂憲，以龍州刺史貶通州，檢爲洋州刺史。二人奔行在，貽範遷給事中，用李茂貞薦，閱旬爲工部侍郎、同中書門下平章事，判度支。倚權臣，恣驁不恭。會母喪免，踰月奪服。不數月卒。檢初拜中書舍人，貽範薦於茂貞，卽拜工部侍郎、同中書門下平章事。茂貞與朱全忠通好，乃求尙主，取檢女爲景王妃以固恩。帝還京師，檢長流環州，光啓賜死。

唐書卷一百八十三

列傳第一百八

畢諴 崔彥昭 劉鄴 豆盧瑑 陸扆 鄭綮 朱朴 孫偓

韓偓 儀

畢諴字存之，黃門監構從孫。構弟栩生凌，凌生勻，世失官爲鹽估。勻生諴，蚤孤。夜然薪讀書，母卹其疲，奪火使寐，不肯息，遂通經史，工辭章。性端慤，不妄與人交。

大和中，舉進士、書判拔萃，連中。辟忠武杜悰幕府。悰領度支，表爲巡官，又從辟淮南，入拜侍御史。李德裕始與悰同輔政，不協，故出悰劍南東川節度使。故吏惟諴餞訊如平日，德裕忌之，出爲慈州刺史。累官駕部員外郎、倉部郎中。故事，要家勢人，以倉、駕二曹爲辱，諴沛然如處美官，無異言。宰相知之，以職方郎中兼侍御史知雜事，召入翰林爲學士。

党項擾河西，宣宗嘗召訪邊事，誠援質古今，條破羌狀甚悉，帝悅曰：「吾將擇能帥者，孰謂頗、牧在吾禁署，卿爲朕行乎？」誠唯唯，卽拜刑部侍郎，出爲邠寧節度、河西供軍安撫使。誠到軍，遣吏懷諭，羌人皆順向。時戍兵常苦調饟乏，誠募士置屯田，歲收穀三十萬斛，以省度支經費，詔書嘉美。俄徙昭義，又遷河東。河東尤近胡，復脩杷頭七十烽，謹候虜，寇不敢入。

懿宗立，遷宣武節度使，召爲戶部尚書，判度支。未幾，以禮部尚書同中書門下平章事。再期，固稱疾，改兵部尚書，罷。旋兼平章事節度河中。卒，年六十二。

誠於吏術尤所長，既貴，所得祿奉，養護宗屬之乏，無間然。始，誠被知於宣宗，嘗許以相。令狐綯忌之，自邠寧凡三徙，不得還。誠思有以結綯，至太原，求麗姝盛飾使獻。綯曰：「太原於我無分，今以是餌，將破吾族矣。」不受。使者留于邸，誠亦放之。太醫李玄伯者，帝所喜，以錢七十萬聘之，夫婦日自進食，得其歡心，乃進之帝，嬖幸冠後宮。玄伯又治丹劑以進，帝餌之，疽生於背。懿宗立，收玄伯及方士王岳、虞紫芝等，俱誅死。

崔彥昭字思文，其先淸河人。淹貫儒術，擢進士第。數應帥鎮辟奏，於吏治精明，所至

課最。累進戶部侍郎。繇河陽節度使徙河東。先是，沙陀諸部多犯法，彥昭撫循有威惠，三年，境內大治，耆老叩闕願留，詔可。

僖宗立，授兵部侍郎、諸道鹽鐵轉運使。俄同中書門下平章事，仍判度支。初，楊收、路巖、韋保衡皆坐朋比賄賂得罪死，蕭倣秉政，矯革之，而彥昭協力，故百職脩舉，察不至苛。不六月，遷門下侍郎。帝因下詔暴收等過惡，申勵丁寧，以成其美。

彥昭雖宰相，退朝侍母膳，與家人齒，順色柔聲，在左右無違，士人多其孝。與王凝外昆弟也。凝大中初先顯，而彥昭未仕，嘗見凝，凝倨不冠帶，嫚言曰：「不若從明經舉。」彥昭爲憾。至是，凝爲兵部侍郎。母聞彥昭相，敕婢多製履襪，曰：「王氏妹必與子皆逐，吾將共行。」彥昭聞之，泣且拜，不敢爲怨。而凝竟免。

伶人李可及爲懿宗所寵，橫甚，彥昭奏逐，死嶺南。累拜兼尚書右僕射，以疾去位，授太子太傅，卒。

劉鄴字漢藩，潤州句容人。父三復，以善文章知名。少孤，母病廢，三復丐粟以養。李德裕爲浙西觀察使，奇其文，表爲掌書記。德裕三領浙西及劍南、淮南，未嘗不從，會昌

時，位宰相，擢三復刑部侍郎、弘文館學士。

鄴六七歲能屬辭，德裕憐之，使與其子共師學。德裕旣斥，鄴無所依，去客江湖間。陝虢高元裕表署推官，高少逸又辟鎭國幕府。咸通初，擢左拾遺，召爲翰林學士，賜進士第。歷中書舍人，遷承旨。鄴傷德裕以朋黨抱誣死海上，令狐綯久當國，更數赦，不爲還官爵，至懿宗立，綯去位，鄴乃申直其冤，復官爵，世高其義。進戶部侍郎、諸道鹽鐵轉運使。以禮部尙書同中書門下平章事，判度支。僖宗嗣位，再遷尙書左僕射。

初，韋保衡、路巖與鄴同秉政，爲迹親，俄而蕭倣、崔彥昭得相，罷鄴爲淮南節度使、同平章事。黃巢方熾，詔高駢代之，徙節度鳳翔，固辭，還左僕射。帝西狩，追乘輿不及，與崔沆、豆盧瑑匿將軍張直方家，賊捕急，三人不肯臣，俱見殺。

豆盧瑑者，字希眞，河南人。仕歷翰林學士、戶部侍郎，與崔沆皆拜同中書門下平章事。是日，宣告于廷，大風雷雨拔樹。未幾，及禍。初，咸通中，有治歷者工言禍福，或問：「比宰相多不至四五，謂何？」答曰：「紫微方災，然其人又將不免。」後楊收、韋保衡、路巖、盧攜、劉鄴、于琮、瑑與沆，皆不得終云。

陸扆字祥文，宰相贄族孫。客於陝，遂爲陝人。光啓二年，從僖宗幸山南，擢進士第，累進翰林學士、中書舍人。扆工屬辭，敏速若注射然，一時書命，同僚自以爲不及，昭宗優遇之。帝嘗作賦，詔學士皆和，獨扆最先就，帝覽之，嘆曰：「貞元時，陸贄、吳通玄兄弟善內廷文書，後無繼者，今朕得之。」始，其舉進士時，方遷幸，而六月牓出。至是，每甚暑，它學士輒戲曰：「造牓天也。」以譏扆進非其時。累爲尚書左丞，封嘉興縣男。徙戶部侍郎、同中書門下平章事。故事，自三省得宰相，有光署錢，留爲宴資，學士院未始有，至扆，送光院錢五十萬，以榮近司。進中書侍郎，判戶部。

嗣覃王以兵伐鳳翔，扆諫曰：「國步方安，不宜加兵近輔，必爲它盜所乘，無益也。且親王而屬軍事，必有後害。」帝顧軍興，責扆沮撓，貶峽州刺史。師果敗。久之，授工部尚書。從天子自華州還，以兵部尚書復當國，封吳郡公。

天復初，帝密語韓偓曰：「陸扆、裴贄孰忠於我？」偓曰：「扆等皆宰相，安有它腸？」帝曰：「外言扆不喜我復位，元日易服奔啓夏門，信不？」偓曰：「孰爲陛下言此？」曰：「崔胤、令狐渙。」偓曰：「設扆如是，亦不足責。且陛下反正，扆素不知謀，忽聞兵起，欲出奔耳。陛下責其不死難則可，以爲不喜，乃讒言也。」帝遂悟。累兼戶部尚書。

帝至白鳳翔，大赦天下，諸道皆賜詔，獨不及李茂貞。扆曰：「國西，鳳翔爲最近，迹其罪固不可赦。然尙脩職貢，朝廷未之絕，無宜於詔書有以異也。」始，崔胤罷相，扆代之。胤內怨望，及是議以爲陰有黨附，貶沂王傅，分司東都。胤死，復授吏部尙書，從遷洛。柳璨始附朱全忠，謀去朝廷衣冠有望者，貶扆濮州司戶參軍，殺之白馬驛，年五十九。扆初名允迪，後改云。

鄭綮字蘊武。及進士第，歷監察御史，擢累左司郎中。困窶甚，丐補廬州刺史。黃巢掠淮南，綮移檄請無犯州境，巢笑，爲斂兵，州獨完。僖宗嘉之，賜緋魚。歲滿去，贏錢千緡藏州庫。後它盜至，終不犯鄭使君錢；及楊行密爲刺史，送都還綮。王徽爲御史大夫，以兵部郎中表知雜事，遷給事中。杜弘徽任中書舍人，綮以其兄讓能輔政，不宜處禁要，上還制書，不報，輒移病去。召爲右散騎常侍，往往條摘失政，衆讙傳之，宰相怒，改國子祭酒，議者不直，復還常侍。

大順後，王政微，綮每以詩謠託諷，中人有誦之天子前者。昭宗意其有所蘊未盡，因有司上班簿，遂署其側曰：「可禮部侍郎、同中書門下平章事。」綮本善詩，其語多俳諧，故使落

調，世共號「鄭五歇後體」。至是，省史走其家上謁，綮笑曰：「諸君誤矣，人皆不識字，宰相亦不及我。」史言不妄。俄聞制詔下，歎曰：「萬一然，笑殺天下人！」既視事，宗戚詣慶，搔首曰：「歇後鄭五作宰相，事可知矣。」固讓，不聽。立朝侃然，無復故態。自以不爲人所瞻望，纔三月，以疾乞骸，拜太子少保致仕，卒。

朱朴，襄州襄陽人。以三史舉，繇荆門令進京兆府司錄參軍，改著作郎。乾寧初，太府少卿李元實欲取中外九品以上官兩月俸助軍興，朴上疏執不可而止。

擢國子毛詩博士。上書言當世事，議遷都曰：「古王者不常厥居，皆觀天地興衰，隨時制事。關中，隋家所都，我實因之，凡三百歲，文物資貨，奢侈僭僞皆極焉；廣明巨盜陷覆宮闕，局署帑藏，里閈井肆，所存十二，比幸石門、華陰，十二之中又亡八九，高祖、太宗之制蕩然矣。夫襄、鄧之西，夷漫數百里，其東，漢輿、鳳林爲之關，南，菊潭環屈而流屬於漢，西有上洛重山之險，北有白崖聯絡，乃形勝之地，沃衍之墟。若廣浚漕渠，運天下之財，可使大集。自古中興之君，去已衰之衰，就未王而王。今南陽，漢光武雖起而未王也。臣視山河壯麗處多，故都已盛而衰，難可興已；江南土薄水淺，人心囂浮輕巧，不可以都；河北土

厚水深，人心彊愎狠戾，不可以都。惟襄、鄧實惟中原，人心質良，去秦咫尺，而有上洛爲之限，永無夷狄侵軼之虞，此建都之極選也。」不報。

朴爲人木彊，無它能。方是時，天子失政，思用特起士，任之以中興，而朴所善方士許巖士得幸，出入禁中，言朴有經濟才，又水部郎中何迎亦表其賢，帝召與語，擢左諫議大夫、同中書門下平章事。以素無聞，人人大驚。俄判戶部，進中書侍郎。帝益治兵，所處可一委朴。朴移檄四方，令近者出甲士，資饋饟；遠者以羨餘上。後數月，巖士爲韓建所殺，朴罷爲祕書監，三貶郴州司戶參軍，卒。

與朴皆相者孫偓，字龍光。父景商，爲天平軍節度使。偓第進士，歷顯官，以戶部侍郎同中書門下平章事，遷門下，爲鳳翔四面行營都統。俄兼禮部尚書、行營節度諸軍都統招討處置等使。始，家第堂柱生槐枝，期而茂，既而偓秉政，封樂安縣侯。與朴皆貶衡州司馬，卒。

偓性通簡，不矯飾，嘗曰：「士苟有行，不必以己長形彼短、己清彰彼濁。」每對客，奴童相訴曳仆諸前，不之責，曰：「若持怒心，卽自撓矣。」

兄儲，歷天雄節度使，終兵部尚書。

韓偓字致光，京兆萬年人。擢進士第，佐河中幕府。召拜左拾遺，以疾解。後遷累左諫議大夫。宰相崔胤判度支，表以自副。王溥薦爲翰林學士，遷中書舍人。偓嘗與胤定策誅劉季述，昭宗反正，爲功臣。帝疾宦人驕橫，欲盡去之。偓曰：「陛下誅季述時，餘皆赦不問，今又誅之，誰不懼死？含垢隱忍，須後可也。天子威柄，今散在方面，若上下同心，攝領權綱，猶冀天下可治。宦人忠厚可任者，假以恩倖，使自翦其黨，蔑有不濟。今食度支者乃八千人，公私牽屬不減二萬，雖誅六七巨魁，未見有益，適固其逆心耳。」帝前膝曰：「此一事終始屬卿。」

中書舍人令狐渙任機巧，帝嘗欲以當國，俄又悔曰：「渙作宰相或誤國，朕當先用卿。」辭曰：「渙再世宰相，練故事，陛下業已許之。若許渙可改，許臣獨不可移乎？」帝曰：「我未嘗面命，亦何憚？」偓因薦御史大夫趙崇勁正雅重，可以準繩中外。帝知偓，崇門生也，嘆其能讓。

初，李繼昭等以功皆進同中書門下平章事，時謂「三使相」，後稍稍更附韓全誨、周敬容，皆忌胤。胤聞，召鳳翔李茂貞入朝，使留族子繼筠宿衞。偓聞，以爲不可，胤不納。偓又語

令狐渙，渙曰：「吾屬不惜宰相邪？無衞軍則爲閹豎所圖矣。」偓曰：「不然。無兵則家與國安，有兵則家與國不可保。」胤聞，憂，未知所出。李彥弼見帝倨甚，帝不平，偓請逐之，赦其黨許自新，則狂謀自破，帝不用。彥弼譖偓及渙漏禁省語，不可與圖政，帝怒曰：「卿有官屬，日夕議事，奈何不欲我見學士邪？」繼昭等飲殿中自如，帝怒，偓曰：「三使相有功，不如厚與金帛官爵，毋使豫政事。今宰相不得顓決事，繼昭輩所奏必聽。它日遽改，則人人生怨。初以衞兵檢中人，今敕使、衞兵爲一，臣竊寒心，願詔茂貞還其衞軍。不然，兩鎭兵鬭闕下，朝廷危矣。」及胤召朱全忠討全誨，汴兵將至，偓勸胤督茂貞還衞卒。又勸表暴內臣罪，因誅全誨等；若茂貞不如詔，卽許全忠入朝。未及用，而全誨等已劫帝西幸。偓夜追及鄠，見帝慟哭。至鳳翔，遷兵部侍郎，進承旨。

宰相韋貽範母喪，詔還位，偓當草制，上言：「貽範處喪未數月，遽使視事，傷孝子心。今中書事，一相可辦。陛下誠惜貽範才，俟變縗而召可也，何必使出衰冠廟堂，入泣血柩側，毀瘠則廢務，勤恪則忘哀，此非人情可處也。」學士使馬從皓逼偓求草，偓曰：「腕可斷，麻不可草！」從皓曰：「君求死邪？」偓曰：「吾職內署，可默默乎？」明日，百官至，而麻不出，宦侍合譟。茂貞入見帝曰：「命宰相而學士不草麻，非反邪？」艴然出。姚洎聞曰：「使我當直，亦繼以死。」既而帝畏茂貞，卒詔貽範還相，洎代草麻。自是宦黨怒偓甚。從皓讓

偓曰：「南司輕北司甚，君乃崔胤、王溥所薦，今日北司雖殺之可也。兩軍樞密，以君周歲無奉入，吾等議救接，君知之乎？」偓不敢對。

茂貞疑帝間出依全忠，以兵衞行在。帝行武德殿前，因至尙食局，會學士獨在，宮人招偓，偓至，再拜哭曰：「崔胤甚健，全忠軍必濟。」帝喜，偓曰：「願陛下還宮，無爲人知。」帝賜以麪豆而去。全誨誅，宮人多坐死。帝欲盡去餘黨，偓曰：「禮，人臣無將，將必誅。宮婢負恩不可赦，然不三十年不能成人，盡誅則傷仁。願去尤者，自內安外，以靜羣心。」帝曰：「善。」崔胤請以輝王爲元帥，帝問偓：「它日累吾兒否？」偓曰：「陛下在東內時，天陰雺，王聞烏聲曰：『上與后幽困，烏雀聲亦悲。』陛下聞之惻然，有是否？」帝曰：「然。是兒天生忠孝，與人異。」意遂決。偓議附胤類如此。

帝反正，勵精政事，偓處可機密，率與帝意合，欲相者三四，讓不敢當。蘇檢復引同輔政，遂固辭。初，偓侍宴，與京兆鄭元規、威遠使陳班並席，辭曰：「學士不與外班接。」主席者固請，乃坐。既元規、班至，終絕席。全忠、胤臨陛宣事，坐者皆去席，偓不動，曰：「侍宴無輒立，二公將以我爲知禮。」全忠怒偓薄己，悻然出。有譖偓喜侵侮有位，胤亦與偓貳。會逐王溥、陸扆，帝以王贊、趙崇爲相，胤執贊、崇非宰相器，帝不得已而罷。贊、崇皆偓所薦爲宰相者。全忠見帝，斥偓罪，帝數顧胤，胤不爲解。全忠至中書，欲召偓殺之。鄭元規曰：

「偓位侍郎學士承旨，公無遽。」全忠乃止，貶濮州司馬。帝執其手流涕曰：「我左右無人矣。」再貶榮懿尉，徙鄧州司馬。天祐二年，復召爲學士，還故官。偓不敢入朝，挈其族南依王審知而卒。

兄儀，字羽光，亦以翰林學士爲御史中丞。偓貶之明年，帝宴文思毬場，全忠入，百官坐廡下，全忠怒，貶儀棣州司馬，侍御史歸藹登州司戶參軍。

贊曰：懿、僖以來，王道日失厥序，腐尹塞朝，賢人遁逃，四方豪英，各附所合而奮。天子塊然，所與者惟佞愎庸奴，乃欲鄣橫流、支已顚，寧不殆哉！觀縈、朴輩不次而用，捭豚臑拒貙牙，趣亡而已。一韓偓不能容，況賢者乎？

唐書卷一百八十四

列傳第一百九

馬植 楊收發 嚴涉 路巖韋保衡 盧攜

馬植字存之，鳳州刺史勛子也。第進士，又擢制策科，補校書郎。繇壽州團練副使三遷饒州刺史。開成初，爲安南都護。精吏事，以文雅緰飾其政，淸淨不煩，洞夷便安。羈縻諸首領皆來納款，遣子弟詣府，請賦租約束。植奏以武陸縣爲陸州〔一〕，卽束首領爲刺史。既而州部廢池珠復生。以政最，檢校左散騎常侍，徙黔中觀察使。

會昌中，召拜光祿卿，遷大理。植自以譽望在當時諸公右，久補外，還朝不得要官，爲宰相李德裕所抑，內怨望。宣宗嗣位，白敏中當國，凡德裕所不善，悉不次用之，故植以刑部侍郎領諸道鹽鐵轉運使，遷戶部，俄同中書門下平章事，進中書侍郎。

初，左軍中尉馬元贄最爲帝寵信，賜通天犀帶。而植素與元贄善，至通昭穆，元贄以賜

帶遺之。它日對便殿，帝識其帶，以詰植，植震恐，具言狀，於是罷爲天平軍節度使。旣行，詔捕親吏下御史獄，盡得交私狀，貶常州刺史，以太子賓客分司東都。起爲忠武、宣武節度使，卒。

初，植兼集賢殿大學士，校理楊收道與三院御史遇，不肯避，朝長馮緘錄其騶僕辱之。植怒，奏言：「開元中，麗正殿賜酒，大學士張說以下十八人不知先舉者，說以學士德行相先，遂同擧酒。今緘辱收與大學士等，請斥之。」中丞令狐綯援故事論救，宣宗釋不問。因著令「三館學士不避行臺」，自植始。臺制：三院還臺，以一人爲朝長云。

楊收字藏之，自言隋越國公素之裔，世居馮翊。父遺直，德宗時，以上書闕下，仕爲濠州錄事參軍，客死姑蘇。

收七歲而孤，處喪若成人。母長孫親授經，十三通大義。善屬文，所賦輒就，吳人號神童。里人多造門覯賦詩，至厭敗其藩，收嘲之曰：「爾非羸角者，奚用觸吾藩？」切當率類此。及壯，長六尺二寸，廣顙深頤，疏眉目，寡言笑，博學彊記，至它藝無不通解。貧甚，以母奉浮屠法，自幼不食肉，約曰：「爾得進士第，乃可食。」

涔陽耕得古鍾，高尺餘，收扣之，曰：「此姑洗角也。」既劀拭，有刻在兩欒，果然。嘗言：「琴通黃鍾、姑洗、無射三均，側出諸調，由羅蔦附灌木然。」時有安涚者，世稱善琴，且知音。收問：「五弦外，其二云何？」涚曰：「世謂周文、武二王所加者。」收曰：「能爲文王操乎？」涚卽以黃鍾爲宮而奏之，以少商應大絃，收曰：「止！如子之言，少商，武絃也。且文世安得武聲乎？」涚大驚，因問樂意，收曰：「樂亡久矣。上古祀天地宗廟，皆不用商。周人歌大呂、舞雲門以俟天神，歌太蔟、舞咸池以俟地祇。大呂、黃鍾之合，陽聲之首。而雲門，黃帝樂也；咸池，堯樂也。不敢用黃鍾，而以太蔟次之。然則祭天者，圜鍾爲宮，黃鍾爲角，太蔟爲徵，姑洗爲羽；祭地者，函鍾爲宮，太蔟爲角，姑洗爲徵，南呂爲羽。訖不用商及二少。蓋商聲剛而二少聲下，所以取其正、裁其繁也。漢祭天則用商，而宗廟不用，謂鬼神畏商之剛。西京諸儒惑圜鍾、函鍾之說，故其自受命，郊祀、宗廟樂，唯用黃鍾一均。章帝時，太常丞鮑業始旋十二宮。夫旋宮以七聲爲均，均言韻也，古無韻字，猶言一韻聲也。始以某律爲宮，某律爲商，某律爲角，某律爲徵，某律爲羽，某律少宮，某律少徵，亦曰『變』，曰『比』。一均成則五聲爲之節族，此旋宮也。」乃取律次之以示涚。涚時七十餘，以爲未始聞，而收未冠也。

以兄假未仕，不肯舉進士。旣假褫褐，乃入京師。明年，擢進士，杜悰表署淮南推官。

悰領度支，又節度劍南東西川，輒隨府三遷。宰相馬植表爲渭南尉、集賢校理，議補監察御史。收又以假方外遷，誼不可先，固辭。植嗟美爲止。復爲悰節度府判官。蜀有可縣，直嶲州西南，地寬平多水泉，可灌秔稻。或謂悰計興屯田，省轉饋以飽邊士，悰將從之，收曰：「田可致，兵不可得。且地當蠻衝，本非中國。今輟西南屯士往耕，則姚、嶲兵少，賊得乘間。若調兵捍賊，則民疲士怨。假令大穰，蠻得長驅，是資賊糧，豈國計耶？」乃止。

始，周墀罷宰相，節度東川，表其弟嚴掌書記，俄而墀卒，悰辟爲觀察使判官，兄弟並在幕府。未幾，假自浙西判官擢監察御史，而收亦自西川遷。兄弟同臺，世榮其友。以詳禮學改太常博士，而嚴亦自揚州召爲監察御史。收因建言：「漢制，總羣官而聽曰省，分務而專治曰寺。太常，分務專治者也，所以藏天子之旂常。今旂常因車飾隸太僕，非是。」未及行，以母喪免。服除，從淮南崔鉉府爲支使。還，拜侍御史。夏侯孜以宰相領度支，引判度支案。遷長安令。

懿宗時，擢累中書舍人、翰林學士承旨，以中書侍郎同中書門下平章事。始，南蠻自大中以來，火邕州，掠交趾，調華人往屯，涉氛瘴死者十七，戰無功，蠻勢益張。收議豫章募士三萬，置鎭南軍以拒蠻。悉教蹋張，戰必注滿，蠻不能支。又峙食汎舟餉南海。天子嘉其功，進尚書右僕射，封晉陽縣男。

既益貴，稍自盛滿，爲夸侈，門吏童客倚爲姦。中尉楊玄价得君，而收與之厚，收之相，玄价實左右之，乃招四方賕餉，數千諉〔三〕，收不能從，玄价以負己，大恚，陰加毀短。知政凡五年，罷爲宣歙觀察使，不敢當兩使稟料，但受刺史俸，留公藏錢七百萬。韋保衡又劾收前用嚴譔爲江西節度使，受謝百萬，及它隱盜。明年，貶端州司馬。吏具大舟以須，收不從，曰：「方謫去，可乎？」以二小舸趨官。又明年，流驩州，俄詔內養追賜死。收得詔謝曰：「輔政無狀，固宜死。今獨一弟嚴以奉先人之祀，使者能假須臾使秉筆乎？」使者從之。收自作書謝天子，丐弟嚴死，奉先臣後。以書授使者，卽仰鴆死。帝見書惻然，乃宥嚴，坐收流死者十一人。後三年，詔追雪其辜，復官爵。子鉅、鏻。

鉅，乾寧初爲翰林學士，從入洛，終散騎常侍。鏻至戶部尚書。

收兄發，字至之，登進士，又中拔萃，累官左司郎中。宣宗追加順、憲二宗尊號，有司議改造廟主，署新謚，詔百官議。發與都官郎中盧搏以爲改作主，求古無文，執不可。知禮者韙之。改太常少卿，爲蘇州刺史，治以恭長慈幼爲先。徙福建觀察使，又以能政聞。朝廷意有治劇才，拜嶺南節度使。承前寬弛，發操下剛嚴，軍逡怨，起爲亂，囚傳舍，貶婺州刺史。

假字仁之，仕終常州刺史。收與昆弟護喪葬偃師，會者千人。

嚴字凛之，擧進士。時王起選士三十人，而楊知至、竇緘、源重、鄭朴及嚴五人皆世冑，起以聞，詔獨收嚴。累遷至工部侍郎、翰林學士。收知政，請補外，拜浙東觀察使。收貶，嚴亦斥爲邵州刺史，徙吉王傅。乾符中，以兵部侍郎判度支，卒。子涉、注。

涉，昭宗時，仕至吏部侍郎，哀帝時，進同中書門下平章事。爲人端重有禮法。方賊臣陵慢，王室殘蕩，賢人多罹患。涉受命，與家人泣，語其子凝式曰：「世道方極，吾嬰網羅不能去，將重不幸，禍且累汝。」然以謙靖，終免于禍。

注爲翰林學士。涉已相，辭內職，爲戶部侍郎。

路巖字魯瞻，魏州冠氏人。父羣，字正夫，通經術，善屬文。性志純絜，親歿，終身不肉食。累官中書舍人、翰林學士承旨，文宗優遇之。居循循謙飭，若不在勢位者。所與交，雖褐衣之賤，待以禮，始終一節。

巖幼惠敏過人，及進士第，父時故人在方鎭者交辟之，久乃答。懿宗咸通初，自屯田員外郎入翰林爲學士，以兵部侍郎同中書門下平章事，年三十六。居位八歲，進至尙書左僕射。

於是王政秕僻，宰相得用事。巖顧天子荒闇，且以政委己，乃通賂遺，奢肆不法。俄與韋保衡同當國，二人勢動天下，時目其黨爲「牛頭阿旁」，言如鬼陰惡可畏也。既權侔則爭，故與保衡還相惡。俄罷巖爲劍南西川節度使，承蠻盜邊後，巖力拊循，置定邊軍於邛州，扼大度，治故關，取壇丁子弟教擊刺，使補屯籍，由是西山八國來朝。以勞遷兼中書令，封魏國公。

始，爲相時，委事親吏邊咸。會至德令陳蟠叟奏書願請間言財利，帝召見，則曰：「臣願破邊咸家，可佐軍興。」帝問：「咸何人？」對曰：「宰相巖親吏也。」帝怒，斥蟠叟，自是人無敢言。咸乃與郭籌者相依倚爲姦，巖不甚制，軍中惟邊將軍、郭司馬爾，妄給與以結士心。嘗閱武都場，咸、籌莅之，其議事以書相示則焚之，軍中驚，以有異圖，恂恂，遂聞京師。巖坐是徙荆南節度使，道貶新州刺史，至江陵，免官，流儋州，籍入其家。巖體貌偉麗，美須髯，至江陵兩昔皆白。捕誅咸、籌等。巖至新州，詔賜死，剔取喉，上有司。或言巖嘗密請「三品以上得罪誅殛，剔取喉驗其已死」。俄而自及。

保衡者，京兆人，字蘊用。父懿，宣宗時，終武昌軍節度使。保衡，咸通中，以右拾遺尙同昌公主，遷起居郎、駙馬都尉。主，郭淑妃所生，懿宗所愛，而妃有寵，故恩禮最異，悉宮中珍玩資予之。俄歷翰林學士承旨，以兵部侍郎同中書門下平章事，自尙主至是裁再期。又進門下侍郎、尙書右僕射。

性浮淺，既恃恩據權，以嫌愛自肆，所悅卽擢，不悅擠之。保衡舉進士王鐸第，于籍、蕭遘與同升，以嘗薄于己，皆見斥。逐楊收，傾路巖，人益畏之。主薨，而寵遇不衰。僖宗立，進司徒。俄爲怨家白發陰罪，貶賀州刺史，再貶澄邁令，遂賜死。

弟保乂，自兵部侍郎貶賓州司戶參軍。而劉瞻等坐主薨見貶者，偕復起。

盧攜字子升，其先本范陽，世居鄭。擢進士第，被辟浙東府。入朝爲右拾遺，歷臺省，累進戶部侍郎、翰林學士承旨。乾符五年，進同中書門下平章事。俄拜中書侍郎、刑部尙書、弘文館大學士。攜姿陋而語不正，與鄭畋俱李翺甥，同位宰相，然所處議多駁。

初，王仙芝起河南，攜表宋威、齊克讓、曾衮皆善將，爲招討使。及威殺尙君長，賊熾結，

益不制，乃以王鐸鎭荆南爲諸道都統。攜不悅。是時，黄巢已破廣州，勢張甚，表求天平節度使，詔宰相百官議。攜素厚高駢，屬令立功，乃固不可巢請，又欲激巢使戰而敗鐸，因授率府率。又徇駢與南詔和親，與畋爭，相恨詈，繇是罷爲太子賓客，分司東都。俄爲兵部尚書。會駢將張璘破賊，帝復召攜，以門下侍郎同平章事。及鐸失守，以駢代之，即按關東諸將爲鐸、畋所任者，悉易置。内倚田令孜，而外寄戎政於駢，與奪惟所愛惡。

後病風足蹇，神智瞑塞，事多決於親吏楊温、李脩，賄賂顯行。及巢破淮南，璘戰死，忠武兵亂，天下危懼，人皆咎攜，始下詔以巢爲天平節度使。詔下，賊已破潼關。明日，以太子賓客罷，分司東都，是夜仰藥死。巢入京師，斲棺磔尸於長安市。

子晏，天祐初爲河南尉，柳璨殺之。

贊曰：盧攜之敗王鐸，私高駢，賊遂卷咸、鎬而西，易若舉毛，可謂朝無人焉。唐將亡，攜爲之鴟梟，宜天之假手於賊而磔其枯胔也。

校勘記

〔一〕以武陸縣爲陸州　「陸州」，本書卷四三下地理志作「武陸州」。

〔三〕乃招四方賕餉數千諉　按文義欠明。舊書卷一七七楊收傳作「招來方鎮之賂，屢有請託」，通鑑卷二五〇略同。「千」當是「干」之訛。

唐書卷一百八十五

列傳第一百一十

鄭畋 王鐸鐐 王徽 韋昭度 張濬

鄭畋字台文，系出滎陽。父亞，字子佐。爽邁有文，擧進士、賢良方正、書判拔萃，三中其科。李德裕爲翰林學士，高其才，及守浙西，辟署幕府。擢監察御史，李回任中丞，薦爲刑部郎中知雜事，拜給事中。德裕罷宰相，出爲桂管觀察使，坐吳湘獄不能直冤，貶循州刺史，死于官。

畋擧進士，時年甚少，有司上第籍，武宗疑，索所試自省，乃可奏。爲宣武推官，以書判拔萃擢渭南尉。父喪免。宣宗時，白敏中、令狐綯繼當國，皆怨德裕，其賓客並廢斥，故畋不調幾十年，外更帥鎭幕府。綯去位，始爲虞部員外郎。右丞鄭薰誣畋罪，不可任郎官，出之。久乃入爲刑部員外郎。劉瞻爲宰相，薦授戶部郎中，入翰林爲學士，俄知制誥。會討

徐州賊龐勛，書詔紛委，畋思不淹晷，成文粲然，無不切機要，當時推之。勛平，以戶部侍郎進學士承旨。瞻以諫迕懿宗，賜罷，畋草制書多褒言，韋保衡等怨之，以爲附下罔上，貶梧州刺史。

僖宗立，內徙郴、絳二州，以右散騎常侍召還。故事，兩省轉對延英，獨常侍不與。畋建言宜備顧問，詔可，遂著于令。以兵部侍郎進同中書門下平章事。故時，宰相騶哄聯數坊，呵止行人。畋敕導者止百步，禁百官僕史不得擅至宰相府。交、廣、邕南兵，舊取嶺北五道米往餉之，船多敗沒。畋請以嶺南鹽鐵委廣州節度使韋荷，歲煑海取鹽直四十萬緡，市虔、吉米以贍安南，罷荆、洪等漕役，軍食遂饒。後以王師甫爲嶺南供軍副使，師甫請兼總兵，而歲加獻錢二十萬緡。畋曰：「苟且有功，而師甫以利啖朝廷，謀奪其兵，不可。」罷之。再遷門下侍郎，封滎陽郡侯。以星變求去位，不許。

乾符六年，黃巢勢寖盛，據安南，騰書求天平節度使。帝令羣臣議，咸請假節以紓難。畋欲因授嶺南節度使，而盧攜方倚高駢，使立功，乃曰：「駢才略無雙，淮南天下勁兵，又諸道之師方至，蕞爾賊，奈何捨之，令四方解體邪？」畋曰：「不然。巢之亂本於饑，其衆以利合，故能興江、淮，根蔓天下。國家久平，士忘戰，所在閉壘不敢出。如以恩釋罪，使及歲豐，其下思歸，衆一離，卽巢机上肉耳，法謂不戰而屈人兵也。今不伐以謀，而恃以兵，恐天

下憂未艾也。」僕射于琮言：「南海以寶產富天下，如與賊，國藏竭矣。」天子內亦屬騈，乃然攜議。畋曰：「安危屬吾等，而公倚淮南用兵，吾不知所稅駕。」會騈奏：「南蠻方彊，請如西戎，以公主下嫁。」攜又議從之。畋以爲損國威靈，不可，卽抗論，至相詬嫚。攜怒，拂衣去，裾蠛於硯，因抵之。帝以大臣爭口語，無以示百官，乃俱罷，以畋爲太子賓客，分司東都。俄召拜吏部尚書。

明年，爲鳳翔隴西節度使，募銳兵五百，號「疾雷將」，境中盜不敢發，發輒得。會巢陷東都，遣兵戍京師，以家財勞行，妻自紝戎衣給戰士。帝出梁、洋，畋上謁斜谷，泣曰：「將相誤國，臣請死以懲無狀。」帝勞遣之，且曰：「公謹扼賊衝，無令得西向。」畋曰：「方艱虞時，事有機急，不可中覆，請便宜從事，臣當以死報國。」帝曰：「利社稷，無不可。」畋還，蒐士卒，繕器械，濬城隍，使于梁者道相屬。俄而賊使至，諸將皆欲附賊，畋開諭不可，卽悉出金帛，請得脫身去，復不聽。而使以僞赦令示軍中乃去。明日，詔使至，畋召監軍袁敬柔以逆順曉諸將，乃聽命，刺血以盟。畋遣子凝績從帝，有詔進同中書門下平章事。賊將又至，畋斬于軍，餘黨數百人皆捕誅之。遷檢校尚書右僕射、西面行營都統。軍中承制除拜，乃以前靈武節度使唐弘夫爲行軍司馬。

中和元年，賊將王璠率衆三萬來攻，畋使弘夫設伏以待。璠內輕畋儒柔，縱步騎鼓而

前，畋以銳卒數千當賊，疏陣而多旗幟，乘高伐鼓，賊不測衆寡，陣未整，伏發，衆皆囂。日暮，軍四合，鏖戰龍尾坡，殺賊二萬級，積尸數十里，多獲鎧仗，璠遁去，禽璠子斬之，威動京師。時諸鎮兵在寰內尚數萬，無所歸，畋招來之，厚加慰結。乃與涇原程宗楚、秦州仇公遇、鄜延李孝恭、夏州拓拔思恭約盟，傳檄天下。時王命不出劍門，四方謂王室微，不能復興，及畋檄至，遠近咸聳，各治兵思立功，奔問行在。巢大懼，不敢西謀。當此時，微畋，天子幾殆。帝聞捷曰：「朕知畋不盡，儒者之勇乃爾！」

弘夫取咸陽，以桴濟兵渭水。賊伏甲僞走，弘夫與宗楚乘勝入都門，爲賊所覆。畋數敕無輕進，二人不聽，果敗。以鄜、夏兵屯東渭橋。再進司空、兼門下侍郎、京城四面行營都統，賜御袍犀帶。拜而不賀。

行軍司馬李昌言者屯興平，遣麾下求爲南面都統，輒引兵趨府。畋不意見襲，登城好語曰：「吾方入朝，公能戢兵愛人，爲國滅賊乎？能，則守此矣。」遂委軍去。昌言自爲留後，衞畋出境。既半道，內慚負，即辭疾。詔授太子少傅，分司東都，便醫於興元。

明年，召至行在，以王鐸將兵，復拜畋司空、門下侍郎、平章事，軍務一以咨決。興州戍將孫鄴坐贓抵死，畋奏言：「方關輔失守，鄴護褒斜有功，請免死。陳秋兒保嵯峨山拒賊，農不廢耕，請以檢校散騎常侍隸奉天軍。」制皆可。舊制，使府校書郎以上，滿三歲遷；監察

御史裹行至大夫、常侍，滿三十月遷。雖節度兼宰相，亦不敢越。自軍興，有歲內數遷者；畋以爲不可，請：「行營節度，繇裹行至大夫，許滿二十月遷；校書郎以上，滿二歲乃奏。非軍興者如故事。」從之。

時田令孜恃權，有所干請，畋不應。陳敬瑄欲以官品居宰相上，畋曰：「外宰相安得論品乎？」卒不肯處其下。令孜、敬瑄內常銜之。賊平，帝將還，而李昌言自以襲畋而奪之鎭，今畋當國，內不喜。故三人相結，而遣客上畋過咎。帝得其情，不許。畋乃引疾去位，入見帝曰：「乘輿東還，繇大散關幸鳳翔，供張頓峙，一委昌言，乃可安。臣若以宰相從，彼且猜阻，非所以靖反側也。」請以散官養疾。或羣臣有疑，願出臣章示之，使知天子於臣無纖芥者。」帝以其誠，乃授檢校司徒、太子太保，罷政事。以凝績爲壁州刺史，留養。徙龍州，卒，年六十三，贈太尉。後帝思畋忠力，又贈太傅。凝績數歲亦卒。始，李茂貞以博野裨將戍奉天，畋召隸麾下，委以游邏，厚禮之。茂貞感其飾擢，及畋還葬鄭，表爲請謚曰文昭。天復初，與李思恭配饗僖宗廟廷，又贈宗楚、弘夫官。

畋爲人仁恕，姿采如峙玉。凡與布衣交，至貴無少易。鄭縠者，薰子也。方畋秉政，擢爲給事中，至侍郎。其損怨類如此。巢之難，先諸軍破賊，雖功不終，而還相天子，坐籌帷幄，終能復國云。

王鐸字昭範，宰相播昆弟子也。會昌初，擢進士第，累遷右補闕、集賢殿直學士。白敏中辟署西川幕府。咸通後，仕寖顯，歷中書舍人、禮部侍郎。所取多才實士，爲世稱挹。拜御史中丞，以戶部侍郎判度支。十二年，繇禮部尚書進同中書門下平章事，加門下侍郎、尙書左僕射，超拜司徒。韋保衡緣恩倖輔政，始由鐸得進士，故謹事之。雖竊政權，將大斥不附者，病鐸持其事，不得肆，搢紳賴焉。鐸亦上疏祈解，乃以檢校左僕射，出爲宣武節度使。

僖宗初，以左僕射召。始，鐸當國，練制度，智慮周密，時論推允。會河南盜起，天下跂鐸入輔，又鄭畋數言其賢，復拜門下侍郎、平章事。乾符六年，賊破江陵，宋威無功，諸將觀望不進，天下大震。朝廷議置統帥，鐸因請自率諸將督羣盜。帝卽以鐸爲侍中、荊南節度使、諸道行營都統，封晉國公。綏納流冗，益募軍，完器鎧，武備張設。李係者，西平王晟諸孫。敏辨善言兵，然中無有。鐸信之，畀爲將，分精兵使守湖南。俄而賊捨廣州，鼓而北，係望風未戰輒潰，鐸退營襄陽。於是以高駢代之，貶太子賓客，分司東都。

未幾，召拜太子少師，從天子入蜀，拜司徒、門下侍郎、平章事，加侍中。復以太子太保

平章事。是時，誅討大計悉屬駢，駢內幸多難，數偃蹇，而外逗撓。鐸感慨王室，每入對，必噫嗚流涕，固請行。時中和二年也。乃以檢校司徒、中書令爲義成節度使，諸道行營都統，判延資、戶部、租庸等使。於是表崔安潛自副，鄭昌圖、裴贄、裴樞、王摶等在幕府，以周岌、王重榮、諸葛爽、康實、安師儒、時溥六節度爲將佐，而中尉西門思恭爲監軍，率衞兵洎梁、蜀師三萬壁盩厔，移檄天下。先是，諸將雖環賊，莫肯先。及鐸檄至，號令殷然，士氣皆起，爭欲破賊，故巢戰數衄。宦人田令孜策賊必破，欲使功出于己，乃搆鐸於帝，罷爲檢校司徒，以義成節度還屯。鐸功危就，而讒見奪，然卒因其勢困賊。後數月，復京師，策勳居關東諸鎭第一。四年，徙義昌節度使。

鐸世貴，出入裘馬鮮明，妾侍且衆。過魏，樂彥禎子從訓心利之。李山甫者，數舉進士被黜，依魏幕府，內樂禍，且怨中朝大臣，導從訓以詭謀，使伏兵高雞泊劫之，鐸及家屬吏佐三百餘人皆遇害。朝廷微弱，不能治其冤，天下痛之。

弟鐐，累官汝州刺史。乾符中，王仙芝來攻，鐐拒之，自督勇士與別將董漢勳守南、北門。城陷，漢勳力戰死，鐐貶韶州司馬。終太子賓客。

王徽字昭文，京兆人。第進士，授校書郎。沈詢判度支，徐商領鹽鐵，皆辟署使府。始，宣宗詔宰相選可尙主者，或以徽聞。徽本澹聲利，聞不喜，往見宰相劉瑑曰：「徽年過四十，又多病，不應在選。」瑑爲言，乃罷。從令狐綯署宣武、淮南掌書記，召授右拾遺。書二十餘上，言無回忌，公議浩然歸重。徐商罷政事，守江陵，心欲表徽在幕府，恐其不樂外，忍不言。徽自往曰：「公知徽，安得不從？」商大喜，表爲殿中侍御史，署節度府判官。御史中丞高湜薦知雜事，進考功員外郎。故事，考簿以朱注上下爲殿最，歲久易漫，吏輒竄易爲姦。徽始用墨，遂絕妄欺。擢翰林學士。

廣明元年，盧攜罷宰相，以徽爲戶部侍郎、同中書門下平章事。是日，黃巢入關，僖宗西狩，冒夜出。徽與崔沆、豆盧瑑、僕射于琮詰朝乃知，追帝不及，墮崖樾間，爲賊所執，迫還，將汙以官。徽陽瘖不答，以刃環脅，卒不動。賊令歸第，使醫護視。久之，守者懈，乃奔河中，裂縑書章，遣人間走蜀。詔拜兵部尙書、京城四面宣慰催陣使。

昭義高潯與賊戰石橋，敗績。其將劉廣擅還，據潞州。別將孟方立殺廣，因取邢、洺、磁三州貳于己。昭義所隸唯澤一州。帝以兵部侍郎鄭昌圖權守潞，士心多附方立，昌圖不能制。朝議以大臣鎭撫，卽授徽檢校尙書左僕射、同中書門下平章事，領昭義節度使。是

時，李克用亦爭澤、潞，徽商朝廷力未能以兵抗之，奉表固辭，詔可。更爲諸道租庸供軍使。因說行營都監楊復光，請赦沙陀罪，令赴難。其夏，沙陀會諸軍，遂平京師，徽助爲多，遷右僕射。

大亂之後，宮觀焚殘，園陵皆發掘，鞠爲丘莽，乘輿未有東意，詔徽充大明宮留守，京畿安撫制置脩奉使。徽外調兵食，內撫綏流亡，踰年，稍稍完聚，興復殿寢，裁制有宜，即奉表請帝東還。又進檢校司空、御史大夫，仍權京兆尹。宦要家爭遣人治第，侵冒齊民，訟訴滿前，徽不屈勢倖，一平以法，繇是爲帝左右所憎，以其黨薛杞爲少尹，輕其權。杞方居喪，徽奏止不使到府。衆忿，共譖罷徽，令赴行在。俄授太子少師。徽遂移疾河中，滿百日免。帝還京師，復申前授，稱疾不任奉謁。宰相疾其怨望，貶集州刺史。會帝避沙陀，出次寶雞。帝念徽無罪，拜吏部尙書，封琅邪郡侯。未行而嗣襄王熅作亂，帝進次漢中。熅逼召徽，以尫廢自言。及熅僭號，迫羣臣作誓牒，徽託手弱，卒不肯署。熅平，帝至鳳翔，召徽爲御史大夫，固辭足痺，復拜太子少師。

昭宗立，見便殿，進對詳洽，帝顧宰相曰：「徽神氣尙彊，可用。」乃復授吏部尙書。是時，銓選失序，吏肆爲姦，補調重複不可檢。徽爲手藉，一驗實之，遂無姦滯。進右僕射。大順元年卒，贈司空，謚曰貞。

譜言其先本魏諸公子，秦滅魏，至漢徙關中霸陵，以其故王家，爲王氏。十世祖罷，仕周爲同州刺史，死葬咸陽鳳政原，子孫因家杜陵。曾祖擇從，昆弟四人，曰易從、朋從、言從，皆擢進士第。至鳳閣舍人者三人，故號「鳳閣王氏」。自是訖大中時，登進士者十八人，位臺省牧守者三十餘人。徽有雅望，拜宰相一日而京師亂，故其設施無可道者。

韋昭度字正紀，京兆人。擢進士第，踐歷華近，累遷中書舍人。僖宗西狩，以兵部侍郎、翰林學士承旨從。未幾，同中書門下平章事。還京，授司空。再狩山南，還次鳳翔，李昌符亂興萬卒，昭度質家族於禁軍，誓共討賊，士感動，乃平昌符。遷太保，兼侍中。昭宗卽位，守中書令，封岐國公。

閬州刺史王建攻陳敬瑄於成都，以昭度爲西川節度使。敬瑄不內，詔東川顧彥朗與建合兵以討，拜昭度兼行營招撫使。乃建幢節行城下，諭其衆曰：「毋久閉壘。」敬瑄遣人詈曰：「鐵券，先帝所命，若何違之？」淹半歲，始拔漢州。建紿昭度曰：「公暴師遠出，事蠻夷地，方山東兵連禍結，朝廷不能治，腹心疾也，宜亟還定之。敬瑄小醜，當責建等可辦。」昭度信之，請還。未半道，建以重兵守劍門，急攻成都，囚敬瑄，自稱留後。罷昭度爲東都

留守。

杜讓能既被害，以司徒、門下侍郎復爲平章事，進太傅。王行瑜求爲尚書令，昭度建言：「太宗由是卽位，後人臣無復拜者。郭子儀有大功，嘗授之，固辭免，況行瑜乎？」乃更號尚父。行瑜怨。會用李磎輔政，而崔昭緯密語行瑜曰：「前公已爲尚書令，昭度持不可。今又引磎叶力，此姦人務立黨與，惑上聽，恐事復有如杜太尉時。」行瑜乃與李茂貞數上書譏詆朝政。昭度懼，稱疾，罷爲太傅，致仕。行瑜、茂貞、韓建聯兵至闕下，言昭度伐蜀失謀，請貶之。未及報，而行瑜收昭度於都亭驛殺之。天子不得已，下詔暴其罪。行瑜誅，乃追復官爵，許其家收葬，贈太尉。

張濬字禹川，本河間人。性通脫無檢，汎知書史，喜高論，士友擯薄之。不得志，乃羸服屏居金鳳山，學從横術，以捭闔干時。樞密使楊復恭遇之，以處士薦爲太常博士，進度支員外郎。黃巢之亂，稱疾，挾其母走商山。僖宗西出，衞士食不給，漢陰令李康獻糗餌數百馱，士皆厭給。帝異之，曰：「爾乃及是乎？」對曰：「臣安知爲此，張濬教臣也。」乃急召濬至行在，再進諫議大夫。宰相王鐸任行營都統，奏署都統判官。

時王敬武在平盧，軍最彊，累召不肯應。濬往說之，而敬武已臣賊，不迎使者。濬責之曰：「公爲天子守藩，今使者齎詔至，不北面俯伏而敢侮慢，公乃未識君臣大分，何以長吏民哉？」敬武愕眙愧謝。濬宣詔已，士按兵默默。濬召將佐至鞠場，倡言：「忠義之士當審利害。黃巢，販鹽虜耳，捨天子而臣之，何利邪？今諸侯勤王者踵相接，公等據一州以觀成敗，後賊平，將安往？誠能此時共誅大盜，迎天子，功名富貴可反手而取。吾憐公等捨安而陷危也。」諸將雜然曰：「諫議語是！」敬武卽引軍從濬西。擢濬爲會軍使。賊平，以戶部侍郎判度支。後再狩山南，拜同中書門下平章事，仍判度支。

濬始繇復恭進，復恭中失權，更依田令孜，故復恭銜之。及爲中尉，數被離間。昭宗卽位，復恭恃援立功，專任事，帝稍不平。當時多言濬有方略，善處大計，乃復見委信，嘗問致治之要，對曰：「在彊兵。兵彊，天下服矣。」天子繇是甘心於武功。後與論古今事，濬輒曰：「漢、晉之遠無可道，陛下春秋鼎富，天資英特，內偪宦臣，外迫彊臣，故不能安。此臣所以痛心而泣血也。」

是時，朱全忠威振關東，而安居受殺李克恭，以潞州歸全忠。全忠乃與幽州李匡威、雲州赫連鐸上言：「先帝幸梁，繇李克用與朱玫連和，請舉兵誅之，願帥兵爲掎角。」帝詔文武四品以上議，皆言：「王室未寧，雖得太原，猶非所有。」濬固爭：「先帝時，身播屯亂，蓋

克用、全忠不相下也。請因其弱討之，斷兩雄勢。」帝曰：「平巢，克用功第一。今乘危伐之，天下其謂我何？」久不決。孔緯曰：「濬言萬世之利，陛下所顧一時事爾。臣見師度河，賊必破。今軍中費尙足支數年，幸聽勿疑。」既濬、緯相倡和，帝乃決出師，詔濬爲河東行營兵馬招討制置使，京兆尹孫揆爲昭義節度使副之，韓建爲供軍使；以全忠、匡威、鐸並爲招討使，樞密使駱全瓘爲行營都監；以汴甲三千爲帳下；發五十二軍、邠、寧、鄜、夏雜虜合五萬。帝置酒安喜樓臨餞，濬飲酣泣下曰：「陛下偪於賊，臣願以死除之。」復恭聞不懌，率中尉等餞長樂坂，以酒屬濬，濬不肯舉。是役也，濬外幸成功，而內制復恭，故銜之。

先是，汴、華、邠、岐兵絕河會平陽。汴將朱崇節已成潞，濬慮汴人遂據有之，乃令揆分兵趨潞，以中人韓歸範持節護送至軍。會太原將李存孝方攻潞，揆至長子，爲存孝所禽，汴人亦棄城去。濬次陰地關，諸軍壁平陽。存孝擊之，皆大北，委仗械去。濬斂衆夜遁，比明，軍失太半。存孝進掠晉、絳、慈、隰，其鋒甚盛。濬間道出王屋，奔河清，桴而濟，麾下略盡。全瓘飲藥死，建遁去。克用上書請罪，其辭悖慢，因韓歸範以聞。朝廷震動，即日下詔罷濬爲武昌軍節度使，三貶繡州司戶參軍。全忠爲申請，詔聽使便。濬乃至藍田依韓建。及韋昭度死，復用緯爲宰相，故濬亦拜兵部尙書，領天下租庸使。將復用，克用上言：「若朝以濬爲相，暮請以兵見。」乃止。

乾寧中，罷使，拜尚書右僕射。上疏乞骸骨，遷左僕射致仕，居洛長水墅。雖自屏處，然朝廷得失，時時言之。劉季述亂，濬徒步入洛，泣諭張全義，并致書諸藩，請謀王室之難。王師範起兵青州，欲取濬爲謀主，不克。全忠脅帝東遷，濬聞曰：「乘輿卜洛，則大事去矣。」蓋知其將篡也。全忠畏濬構它鎭兵，使全義遣牙將如盜者夜圍墅殺之，屠其家百餘人，實天復二年十二月。

始，濬素厚永寧史葉彥，彥知其謀，以告濬子格。濬度不免，父子相持泣曰：「留則俱死，不如去以存吾嗣。」格拜而辭，彥率士三十人送之，泝漢入蜀，後事王建。少子播，間道走淮南，依楊行密。時行密得承制除拜，播請每除吏，必紫極宮玄宗像前致制誥于案，乃出之，示不忘朝廷，且欲雪家冤而不克。終廣陵。

贊曰：唐之季，嗣君暗庸，天穢其德久矣。纖人柄朝，靡謀不乖。如畋、鐸皆社稷之才，當大過之世，爲天下唱。扶支王室，幾致中興。俄而爲孽豎亂宦所乘，功業無所成就。濬以亂止亂，悖繆厥心，悲夫！

唐書卷一百八十六

列傳第一百一十一

周寶　王處存 部　鄧處訥 雷滿　陳儒　劉巨容 馮行襲

趙德諲 匡凝　楊守亮　楊晟　顧彥朗 彥暉

周寶字上珪，平州盧龍人。曾祖待選，爲魯城令，安祿山反，率縣人拒戰，死之。祖光濟，事平盧節度希逸爲牙將，每戰，得攻魯城者，必手屠之。歷左贊善大夫，從李洧以徐州歸天子。父懷義，通書記，擢累檢校工部尚書、天德西城防禦使，以徙城事不爲宰相李吉甫所助，以憂死。

寶藉蔭爲千牛備身。天平節度使殷侑嘗爲懷義參軍，寶從之，爲部將。會昌時，選方鎮才校入宿衞，與高駢皆隸右神策軍，歷良原鎮使，以善擊毬，俱補軍將，駢以兄事寶。寶彊毅，未嘗詘意於人。官不進，自請以毬見，武宗稱其能，擢金吾將軍。以毬喪一目。進檢

校工部尚書、涇原節度使。務耕力，聚糧二十萬斛，號良將。

黃巢據宣、歙，徙寶鎮海軍節度兼南面招討使。巢聞，出采石，略揚州。僖宗入蜀，加檢校司空。時羣盜所在槃結，柳超據常熟，王敖據崑山，王騰據華亭，宋可復據無錫。寶練卒自守，發杭州兵戍縣鎮，判八都：石鏡都，董昌主之；淸平都，陳晟主之；於潛都，吳文舉主之；鹽官都，徐及主之；新登都，杜稜主之；唐山都，饒京主之；富春都，文禹主之；龍泉都，凌文舉主之。

中和二年，進同中書門下平章事，兼天下租庸副使，封汝南郡王。寶和裕，喜接士，以京師陷賊，將赴難，益募兵，號「後樓都」。明年，董昌據杭州，柳超自常熟入睦州，刺史韋諸殺之。四年，餘杭鎮使陳晟攻諸，諸以州授晟。寶子璵統後樓都，孱不能馭軍，部伍橫肆。寶亦稍惑色，不卹事，以壻楊茂實爲蘇州刺史，重斂，人不聊。田令孜以趙載代之，茂實不受命。寶表留，不聽。乃殘郛署、汙垣牖去。詔以王蘊代載，載留潤州。

初，鎮海將張郁以擊毬事寶。光啓初，劇賊剽崑山，寶遣郁領兵三百戍海上，郁醉而叛。王蘊謂州兵還休，不設備，郁遂大掠，蘊嬰城守。寶遣將拓拔從討定之。郁保常熟，因攻常州，刺史劉革迎降，衆稍集。寶遣將丁從實督兵攻之，郁走海陵，依鎮遏使高霸，從實遂據常州。及董昌徙義勝軍節度使，寶承制擢杭州都將錢鏐領州事。宣州賊李君旺陷義興

守之。是時，右散騎常侍沈詰使至江南，負田令孜勢，震暴州縣。嗣襄王下令捜令孜黨，寶收詰及趙載殺之。

高駢領鹽鐵，辟寶子佶爲支使，寶亦表駢從子在幕府。駢爲都統，寖不禮寶，寶銜之。帝在蜀，淮南絕貢賦，謾言道浙西爲寶剽阻。帝知其誣，不直駢，自是顯隙。駢出屯東塘，約西定京師，寶喜，將赴之，或曰：「高氏欲圖公地。」寶未信。駢遣人請會金山，謀執寶，寶答曰：「平時且不聞境上會，況上蒙塵，宗廟焚辱，寧高會時耶？我非李康，不能爲人作功勳、欺朝廷也。」駢遣人切讓，寶亦詬絕之。

會部將劉浩、刁頵與度支催勘使、太子左庶子薛朗叛，寶方寢，外兵格鬬，火照城中。寶驚出，諭曰：「爲吾用則吾兵，否則寇也。六州皆我鎮，何往不適？」乃自青陽門出奔，士大掠，官屬崔綰、陸鍔、田倍皆死。浩奉朗領府事。寶至奔牛埭，駢饋以齏葛，諷其且亡也。寶抵于地曰：「公有呂用之，難方作，無誚我！」卽奔常州依丁從實，召後樓都，無一士至者。

錢鏐遣杜稜、成及攻薛朗，稜子建徽攻從實，聲言迎寶，擊破賊君旺，取船八百艘，遂圍常州，從實奔海陵。鏐具橐鞬迎寶，舍樟亭。未幾，殺之。不淹月，而駢爲畢師鐸所囚。寶死，年七十四，贈太保。鏐以杜稜守常州，文德元年拔潤州，劉浩亡，不知所在，執朗，剖其

心祭寶，使阮結守潤州。楊行密殺高霸，而張郁、丁從實皆死。

初，黃巢平，時溥遣小史李師悅上符璽，拜湖州刺史。昭宗時，遷忠國軍節度使。董昌反，師悅連和，與鏐有隙，而結好於行密，安仁義次潤州，復助之。乾寧三年卒，子繼徽代，以地附行密，其將沈攸謂不可，繼徽乃奔揚州。

陳晟據睦州十八年死，弟詢代立，畏鏐忌己，因徐綰亂，與田頵通。鏐割桐廬隸杭州，詢遂絕鏐，攻蘭溪，鏐使方永珍擊詢。天祐元年，行密遣將闞晊、陶雅救之，執鏐弟鎰、大將王求顧全武等。未幾，鏐將楊習攻婺州，詢乃奔楊渥，渥以金師會守之。及鏐破衢州，師會走，鏐取其地。

王處存，京兆萬年人。世籍神策軍，家勝業里，爲天下高貲。父宗，巧射利，侈靡自奉，僮千人，以此奮，累除檢校司空、金吾大將軍，遙領興元節度使。

處存自右軍鎮使歷檢校刑部尙書、定州制置使，累遷義武節度使。黃巢陷京師，處存號哭，不俟詔，分麾下兵二千間道至山南衞乘輿。外約王重榮連盟，進屯渭橋，而涇州行軍司馬唐弘夫亦屯渭北。詔處存檢校尙書右僕射督戰，俄拜東南面行營招討使。中和二年，

授京城東面都統。每痛國難未夷，語輒流涕，軍中多處存義，愈爲之用。素善李克用，又故婚好，遣使十輩曉譬迎勸，卒共平京師。王鐸差興復功，以勤王舉義處存爲第一，收城破賊克用爲第一。遷檢校司空。復出兵三千屬大將張公慶會諸軍捕巢泰山，滅之。進檢校司徒、同中書門下平章事。

田令孜討王重榮，徙處存節度河中，上書言：「重榮有大功，不可改易，搖諸侯之心。」不納，趣上道。軍次晉州，刺史冀君武閉門不內，而重榮拒詔。

處存臨事通便宜，有大將風。幽、鎭兵悍馬彊，其地勢也，而易定介於其間，侵軼歲至。及李匡威得志，謀并取之。處存善脩鄰驩，內撫民有恩，痛折節下賢，協穆太原以自助，遠近同心。歲時講兵，與諸鎭抗，無能侵軋者。累加侍中、檢校太尉。卒，年六十五，贈太子太師，謚曰忠肅。

三軍迹河朔舊事，推子郜由副使爲留後，昭宗從之。累拜節度使，加檢校司空、同中書門下平章事，又進太保。

光化三年，朱全忠使張存敬攻幽州，以瓦橋濘潦，道祁溝關。郜方與劉守光厚，乃畀叔處直兵擾其尾，令騎將甄瓊章次義豐，而存敬游弈騎已至，且戰且引十餘里，執瓊章。而

氏叔琮下深澤，執大將馬少安，圍祁州，屠之，斬刺史楊約，休兵十日。處直壁沙河，存敬軍河北，挑戰，處直不出，涉河乃戰，處直大敗，亡大將十五，士死者數萬。存敬收械甲以賦戰士，而焚其餘，遂圍定州。郜斬親吏梁汶，移書存敬，且請盟。俄而外郛陷，郜以其族奔太原，使處直主留後。全忠亦至，處直辭曰：「弊邑事上未嘗不忠，事鄰未嘗不禮，弗虞君之見攻也。」全忠責何故事克用，答曰：「太原藉兄弟之舊，修好往來，常道也。君苟爲罪，請改圖。」全忠許之。處直以從孫爲質，上所持節，卽獻絹三十萬，具牛酒犒師。存敬取成而還。全忠表處直爲節度留後、檢校尙書左僕射。

郜至太原，克用表爲檢校太尉，卒。

處直字允明，天復初爲太原郡王。

鄧處訥字沖韞，邵州龍潭人。少從江西人閔頊防秋安南，中和元年還，道潭州，逐觀察使李裕，召諸州戍校徇曰：「天下未定，今與君等安護州邑，以待天子命，若何？」衆稱善。乃推頊爲留後，請諸朝。僖宗方在蜀，遣使者撫慰。當是時，撫州刺史鍾傳據洪州，議者欲二盜相噬，卽復置鎭南軍，擢頊節度使。頊悟，不受命。更爲檢校尙書右僕射、欽化軍節度

使，以處訥爲邵州刺史。

朗州武陵人雷滿者，本漁師，有勇力。時武陵諸蠻數叛，荆南節度使高駢擢滿爲裨將，將鎭蠻軍從駢淮南。逃歸，與里人區景思獵大澤中，嘯亡命少年千人，署伍長，自號「朗團軍」。推滿爲帥，景思爲司馬，襲州，殺刺史崔翥。詔授朗州兵馬留後。歲略江陵，焚廬落，刼居人。俄進武貞軍節度使。先是，陬溪人周岳與滿狎，因獵，宰肉不平而鬬，欲殺滿，不克。見滿已據州，悉衆趨衡州，逐刺史徐顥，詔授衡州刺史。石門峒酋向瓌聞滿得志，亦集夷獠數千屠牛勞衆，操長刀柘弩寇州縣，自稱「朗北團」，陷澧州，殺刺史呂自牧，自稱刺史。

瓌既彊大，且治人有恩，哀徐顥窮，率兵納之。向瓌召梅山十峒獠斷邵州道，瓌掩其營。周岳羸軍誘戰，瓌墮伏中，故大敗。淮西將黃皓殺瓌。岳聞亂，以輕兵入潭州，自稱欽化軍節度使。處訥聞之哭，諸將入弔。處訥曰：「與君等荷僕射恩，若合一州之兵問周岳罪，奈何？」衆曰：「善。」於是礪甲訓兵，積八年，結雷滿爲援，攻岳斬之，自稱留後。昭宗詔拜武安軍節度使。

不三日，會劉建鋒、馬殷兵至，攻澧陵，處訥遣邵州豪桀蔣勛、鄧繼崇率兵三千斷龍回關。勛以牛酒犒師，殷說勛曰：「劉公勇智絕人，術家言當興翼、軫間。今精兵十萬，攻

必下，戰必克，收敗衆以餉軍，公裒鄉兵扞關，殆矣。不如下之，富貴可得也。」勛謂然。又其下畏建鋒虐，夜棄甲走。建鋒至關曰：「此天意也！」盡用邵旗鎧趨潭州。守者以爲勛軍，納之。既入，處訥方宴，執而殺之。建鋒許勛賞，未及行，遣請，弗許，勛怒，率鄧繼崇攻湘鄉，取邵州，進壓定勝、武安。建鋒使殷督諸將擊之，殷大敗，走江滸。鄉人夏侯陟教殷以奇兵出迪田，踰澗山，據江爲壁，伏兵于莽，誘勛度江。勛見士未陣，爭出鬭，殷分兵襲其壁，麾瀕江軍夾擊，勛大敗，拔定勝一壁，進圍邵州。未下而建鋒死，殷代爲節度使。勛請和，不許，卒禽勛斬之。

是時，道州蠻酋蔡結、何庾，衡人楊師遠各據州叛。宿人魯景仁從黄巢爲盜，至廣州，病不能去，以千騎留連州，衆飢，從蔡結求糧，乃相倚杖，與州戍將黄行存誘工商四五千人據連州。郴人陳彥謙殺刺史董岳，發官帑募士，自稱都統，勝兵四千。零陵人唐行旻乘巢亂，脅衆自防，盜永州，殺刺史鄭蔚，與景仁合從，數遣諜殷虛實，完壘自守。

殷遣將李瓊攻永州，殺行旻。李瑭攻道州，蔡結約峒獠爲援，久不勝，謀曰：「蠻所恃，林藪耳。」乃屯大川，伐山焚林，獠驚走。城陷，執蔡結、何庾，殷斬之。李瓊出耒陽、常寧，攻郴州，陳彥謙出戰，軍亂不能陣，斬彥謙。進圍連州，魯景仁乘城守，三日不下，夜焚其門入之，景仁自刺死。

項字公謹。滿字秉仁。岳字峻昭。行旻字昌圖。

滿不脩飭，每宴使客，抵寶器潭中，曰：「此水府也，蛟龍所憑，吾能沒焉。」乃裸入水，俄取器以出。累遷檢校太尉、同中書門下平章事。天復元年卒。子彥威自立。間荊南節度使成汭兵出，襲江陵，入之，焚樓船，殘墟落，數千里無人跡。弟彥恭，結忠義節度趙匡凝以逐彥威，據江陵。匡凝弟匡明擊之，還走朗州。

陳儒，江陵人。世爲牙右職。廣明元年，以鄭紹業爲荊南節度使，時朗州刺史段彥謩方據荊南，紹業憚之，踰半歲乃至。僖宗入蜀，召紹業還行在，以彥謩代節度。彥謩與監軍朱敬玫不平，謀殺之。敬玫覺，先率兵入其府，彥謩方寢，拔劍縋城奔親軍壘，不得入，彥謩曰：「而等負我！」俄見害，親屬僚佐皆死。敬玫以少尹李燧爲留後，且誣彥謩以罪。帝遣中人似先元錫、王魯琪慰撫，密戒曰：「若敬玫可誅，誅之，以爾代而魯琪爲副。」敬玫盛兵出迎，元錫等不敢發而還。復詔鄭紹業爲節度使，逗留不進。

敬玫署儒領府事。明年，遷檢校工部尚書，爲節度使，進檢校右僕射。敬玫有悍卒三千，號「忠勇軍」，暴甚，儒不能制。初，紹業將申屠琮率兵五千援京師，既歸，儒告以忠勇橈

治，琮請除之。大將程君從聞之，率衆奔澧州，琮追斬百餘人，軍乃潰。已而琮復顓軍。雷滿三以兵薄城，儒厚啖以利，乃去。

淮南將張瓌、韓師德據復、岳二州，自署刺史。儒請瓌攝行軍司馬，師德攝節度副使，共擊滿。師德兵上峽，大略去。瓌引兵逐儒，儒將奔行在，既又劫還，囚之。瓌，滑州人，暴勇而殘，荆故將夷戮幾盡。時以楊玄晦代敬玫監軍，召敬玫還成都，懼帝治前罪，稱疾自解。前此數殺大將富商，故積賄，每曝衣，紈繡不可計。瓌見心動，遣卒賊之。敬玫衣黃衣，盜刺其腹死。

秦宗言來寇，馬步使趙匡欲奉儒出，瓌覺之，殺匡而絕儒食，七日死。瓌固壘二歲，樵蘇皆盡，米斗錢四十千，計抔而食，號爲「通腸」。疫死者，爭啗其尸，縣首于戶以備饌。軍中甲鼓無遺，夜擊闔爲警。宗言不能下，乃解去。二年，宗權遣趙德諲攻瓌，瓌求救於歸州刺史郭禹，禹率峽州刺史潘章解圍。明年，德諲又至，諸將困于戰，城遂陷，瓌死，人無識者，併尸于井。復州長史陳瑤從瓌至江陵，竊斷瓌首置囊中，走京師獻之，授安州刺史。

劉巨容，徐州人。爲州大將。龐勛之反，自拔歸，授埇橋鎮遏使。浙西突陣將王郢反，

攻明州，巨容以筒箭射郢死，拜明州刺史，徙楚州團練使。

黃巢亂江淮，授蘄黃招討副使，徙襄州行軍司馬、檢校右散騎常侍。巢據荆南，俄遷山南東道節度使以扞巢，屯團林。江西招討使曹全晸與巨容守荆門關，與賊戰，巨容僞北，巢追之，伏興林樾間，賊大敗，執賊將十三人，轉鬬一舍，虜獲不可計。巢浮江東奔，巨容追之，率十俘八，以功遷檢校禮部尚書。諸將欲乘勝追斬巢，巨容止曰：「朝家多負人，有危難，不愛惜官賞，事平即忘之，不如留賊，爲富貴作地。」諸將謂然，故巢復熾。及陷兩京，巨容合諸道兵討之，授南面行營招討使，累兼天下兵馬先鋒開道供軍糧料使、檢校司空，封彭城縣侯。

巨容明吏治。時僖宗在蜀，公卿多因巨容護赴行在。山南西道節度使鹿晏弘爲禁軍所逐，引麾下東出襄、鄧。秦宗權遣趙德諲合晏弘兵攻襄州，巨容不能守，奔成都。始，揚州人申屠生能化黃金，高駢客之，爲呂用之所譖，亡奔襄、漢，駢遣吏捕得，生見巨容自言其術，巨容留不遣。田令孜之弟遁襄州，巨容出金夸之。及在蜀，匿生，使術不得傳，令孜恨之。龍紀元年，殺巨容，夷其宗，生并死。

巨容部將馮行襲者，均州武當人，以謀勇稱里中。中和初，鄉豪孫喜聚衆數千人，謀攻

城，行襲伏士江隩，以單舟迎喜曰：「州人思得將軍久矣。顧將軍兵多必剽掠，若留衆江北，以輕騎進，我爲鄉導，城可下。」喜信之，既度江，吏出迎，伏甲興，行襲擊喜，斬之，衆皆潰。行襲乘勝逐刺史呂燁，據均州，巨容因表爲刺史。

帝在蜀，均之右有長山，當襄、漢貢道，有劇賊據險劫獻物，行襲平之。武定節度使楊守忠表爲行軍司馬，使領兵扼谷口以通秦、蜀。鳳翔李茂貞養子繼臻據金州，行襲攻拔之，昭宗卽授金州防禦使。時山南西道節度使楊守亮將襲京師，道金、商，行襲逆戰破之，就擢戎昭軍節度使。朱全忠圍鳳翔，神策中尉韓全誨遣中人二十輩督江、淮兵過其州，行襲方附全忠，盡殺之，收詔書送全忠。

天祐二年，王建遣將王思綰攻行襲，敗其兵，州大將金行全出降，行襲奔均州。建以行全爲子，更名宗朗，授觀察使，以渠、巴、開三州隸之。宗朗不能守，焚郭邑去。全忠以行襲不足禦建，遣別將屯金州。行襲議徙戎昭軍於均州，以金、房爲隸。全忠以金人不樂行襲，以馮恭領州，罷防禦使而廢戎昭軍。

趙德諲，蔡州人。從秦宗權爲右將，以討黃巢功授申州刺史。光啓初，與秦誥、鹿晏弘

合兵攻襄州，節度使劉巨容奔成都。宗權假德諲山南東道節度留後，進攻荆南，悉收寶貨，留裨將王建肇守之，遣人纔數百室。明年，歸州刺史郭禹來討，建肇納之，奔黔州。德諲失荆南，又度宗權必敗，舉地附朱全忠。全忠方爲蔡州四面行營都統，即表以自副，加忠義軍節度使。宗權平，加中書令，封淮安郡王，卒，子匡凝嗣。

匡凝字光儀，由唐州刺史自爲山南東道節度留後，昭宗即授節度使，不三年，以威惠聞。累遷檢校太尉兼中書令。匡凝矜嚴盛飾，前後持鑑自照。

全忠之敗淸口，匡凝與奉國節度使崔洪、河東李克用、淮南楊行密約合兵攻全忠。會方城鎭遏使度軫奔全忠，發其謀。全忠移書切責，使氏叔琮攻唐州，刺史趙匡璠降。進圍隨州，執刺史趙匡璘，斬首五千級；拔鄧州，執刺史國湘。匡凝懼，乞盟。

全忠使親將陳俊、王紳入叔琮軍，崔洪留之，紳亡歸。洪與行密欲邀友恭軍，不克。會河東客伊超使淮南還，過蔡，洪亦留之，因是幷俊送全忠，以部將苛拘爲解，遣兄賢入質，全忠還之，質洪子於汴。全忠使賢調蔡卒二千出戍。將行，大將崔景思不悅，殺賢，洪懼，驅民趨申州，遂奔行密，麾鼓亙百餘里。武昌杜洪邀之，弗及，蔡士多亡去，從者纔二千人。

天祐元年，封匡凝爲楚王。時諸道不上供，唯匡凝歲貢賦天子。全忠方圖天下，遣人諭止之，匡凝流涕曰：「吾爲國屏翰，渠敢有他志！」副使王鎬勸絕全忠，全忠怒，出兵攻之。弟匡明大破汴軍於鄧州，因勸匡凝與王建連和。及荆南成汭敗，匡凝取江陵，表匡明爲荆南節度留後，有詔拜檢校司徒、荆南節度行軍司馬。

全忠以其兵分可圖也，乃使楊師厚攻匡凝，自將中軍繼之，屯臨漢。匡凝遣客謝，四不遣，敗荆南救兵，俘其將。全忠循江而南，師厚繇陰谷伐木爲梁。匡凝以兵二萬瀕江戰，大敗，乃燔州，單舸夜奔揚州。行密見之曰：「君在鎮，輕車重馬輸於賊，今敗乃歸我邪？」鎬自殺。全忠以師厚爲山南東道節度留後，遂趨江陵。匡明亦謀奔淮南，子承規諫曰：「昔諸葛兄弟分仕二國，若適揚州，是自取疑也。」匡明謂然，乃趨成都，王建待以賓禮，授武信軍節度使，分其衆爲崇義、勇義、順義、廣義四都，全忠遂有荆南。

楊守亮，曹州人，本姓訾，名亮。與弟信俱從王仙芝爲盜。亮身長七尺餘，色如鐵。仙芝死，又事徐唐莒，劫剽洪、饒二州。楊復光平江西，得其兄弟，養爲假子，以信養於弟復恭家，曰守亮、守信。復恭收京師，守亮以戰多，拜山南西道節度使、檢校太保，守信

興平軍節度使，並同中書門下平章事。復恭又以假子守貞爲龍劍節度使，守忠爲武定軍節度使，守厚爲綿州刺史。

初，朱玫取興、鳳州，虢州刺史滿存以兵赴行在，復收二州，昭宗擢爲感義軍節度使，累檢校司徒、同中書門下平章事，與復恭四假子及利閬觀察使席儔等共攻王建。建軍已圍楊晟，分軍逼守厚，軍未成列而敗。先是守貞、守忠聞建兵出，拔衆奔綿州，幷力共攻東川，弗勝。建將華洪以兵萬人壁綿州之郊，敗守忠、守厚，二人分道行，收兵趨閬州。始，復恭敗，依守亮。而鳳翔李茂貞、邠寧王行瑜、鎮國韓建等共劾守亮納叛人，請以鎮兵討之。茂貞自爲興元節度使，以書誚責宰相。帝爲削守亮官爵，因詔茂貞問罪。滿存來救不克，以衆入興元。茂貞拔興、鳳、洋三州，破守亮於西，乘勝入興元。復恭挾諸假子及存奔閬州。洪進圍之。帝以徐彥若帥鳳翔，以興元授茂貞。茂貞不肯拜，帝乃以其子繼密爲興元節度使。

俄而洪拔閬州，守亮等皆挺身走，將北奔太原，趨商山，飢甚，丐食于野，爲邏戍所縛，見韓建。守亮覘建左右八百人皆常隸己，語建曰：「此屬吾養之素厚，無一爲我死。公無費衣食，不如殺之。」建許諾。復曰：「公幸貸我，俾生見天子，陳先人功，萬有一不死。」建檻車送京師，吏縛以帛，內毬于口。帝御延喜樓問反狀，守亮不得語，頷而已。左右白服罪，卽

執獻太廟，斬獨柳下，梟于市。守厚死巴州，麾下兵多歸王建。存奔京師，爲左武衞大將軍。

楊晟，不詳宗系。隸鳳翔軍，節度使李昌符畏其勇，欲殺之，妾周擿使亡去，隸神策軍爲都校。僖宗在陳倉，邠寧朱玫遣萬騎合昌符追行在，乃擢晟感義軍節度使、檢校司空，守大散關。玫兵攻關，晟數卻，戰潘氏，遂大敗，內外無固志。帝更徙興元，晟西奔，攻取興、鳳二州。晟襲文州，逐刺史，據成、龍、茂等州。

王建攻成都，田令孜以晟故將，與連和，假威戎軍節度使，守彭州。晟擊建，無功引還。且畏建圖己，乃約山南西道節度使楊守亮兄弟合謀拒建，掠新繁，焚漢州，又攻東川顧彥暉，爲建兵所逐。建使王宗裕率騎五萬圍晟，食四郊麥，掠民資產。晟假子實以騎八千降於建，建以奇兵襲楊守厚等，皆亡去。晟開門決戰，大敗，遂約降。建饋十羊，晟曰：「以我爲机上肉乎？」不出。建築甬道屬陣以入，斬晟首。

晟有仁心，下懷其恩，雖城中食盡，無叛者。初，昌符死，晟得其妾周，母事之，周請爲妻，晟固辭，旦夕問省，乃視事。愛將安師建者，勇而有禮，既就執，建顧曰：「爾報楊司徒足

矣，能從我乎？」謝曰：「司徒誓同死生，不忍復戴日月。」三謂不回，乃戮之。

顧彥朗、彥暉者，豐州人，並爲天德軍小校。其使蔡京以兄弟有封侯相，每厚禮之，使子贈賚，稍稍進秩。黃巢亂長安，率軍同復京師。

彥朗遷累右衞大將軍。光啓中，擢拜東川節度使、檢校太保、同中書門下平章事。至劍門，陳敬瑄使吏奪其節，彥朗不得入，保利州。敬瑄誣劾彥朗擅興兵掠西境。僖宗下詔中曉講和，乃得到軍。署彥暉漢州刺史。

初，楊守亮忌壁州刺史王建凶暴，欲逐之。建聞，合溪洞豪酋取閬州，擊利州，刺史走，即據二州，守亮不能制。彥朗與建雅舊，陰助賞饟。建攻成都，彥朗挾故憾，與幷力，道路鄗梗。敬瑄告難于朝，帝詔和解，又敕李茂貞鐫諭。

會彥朗卒，彥暉自知留後。明年爲節度使。中人送節，爲綿州刺史楊守厚所留。守厚發兵攻梓州，彥暉告急于建，建使李簡救之，戒曰：「賊破，幷取彥暉，無須再往也。」簡破守厚軍，彥暉辭疾，不克取。建素有吞噬心，以彥朗與婚婭，久未忍。及彥暉，則交好愈疏，而境上鬭賦相稽詬，建怒。景福元年，遂攻彥暉。彥暉請救於楊守亮，遣楊子彥戍梓，執建

大將王宗弼，彥暉責曰：「王公何以見討？君爲大將，不諫云何？」宗弼謝罪，即解縛，使就館，帟幕衾服皆具，更養爲子，改名琛。明年，建將華洪破綿州，守厚走，得彥暉節。時詔已進彥暉檢校司空、東川節度使矣。

乾寧二年，昭宗在石門，督彥暉、建赴行在。建率兵二十萬次綿州，即劾彥暉劫輜運，回襲之。彥暉不敢出，但遣人塞建舟路，建遂擊取巴、閬、蓬、渠、通、果、龍、利八州。帝遣中人爲兩川宣諭協和使。建奉詔還，而兵不解。彥暉謀窘，因大略漢、眉、資、簡等州。李茂貞亦欲爭其地，使子興元節度使繼密引軍救彥暉，以窺東川。四年，華洪率衆五萬攻彥暉，取渝、昌、普三州，壁梓州南，敗彥暉兵，奪鎧馬八百，凡五十戰，圍遂固。帝仍遣左諫議大夫李洵諭止，建拒命。帝以嗣郯王戒丕鎮鳳翔，徙茂貞代建，皆不奉詔。

梓有鏡堂，世稱其麗，彥暉嘗會諸將堂上，養子瑤尤親信，彥暉以所佩劍號「疥癆賓」佩之，使侍左右。嘗語諸將曰：「與公等生死同之，違者先齒疥癆賓。」衆曰：「諾。」及圍急，瑤請聚親信飲，得同死。彥暉顧王琛曰：「爾非我舊，可自求生。」指頹垣令逸。彥暉手殺妻子，乃自刎，宗族諸將皆死，麾下兵猶七萬。

初，韋昭度爲招討使，彥暉、建皆爲大校。彥暉詳緩有儒者風。建左右髡髮黥面若鬼，見者皆笑。至是錄笑者皆殺之。私署洪爲東川節度留後。

贊曰：詩云「戎狄是膺，荆舒是懲」，嫉其爲中國之害也。春秋之世，楚滅陳、鄭，而卒復其祀，聖人善之。處存平黃巢，定京師，功冠諸將。昭宗嘗有意都襄陽，依趙凝以自全。大抵唐室屏翰，皆爲朱溫所翦覆，過於夷狄、荆舒之爲害也甚矣。

唐書卷一百八十七

列傳第一百一十二

王重榮 珙 珂 諸葛爽 李罕之 王敬武 師範 孟方立 遷

王重榮，太原祁人。父縱，大和末爲河中騎將，從石雄破回鶻，終鹽州刺史。重榮以父任爲列校，與兄重盈皆以毅武冠軍，擢河中牙將，主何察。時兩軍士干夜禁，捕而鞭之。士還，訴於中尉楊玄寔，玄寔怒，執重榮讓曰：「天子爪士，而藩校辱之！」答曰：「夜半執者姦盜，孰知天子爪士？」具言其狀。玄寔嘆曰：「非爾明辨，孰由知之？」更諉於府，擢右署。重榮多權詭，衆所嚴憚，雖主帥莫不下之。稍遷行軍司馬。

黃巢陷長安，分兵略蒲，節度使李都不能支，乃臣賊，然內憚重榮，表以自副。地邇京師，賊調取橫數，使者至百輩，坐傳舍，益發兵，吏不堪命。重榮脅說都曰：「我所詭謀紓難，以外援未至。今賊裒責日急，又收吾兵以困我，則亡無日矣。請絕橋，嬰城自守，不然，變生

何以制之？」都曰：「吾兵寡，謀不足，絕之，禍且至，願以節假公。」遂奔行在。重榮乃悉驅出賊使斬之，因大掠居人以悅其下。天子使前京兆尹竇潏間道慰其軍，因詔代都。重榮率官屬奉迎。潏至，大饗士，倡言曰：「天子以大臣守土，誰得逐之？爲我疏首惡者。」衆無敢對。重榮佩刀歷階曰：「首謀者，我也，尚誰索？」目潏吏，趣具騎，潏即奔還。重榮遂主留後。

賊使健將朱溫以舟師下馮翊，黃鄴率衆自華陰合攻重榮。重榮感勵士衆，大戰，敗之，賊棄糧仗四十餘艘。即拜檢校工部尚書，爲節度使。會忠武監軍楊復光率陳、蔡兵萬人屯武功，重榮與連和，擊賊將李詳於華州，執以徇。賊使尚讓來攻，而朱溫將勁兵居前，敗重榮兵於西關門，於是出兵夏陽，掠河中漕米數十艘。重榮選兵三萬攻溫，溫懼，悉鑿舟沈于河，遂舉同州降。復光欲斬之，重榮曰：「今招賊，一切釋罪。且溫武銳可用，殺之不祥。」表爲同華節度使。有詔即副河中行營招討，賜名全忠。

巢喪二州，怒甚，自將精兵數萬壓梁田。重榮軍華陰，復光軍渭北，掎角攻之，賊大敗，執其將趙璋，巢中流矢走。重榮兵亦死耗相當。懼巢復振，憂之，與復光計，復光曰：「我世與李克用共憂患，其人忠不顧難，死義如己。若乞師焉，事蔑不濟。」乃遣使者約連和。克用使陳景斯總兵自嵐、石赴河中，親率師從之，遂平巢，復京師。以功檢校太尉、同中書門下

平章事，封琅邪郡王。累加檢校太傅。

中人田令孜怒重榮據鹽池之饒。于時巨盜甫定，國用大覂，諸軍無所仰，而令孜爲神策軍使，建請二池領屬鹽鐵，佐軍食。重榮不許，奏言：「故事，歲輸鹽三千乘于有司，則斥所餘以濟軍。」天子遣使者諭旨，不聽。令孜徙重榮兗海節度使，以王處存代之，詔克用將兵援河中。重榮上書劾令孜離間方鎮。令孜遣邠寧朱玫進討，壁沙苑。重榮詒克用書，且言：「奉密詔，須公到，使我圖公。此令孜、朱全忠、朱玫之惑上也。」因示僞詔。克用方與全忠有隙，信之，請討全忠及玫。帝數詔和解。克用合河中兵戰沙苑，玫大敗，奔邠州。神策軍潰還京師，遂大掠。克用乘勝西，天子走鳳翔。

僞嗣襄王熅僭位，重榮不受命，與克用謀定王室。楊復恭代令孜領神策，故與克用善，遣諫議大夫劉崇望齎詔諭天子意，兩人聽命，即獻縑十萬，願討玫自贖。崇望還，羣臣皆賀。重榮遂斬熅，長安復平。然性悍酷，多殺戮，少縱舍。嘗植大木河上，內設機軸，有忤意者，輒置其上，機發皆溺。嘗辱部將常行儒，行儒怨之，光啓三年，引兵夜攻府，重榮亡出外，詰旦殺之，推立重盈。

重盈前此已歷汾州刺史。黃巢度淮，擢陝虢觀察使，重榮據河中，三遷檢校尚書右僕射，卽拜節度使。未幾，同中書門下平章事。及代重榮，留長子珙領節度事，入殺行儒，軍

度使。

復安。昭宗立，進太傅、兼中書令，封琅邪郡王。父子兄弟相繼帥守，而從子蘊亦爲忠武節度使。

乾寧二年，重盈死，軍中以其兄重簡子珂出繼重榮，故推爲留後。珙與弟絳州刺史瑤爭河中，上言：「珂本家蒼頭，請選大臣鎭河中。」又與朱全忠書言之。珂急，乃遣使請婚於李克用。克用薦之天子，許嗣鎭，然猶以崔胤爲河中節度使。珙復構珂於王行瑜、李茂貞，曰：「珂不受代，且晉親也，將不利於公。」行瑜等約韓建共薦珙。詔曰：「吾重已授珂矣。重榮有大功，不可廢。」行瑜怒，使其弟行約攻珂，克用遣李嗣昭援之，敗珙於猗氏，獲其將李璠。

三鎭銜帝之却其請也，連兵犯京師，謀廢帝、誅執政而立吉王，固請授珙河中。克用聞之怒，以師討三鎭，瑤、珙兵引去。克用拔絳州，斬瑤而屯渭北，敗行約於朝邑。行約走京師。弟行實在左軍，共說樞密使駱全瓘，謀挾帝幸邠。右軍李繼鵬以告中尉劉景宣，二人，茂貞黨也，欲以兵劫全瓘等，請帝幸鳳翔。兩軍合譟承天門街，帝登樓喩和之，繼鵬怒，輒射帝，縱火焚門，帝率諸王及衞兵戰，繼鵬矢及帝冑，軍乃退。帝出幸定州將李筠軍，嗣延王戒丕、嗣丹王允以鹽州六都兵從帝出啓夏門，次于郊。兩軍憚鹽州兵銳，各走其軍。帝次莎城，百官繼至，士民從者亦數萬。帝欲入谷中自固，以谷有「沒唐石」，惡

之，徙石門。民匿保山谷間，帝每出，或獻餄漿，帝駐馬爲嘗，民皆流涕。既而遣嗣薛王知柔及劉光裕還京師。

克用遣使者奔問行在，帝因詔克用、珂以兵趨新平，又詔涇州張鐇會克用軍以扼岐陽。克用在河中未出也，帝懼茂貞之逼，復使嗣延王戒丕以御服玉器賜之，督其西，乃壁渭北，進營渭橋。於是行瑜壁興平，茂貞壁鄠。行瑜兵數卻，茂貞懼，斬繼鵬，傳首以謝。繼鵬姓閻名珪，左神策軍拍張人，爲茂貞養子云。詔削行瑜官爵，以克用爲邠寧四面行營都招討使，珂爲糧料使。克用遣子存貞請天子還宮〔二〕。詔以騎三千戍三橋。

帝既還，加珂檢校司空，爲節度使。克用以女妻之，珂親迎太原，以李嗣昭助守河中，因攻珙，珙戰數北。珙任威虐，殺人斷首置前，而顏色泰定，下恐，不敢叛，然稍弱，無鬬志。光化二年，爲部將李璠所殺，自爲留後，詔代珙節度。又失衆，凡五月，爲牙將朱簡所殺，挈其地入朱全忠，表授節度使、同中書門下平章事，更名友謙。

珙殺給事中王柷等十餘人，幕府遭戮辱甚衆，人有罪輒刳斮以逞。柷者，故爲常州刺史，避難江湖，帝聞剛鯁，以給事中召，道出陝，珙謂且柄任，厚禮之。柷鄙其武暴，不降意。既宴，盛列珍器音樂，珙請於柷曰：「僕今日得在子弟列，大賜也。」三請，柷不答。珙勃然曰：「天子召公，公不可留此。」遂罷，遣吏就道殺之，族其家，投諸河，以溺死聞。帝不能詰。

珙死，贈太師。詔陝州冤死者，有司弔祭，存問其家。

始，全忠擊楊行密不能克，諷荆、襄、青、徐等道請己爲都統以討行密，帝猶違未報；而珂與太原、鎭定等道亦請加行密都統，以討全忠。繇是兩罷之，全忠怨珂不忘也。帝爲劉季述所廢，珂憤見言色，屢陳討賊謀。既反正，首獻方物，帝甚倚之。而全忠以克用方彊，不敢加兵。及王鎔詘服，拔定州，而克用兵折，乃謂其將張存敬曰：「珂恃太原侮慢我，爾持一繩縛之。」存敬以兵數萬度河，由含山襲絳州，刺史陶建釗、晉州刺史張漢瑜皆降，以何絪戍之。進攻珂，全忠率師繼進，卽劾珂交構克用，爲方鎭生事，不可赦。珂乞師太原，爲絪所迮，不能進。珂急使妻遺克用書曰：「賊攻我，朝夕見俘，乞食大梁矣。」克用答曰：「道且斷，往救必俱亡，不如歸朝廷。」珂窮，遣使告李茂貞曰：「上初反正，詔藩鎭無相疑。而朱公不顧約，以攻弊邑。弊邑亡，則邠、岐非君所保，天子神器斂手付人矣。宜與華州韓公出精銳固潼關，以張兵勢。僕不武，公其惠我西偏地，以爲扞守。蒲，請公自有之。關西安危，國祚長短，繫公此舉也。」茂貞不答。

珂益蹙，會橋毀，潛具舟將遁，夜諭守兵，無肯爲用者。牙將劉訓叩寢門，珂疑有變，叱之，訓自袒其衣曰：「苟有它，請斷臂自明。」珂出，問計所宜，答曰：「若夜出，人將爭舟，一夫鴟張，禍繫其手。如且日，以情諭軍中，宜有樂從者，可則濟，否則召諸將行成以緩敵，徐圖

所向，上策也。」珂然之。明日，登城語存敬曰：「吾於朱公有父子驩，君姑退舍，須公至，吾自聽命。」乃執太原諸將幷奉節印內存敬軍，豎大幡城上，遣兄璘與諸將樊洪等見存敬。存敬解圍而戍以兵。

全忠自洛至。全忠，王出也，始背賊事重榮，約爲甥舅，德其全己，指日月曰：「我得志，凡氏王者皆事之。」至是，忘誓言，過重榮墓，僞哭而祭。次虞鄉，珂欲面縛牽羊以見，全忠報曰：「舅之恩，無日可忘。君若以亡國禮見，黃泉其謂我何？」珂出迎，握手泣下，駢轡以入。居旬日，以存敬守河中，舉珂室徙于汴。後令入覲，遣人賊之於華州。

自重榮傳珂，凡二十年。

諸葛爽，青州博昌人。爲縣伍伯，令笞苦之，乃亡命，沈浮里中。龐勛反，入盜中爲小校。勛勢蹙，率百餘人與泗州守將湯羣自歸，累遷汝州防禦使。李琢討沙陀於雲州，表爲北面招討副使。徙夏綏銀節度使，檢校尚書右僕射。

黃巢犯京師，詔率代北行營兵入衞，次同州，降賊，僞署河陽節度使，代羅元杲。元杲者，本神策將，狀短陋，倚中官勢，剽財輸京師，凡鉅萬，人怨之，爽至，募州人戰，衆不從，相

率迎爽，元杲奔行在。爽間道奉表僖宗以自明，詔拜節度使。李克用援陳許，道天井關。爽懼，不肯假道，出屯萬善，克用自河中趨汝、洛。

爽累授京師東南面招討諸行營副都統、左先鋒使，兼中書門下平章事。朱温爲賊守同州，爽率輕兵入之，温偃旗設伏以待，爽謂賊遁，士解甲就舍，伏發，爽悉棄鎧馬奔還。至脩武，爲魏博韓簡擊敗之，不敢入。簡留將趙文玠戍河陽，自攻鄆，時中和二年也。河陽人誘爽，自金、商馳，復入之，厚禮文玠及成人，還之魏。於是爽攻新鄉，簡自鄆來，戰獲嘉西。簡陰窺關中，其下不悅，裨將樂彥禎間衆之隙，引其軍先還，故簡兵八萬自潰，相藉溺淸水至不流。明年，詔爽爲東南面招討使，伐秦宗權，表李罕之自副。

爽雖興庸廝，善吏治，法令澄壹，人無愁咨。擢累檢校司空。光啓二年卒。其將劉經與澤州刺史張言共立爽子仲方爲留後，爲蔡賊孫儒所攻，奔于汴，儒取孟州。

李罕之，陳州項城人。少拳捷。初爲浮屠，行丐市，窮日無得者，抵鉢褫衹祓去，聚衆攻剽五臺下。先是，蒲、絳民壁摩雲山避亂，羣賊往攻不克，罕之以百人徑拔之，衆號「李摩雲」。隨黃巢度江，降于高駢，駢表知光州事。爲秦宗權所迫，奔項城，收餘衆依諸葛

爽，署懷州刺史。爽伐宗權，即表以自副。屯睢陽，無功。又表爲河南尹、東都留守，使捍蔡。

河東李克用脫上源之難，喪氣還，罕之迎謁謹甚，勞餽加等，厚相結。罕之因府爲屯，會孫儒來攻，罕之不出。數月，走保黽池。東都陷，儒焚宮闕，剽居民去。爽遣將收東都，罕之逐出之，爽不能制。俄而爽死，其將劉經、張言共立爽子仲方，欲去罕之。而罕之故與郭璆有隙，擅殺璆，軍中不悅。經間衆怒，襲其壁，罕之退保乾壕，經追擊，反爲所敗，乘勝入屯洛陽苑中。經戰不勝，還河陽。罕之屯鞏，將度汜，經遣張言拒河上，反與罕之合，攻經不克，屯懷州。

孫儒逐仲方，取河陽，自稱節度使。俄而宗權敗，棄河陽走，罕之、言進收其衆，丐援河東，克用遣安金俊率兵助之，得河陽。克用表罕之爲節度使、同中書門下平章事。有詔與屬籍。又表言爲河南尹、東都留守。

罕之與言甚篤，然性猜暴。是時大亂後，野無遺秆，部卒日剽人以食。又攻絳州，下之，復擊晉州，王重盈欲出汴兵救，罕之解圍還。而言善積聚，勸民力耕，儲廥稍集。罕之食乏，士仰以給，求之無厓，言不能厭，罕之拘河南官吏笞督之；又東方貢輸行在者多爲罕之邀頡。重盈反間於言，文德元年，罕之悉兵攻晉州，言夜襲河陽，俘罕之家。罕之

窮，奔河東，克用復表爲澤州刺史，領河陽節度使，遣李存孝、薛阿檀、安休休率師三萬攻言。城中食盡，言納孥於汴求救，全忠遣丁會、葛從周、牛存節來援，戰沇河聚。休休不利，降全忠，存孝還。全忠更以丁會爲河陽節度使，言歸洛陽。

罕之保澤州，數出鈔懷、孟、晉、絳，無休歲，人匿保山谷，出爲樵汲者，罕之俘斬略盡，數百里無舍煙。克用遣罕之、存孝攻孟方立，拔磁州，方立戍將馬溉兵數萬戰琉璃陂，罕之禽溉，敗其衆。大順初，汴將李讜、鄧季筠攻罕之，罕之告急於克用，遣存孝以騎五千救之。汴士呼罕之曰：「公倚沙陀，絕大國。今太原被圍，葛司空入上黨，不旬日，沙陀無穴處矣！」存孝怒，引兵五百薄讜營呼曰：「我，沙陀求穴者，須爾肉以飽吾軍，請肥者出鬭！」季筠引兵決戰，存孝奮矟馳，直取季筠。讜夜走，追至馬牢川，敗之。克用討王行瑜，表罕之副都統，檢校侍中。行瑜誅，封隴西郡王，檢校太尉、兼侍中。

罕之恃功多，嘗私克用愛將蓋寓求一鎭，寓爲請，克用不許，曰：「鷹鸇飽則去矣，我懼其翻覆也。」光化初，昭義節度使薛志勤卒，罕之夜襲潞，入之，自稱留後，報克用曰：「志勤死，懼它盜至，不俟命輒屯于潞。」克用遣李嗣昭先擊澤州，拘罕之家屬送太原。罕之攻沁州，執刺史、守將，遂款于汴，全忠表罕之昭義節度使，命丁會援之，與嗣昭戰含口，嗣昭不利，葛從周取澤州。嗣昭又攻罕之，罕之暴得病，不能事。會代戍，全忠更以罕之節度

河陽三城，卒于行，年五十八。未幾，嗣昭復取澤州，以李存璋爲刺史，進收懷州，攻河陽。汴將閻寶引兵至，嗣昭還。

始，儒去東都也，井閈不滿百室。言治數年，人安賴之，占籍至五六萬，繕池壘，作第署，城闕復完。全忠懼言異己，乃徙節天平，以韋震爲河南尹。爽諸將無傳地者，言後賜名全義。

王敬武，青州人。隸平盧軍爲偏校，事節度使安師儒。中和中，盜發齊、棣間，遣敬武擊定。已還，卽逐師儒，自爲留後。時王鐸方督諸道行營軍復京師，因承制授敬武平盧節度使，趣其兵使西。及京師平，進檢校太尉、同中書門下平章事。龍紀元年卒。

子師範，年十六，自稱留後，嗣領軍。昭宗自以太子少師崔安潛領節度，師範拒命。時棣州刺史張蟾迎安潛，師範遣部將盧弘攻之，弘與蟾連和。師範以金啗之，曰：「君若顧先人，使不絕其祀，君之惠也。不然，願死墳墓。」弘少之，不爲備，師範伏兵迎于路，部將劉鄩斬弘，遂攻棣州。蟾請救於朱全忠，全忠馳使諭解，師範拔其城，斬蟾，而安潛不敢入。

師範喜儒學，謹孝，于法無所私。舅醉殺人，其家訴之，師範厚賂謝，訴者不置，師範曰：「法非我敢亂。」乃抵舅罪。母恚之，師範立堂下，日三四至，不得見三年，拜省戶外不敢懈。以青州父母所籍，每縣令至，具威儀入謁，令固辭，師範遣吏挾坐，拜廷中乃出。或諫不可，答曰：「吾恭先世，且示子孫不忘本也。」

全忠已并鄆州，遣兵攻師範，師範下之。會全忠圍鳳翔，昭宗詔方鎭赴難，以師範附全忠，命楊行密部將朱瑾攻青州，且欲代爲平盧節度。師範聞之，哭曰：「吾爲國守藩，君危不持，可乎？」乃與行密連盟。遣將張居厚、李彥威以甲槊二百輿給爲獻者，及華州，先內十輿，關人覺，衆擐甲譟，殺全忠守將婁敬思。是時崔胤方在華，閉門拒戰，執居厚還全忠。

劉鄩襲兗州，入之；師範亦潛兵入河南，徐、沂、鄆等十餘州同日並發。全忠使從子友寧率軍東討。是時帝還長安，故全忠并魏博軍屯齊州。王茂章方以兵二萬合師範弟師誨攻密州，破之，以張訓爲刺史。進攻沂州，敗其兵，還青州，半舍而屯。友寧方攻博昌，未下，全忠督戰急，友寧驅民十萬，負木石，築山臨城中，城陷，屠老少投尸淸水，遂圍登州。茂章欲啗友寧，不肯救。未幾，城破，友寧負勝攻別屯。茂章度汴軍怠，與師範合擊友寧於石樓，斬其首，傳於行密。

全忠怒，悉軍二十萬倍道至。茂章閉營，伺軍懈，毀壁出鬬，還與諸將飲，訖，復戰。全忠望見，歎曰：「吾有將如是，天下不足平！」於是退屯臨淄。茂章畏全忠，乃斂軍而南，使李虔裕以五百人後拒。茂章解衣寐，虔裕諫曰：「追至，將軍速去！」茂章曰：「吾共決死。」虔裕固請，茂章乃去。已而追至，虔裕一軍覆，茂章免。全忠見虔裕，欲釋之，瞋目大罵而死。張訓召諸將謀曰：「汴人至，師少，何以待之？」衆請焚城而亡，訓曰：「不然。」即封府藏，下縣門，密引兵去。汴軍見府庫完，德之，不追。

全忠留楊師厚圍青州，敗師範兵於臨朐，執諸將，又獲其弟師克。是時，師範衆尚十餘萬，諸將請決戰，而師範以弟故，乃請降。全忠歸其弟，假師範知節度留後事，師範獻錢二十萬緡以謝軍。汴將劉重霸執棣州刺史邵播，得其書八百紙，皆教師範戰守，全忠憚而殺之。

葛從周圍兗州，劉鄩不肯下，從周以師範命招之，乃盡出將士，開門降。從周爲辨裝，使詣汴，鄩但素服乘驢而往。全忠賜冠帶，辭曰：「囚請就縶。」不許。既見，慰之，飲以酒，固辭，全忠笑曰：「取兗州，量何大邪？」擢署都押衙，在諸舊將上。諸將趨入，鄩一無讓，全忠奇之。

歲餘，徙師範于汴，亦縞素請罪。全忠見以禮，表爲河陽節度使。既受唐禪，友寧妻訴

歸人于朝，乃族師範于洛陽。先是，有司坎第左，告之故。師範乃與家人宴，少長列坐，語使者曰：「死固不免，予懼坑之則昭穆失序，不可見先人地下。」酒行，以次受戮者二百人。

孟方立，邢州人。始爲澤州天井戍將，稍遷游弈使。中和元年，昭義節度使高潯擊黄巢，戰石橋，不勝，保華州，爲裨將成鄰所殺，還據潞州。衆怒，方立率兵攻鄰，斬之，自稱留後，擅裂邢、洺、磁爲鎮，治邢爲府，號昭義軍。潞人請監軍使吳全勗知兵馬留後。時王鐸領諸道行營都統，以潞未定，墨制假方立檢校左散騎常侍、兼御史大夫，知邢州事，方立不受，囚全勗，以書請鐸，願得儒臣守潞。鐸使參謀中書舍人鄭昌圖知昭義留事，欲遂爲帥。僖宗自用舊宰相王徽領節度。時天子在西，河、關雲擾，方立擅地而李克用窺潞州，徽度朝廷未能制，乃固讓昌圖。昌圖治不三月，輒去。方立更表李殷鋭爲刺史。謂潞險而人悍，數賊大帥爲亂，欲銷懦之，乃徙治龍岡。州豪桀重遷，有懟言。會克用爲河東節度使，昭義監軍祁審誨乞師，求復昭義軍。克用遣賀公雅、李筠、安金俊三部將擊潞州，爲方立所破。又使李克脩攻取之，殺殷鋭，遂幷潞州，表克脩爲節度留後。初，昭義有潞、邢、洺、磁四州，至是，方立自以山東三州爲昭義，而朝廷亦命克脩，以潞州舊軍畀之，昭義有兩節，自

此始。

克脩字崇遠，克用從父弟。精馳射，常從征伐，自左營軍使擢留後，進檢校司空。

方立倚朱全忠爲助，故克用擊邢、洺、磁無虛歲，地爲鬬場，人不能稼。光啓二年，克脩擊邢州取故鎭，進攻武安。方立將呂臻、馬爽戰焦岡，爲克脩所破，斬首萬級，執臻等，拔武安、臨洺、邯鄲、沙河。克用以安金俊爲邢州刺史，招撫之。方立丐兵於王鎔，鎔以兵三萬赴之，克脩還。後二年，方立督部將奚忠信兵三萬攻遼州，以金啖赫連鐸與連和。會契丹攻鐸，師失期，忠信三分其兵鼓而行，克用伏兵于險，忠信前軍沒。既戰，大敗，執忠信，餘衆走，脫歸者纔十二。龍紀元年，克用使李罕之、李存孝擊邢，攻磁、洺，方立戰琉璃陂，大敗，禽其二將，被斧鑕，徇邢壘呼曰：「孟公速降，有能斬其首者，假三州節度使！」方立力屈，又屬州殘墮，人心恐。性剛急，持下少恩，夜自行陴，兵皆倨，告勞。自顧不可復振，乃還，引酖自殺。

從弟遷，素得士心，衆推爲節度留後，請援於全忠。全忠方攻時溥，不即至，命王虔裕以精甲數百赴之，假道羅弘信，不許，乃趨間入邢州。大順元年，存孝復攻邢，遷挈邢、洺、磁三州降，執王虔裕三百人獻之，遂遷太原。表安金俊爲邢、洺、磁團練使，以遷爲汾州

刺史。

贊曰：以亂救亂，跋扈者能之；以亂不能救亂，險賊者能之。蓋救亂似霸，然而似之耳，故不足與共功。觀王重榮寧不信哉！破黃巢，佐李克用平京師，若有爲當世者。俄而奮私隙，逼天子出奔，雖戡朱玫，仆僞襄王，謂曰定王室，實卑之也。身死部將手，救亂而卒于亂，重榮兩得之。不殺朱全忠，而爲全忠誅，絕其嗣，宜矣。餘皆庸奴下材，無所訾責云。

校勘記

〔一〕克用遣子存貞請天子還宮　「存貞」，通鑑卷二六〇作「存勗」，考異云：「實錄作『存貞』。據後唐實錄、舊五代史，莊宗未嘗名存貞。實錄蓋誤。」按通鑑同卷有「克用進軍渭橋，遣其將李存貞爲前鋒」文，疑「存貞」別爲一人，此當是「存勗」。

唐書卷一百八十八

列傳第一百一十三

楊行密　時溥　朱宣　孫儒

楊行密字化源，廬州合淝人。少孤，與羣兒戲，常爲旗幟戰陣狀。年二十，亡入盜中，刺史鄭棨捕得，異其貌，曰：「而且富貴，何爲作賊？」縱之。與里人田頵、陶雅、劉威善。僖宗在蜀，刺史遣通章行在，日走三百里，如約而還。秦宗權寇廬、壽間，刺史募殺賊，差首級爲賞，行密以功補隊長。都將忌之，俾出戍。將行，都將問所乏，對曰：「我須公頭！」即斬之，自爲八營都知兵馬使。刺史走，淮南節度使高駢因表爲廬州刺史。乃以田頵爲八營都將，陶雅爲左衡山將，討定鄉盜。

駢將呂用之恐行密不可制，遣俞公楚以兵五千屯合淝，名討黃巢而陰圖之。行密擊殺公楚。秦宗權遣弟度淮取舒城，行密破走之。時張敖據壽州〔一〕，許勍據滁州，與行密挐

戰。又舒人陳儒攻刺史高澞，澞來告難，行密未能定。賊吳迥、李本逐澞，據其城，行密虜之，取舒州，爲勍所奪。光啓二年，張敖遣將魏虔攻廬州，大將李神福、田頵破之褚城。畢師鐸、秦彥攻高駢，呂用之以駢命署行密行軍司馬，督其兵進援。客袁襲說行密曰：「高公耄昏，妖人用權，彥乃以逆除暴，殲其亂。公亟應，必得其地。」行密乃檄部州，衷兵而東，次天長，而揚州陷。行密薄城而屯，用之以兵屬之。彥以騎兵背城戰，行密臥帳中，令曰：「賊近，報我。」俄而陷一屯，別將李宗禮入曰：「兵相百，戰且不利，請堅壁，徐引歸可也。」李濤怒曰：「以順去逆，何衆寡爲！今尙何歸，願以所部前死。」行密喜，益甲出戰，佯殺如藉，彥軍不出。會駢死，襲勸行密舉軍縞素，大臨三日。進攻城，未能下。用之將張審晟詭伏西壕，殺闔者，啓外兵，彥軍疲，守邏皆潰去，行密入據揚州。未閱月，孫儒奄至，兵銳甚。襲見行密曰：「公之入，以少擊衆，室家未完。若外被重圍，情見勢殆，不如避之。」行密執海陵鎮遏使高霸殺之，幷其衆，輦所收財歸于廬。於是，朱全忠自爲淮南節度使，遣將張廷範致命，而授行密副使，以行軍司馬李璠知留後。行密大怒，廷範、璠不敢入。全忠更請以行密知觀察留後。

當此時，孫儒彊，赫然有吞吳、越意。行密欲遁保海陵，襲勸還廬州，治兵爲後計，行密乃還。既又謀趨洪州，襲不可，曰：「鍾傳新興，兵附食多，未易圖也。孫端據和州，趙暉屯

上元，結此二人以圖宣州，我綽綽有餘力矣。」行密從之。端、暉攻采石，行密自糝潭濟，端等戰不勝。襲勸行密「速趨曷山，堅壁以須。宣人求戰，示以弱，待其怠，一舉可禽」。宣將蘇瑭兵二萬對屯，行密不戰，分奇兵伐木開道四出，瑭驚北，遂圍宣州。刺史趙鍠糧盡，親將多出降。

初，行密有銳士五千，衣以黑繒黑甲，號「黑雲都」。又并盱眙、曲溪二屯，籍其士爲「黃頭軍」，以李神福爲左右黃頭都尉，兵銳甚。曲溪將劉金策鍠必遁，紿曰：「將軍若出，願自吾壘而偕。」鍠喜，多遺之金，許妻以女。明日，譟城上曰：「劉郎不爲爾壻！」鍠宵遁，獲之。鍠，全忠故人也，發使求之。襲曰：「斬首送之，無後慮。」乃歸鍠首于汴。昭宗詔行密檢校司徒、宣歙池觀察使。

時韓守威以功拜池州刺史，行密表徙湖州，以兵護送。而李師悅在湖州，與杭州刺史錢鏐戰不解。蘇、湖、常、潤亂甚。行密雖得宣州，而蔡儔爲孫儒所破，以廬州降。儒進攻行密，行密復入揚州，北結時溥扞儒。全忠遣龐師古將兵十萬，自潁度淮助行密，敗於高郵。行密懼，退還宣州，遣安仁義襲成及，取潤州，自將三萬屯丹楊。仁義又取常州，殺錢鏐將杜稜。儒亦使劉建鋒奪潤、常。帝以杭州爲防禦使，授鏐；以宣州號寧國軍，授行密節度使。

大順二年，儒屯溧水，循山構壁。行密遣李神福屯廣德，計曰：「兵倍不戰，當避其鋭，驕之。」乃退舍。儒衆以爲怯，守者懈，神福夜襲走之。儒將康旺取和州，安景思取滁州。神福擊降旺，逐景思，攻腰山屯，破之，禽儒將李弘章。俄而田頵、劉威爲儒所敗。行密欲守銅官，神福曰：「儒掃境以來，利速戰，宜堅壁老其師，則我無敵矣。又出輕騎絶賊糧道，使前不得戰，退無仰儲，不亡何待？」於是，行密以神福爲宣池都游弈使。儒始乏食。

常熟名賊陳可兒間儒、行密之鬭，竊入常州，自稱制置使。行密遣陶雅守潤州，張訓入揚州，因執楚州刺史，以輕兵襲常州，斬可兒。

孫儒圍行密宣州，凡五月不解。臺濛作魯陽五堰，拕輕舸饋糧，故行密軍不困，卒破儒。即表田頵守宣城，長驅入揚州。戰凡七年，定八州，生人將盡，行密勞隱休息，其下遂安。議出鹽茗畀民輸帛，幕府高勗曰：「瘡破之餘，不可以加斂。且帑貲何患不足，若悉我所有，易四鄰所無，不積日，財有餘矣。」行密納之，始選吏綏勸所部。

蔡儔以廬州叛附朱全忠，納孫儒將張顥，而倪章據舒州，與儔連和。行密遣李神福攻儔，破其將。儔堅壁不出。顥超堞降，行密以隸袁積軍，積請戮之，行密愛其勇，更置于親軍。未幾，儔自殺。行密先冢皆爲儔發掘，吏請夷發儔世墓，不許。表劉威爲刺史。遣田頵攻歙州，於是，刺史裴樞有美政，民愛之，爲拒戰，頵兵數却。樞，朝廷所命者，食盡欲降，遣

行密書，請還京師。行密以魯郃代樞，州人不肯下，請陶雅代。雅於諸將最寬厚，以禮歸樞于朝。是歲，李神福拔舒州，倪章亡，以神福爲舒州刺史。

乾寧二年，行密襲濠州，李簡重甲絕水縋而入，執刺史張璲，以劉金守之，進取壽州。汴將劉知俊儲穀石碭，將南襲。張訓屯漣水，遣兵浮海掩得其膺。知俊戰不勝，因攻漣水，大敗，身僅免。詔拜行密淮南節度副大使，知節度事，檢校太傅、同中書門下平章事，封弘農郡王。

董昌爲錢鏐所攻，來告窮。行密遣臺濛攻蘇州，安仁義、田頵攻杭州，身督戰。別將張崇爲鏐執，行密欲嫁其妻，答曰：「崇不負公，願少待。」俄而還，自是行密終身倚愛。明年五月，破蘇州，執鏐將成及，以朱藂守之。

朱延壽拔蘄、光二州，行密以霍丘當南北走集，以邑豪朱景爲鎭將。景驍毅絕人，諸盜莫敢犯。汴將寇彥卿以騎三千襲之，致全忠厚意，景不許，苦戰，彥卿敗而去。田頵、魏約、張宣共圍嘉興，鏐大將顧全武救之，執宣、約，逐頵於驛亭埭。未幾，泰寧節度使朱瑾率部將侯瓚來歸，太原將李承嗣、史儼、史建章亦來奔。行密推赤心不疑，皆以爲將。於是，兵銳甚，彊天下。

帝惡武昌節度使杜洪與全忠合，手詔授行密江南諸道行營都統，討洪。汴將朱友恭、

聶金率騎兵萬人與張崇戰泗州，金敗。瞿章守黃州，聞友恭至，南走武昌柵，行密遣將馬珣以樓船精兵助章守。友恭次樊港，章據險，不得前，友恭鑿崖開道，以彊弩叢射，殺章別將，遂圍武昌。章率軍薄戰，不勝。友恭斬章，拔其壁。

全忠率葛從周萬騎攻光州，柴再用遣小校王稔以輕騎覘賊，汴兵圍之。候者請救，再用曰：「稔必殺賊，弟無往。」稔解鞍自如，暮依樾步戰，殺傷多，汴兵乃解。時亡馬法峻，稔追汴軍，得馬乃還。從周涉淮圍壽州，而龐師古、聶金以衆七萬壁淸口。朱延壽擊從周軍，敗之。行密欲汴圍解，乃擊師古。李承嗣曰：「公能潛師趨淸口，破其衆，則從周不擊而潰。」行密出車西門，繇北門去，以銳士萬二千齕雪馳，迫淸口，不進，壅淮上流灌師古軍。張訓自漣水來，行密使將嬴兵千人爲前鋒。師古易之，方圍棋軍中，不顧。朱瑾、侯瓚以百騎持汴旗幟，直入師古壘，舞槊而馳。訓亦登岸，超其柵。汴軍大囂，即斬師古，士死十八。全忠聞之，與從周皆遁走，追及壽陽，大破之。叩淠水，方涉，爲瑾所乘，溺死萬餘。瑾徙屯安豐，汴將牛全節苦鬬，後軍乃得度。會大雪，士多凍死。潁州刺史王敬蕘燎薪屬道，汴軍免者數千人。未幾，復圍壽州，七日走。

馬珣收散卒三百，自黃州間道趨分寧，絕山谷，襲撫州。鏐將危全諷列四壁，皆萬人。珣謂諸將曰：「爲諸君擊中壁，食其穀以歸。」乃夜擊之，全諷走。明日，珣高會，廣旗幟，伐

鼓循山而下，連營潰。既還，行密罵曰：「豎子，不遂據其城邪！」

光化元年，秦裴取鏐崑山鎮，顧全武圍之。行密諸將數敗，全武遂圍蘇州，臺濛固守，鏐自以舟師至。濛食盡，行密遣李簡、蔣勳迎之，敗全武兵，濛得還。後軍潰，裴援絕，全武勸其降。決水灌城，城壞，裴乃降。鏐喜，具千人食以待。既至，士不及百。鏐曰：「軍寡，何拒之久？」裴曰：「糧盡歸死，非僕素也。」初，成及之執，行密閱其室，唯圖書藥劑，將辟爲行軍司馬，固辭，引刀欲自刺，行密乃止，厚禮而歸之。鏐亦遣魏約等還。

全忠攻蔡州，奉國節度使崔洪來丐師。明年，遣朱瑾率兵萬人攻徐州，屯呂梁，洪遂來奔。會雨霖，瑾引還。行密攻徐州，汴將李禮壁宿州以援，全忠自將次輝州。行密戰不勝，乃解。青州將陳漢賓擁兵送款行密，王綰、張訓、周本率兵迎之，漢賓中悔，綰、訓入見漢賓，約麾下：「饗我不過日中，若不至，可攻城。」漢賓釋甲聽命。光州叛，行密自攻之，汴將朱友裕來救，撤圍還。全忠諭馬殷、成汭、雷滿合兵攻行密，汭、滿猶豫，汭惡殷事全忠，掠其境，滿來結好。行密壁黃、鄂間，杜洪寘鴆于酒、于井，棄城去，行密知，不入。全忠又遣使者督殷、汭、滿連兵解圍，行密還。詔加檢校太尉、兼侍中。

天復元年，傳言盜殺錢鏐，李神福急攻臨安，顧全武列八壁相望，神福伏軍青山，僞若引去，諜奔告，全武悉衆躡之。神福返鬭，與伏夾攻，斬首五千級，執全武。明日，遂圍

臨安，鏐將秦昶以步兵三千降。神福乃令軍中護鏐先墓，禁樵采，鏐遣使者厚謝。神福以鏐不死，臨安未可下，納犒而還。

明年，大將劉存率兵二萬、戰艫七百伐湖南。殷伏軍長磧洲，以樓艓據上流，乘風颺沙，彊弩射之，存軍殲。行密歸顧全武於鏐，鏐亦釋秦裴以報。

帝在鳳翔，以左金吾大將軍李儼爲江淮宣諭使，授行密東面諸道行營都統、檢校太師、守中書令，封吳王，承制封拜，且告難。時已削奪全忠封爵，詔西川、河東、忠義、幽州、保大、橫海、義武、大同八道攻之。詔朱瑾爲平盧節度使，繇海州取靑、齊；馮弘鐸爲感化節度使，出漣水，攻徐、宿；使朱延壽圍蔡州；田頵捍錢鏐；行密討杜洪、馬殷，以分全忠勢。

行密乃以李神福爲鄂岳招討使，劉存副之，遣泠業攻馬殷。杜洪戰屢敗，嬰城，請救於全忠。全忠使韓勍率步兵萬人屯灄口，荆南節度使成汭亦悉衆救洪。神福逆戰，敗之，汭溺死，勍引衆走。泠業屯平江，爲三壁。殷將許德勳以銳卒號「定南刀」夜襲業，擊三壁皆破，禽業，掠上高、唐年而去。是時，杜洪困甚，且禽。會田頵、安仁義絕行密，行密召神福、存還計事，洪復振。頵之敗，更以臺濛爲宣州觀察使，復遣神福、存攻鄂州。順義軍使汪武與頵連和，歙州刺史陶雅攻鍾傳，兵過武所，迎謁，縛武於軍。

無錫當浙衝，行密使票將張可悰守之。鏐勁兵三千夜襲城，可悰以百騎擊走之，吏皆賀。答曰：「未也，方勞諸軍一戰。」乃蔽火斂旗以須。覘者以告，鏐兵復至，可悰大破之。

臺濛卒，行密以子渥爲宣州觀察使。天祐二年，王茂章〔二〕、李德誠拔潤州，殺安仁義。以王茂章爲潤州團練使。聶彥章等率舟師復伐殷，攻岳州。許德勳、詹佶以舟千二百柁入蛤子湖琠山之南，爲木龍鎖舟，夜徙三百舸斷楊林岸。彥章入荆江，將趨江陵。佶躡之，德勳以梅花海鶻迅舸進，斷木龍，舟蔽江，車弩亂發，執彥章，溺死萬人。殷釋彥章還，德勳謂曰：「爲我謝吳王，僕等數人在，湖、湘不可冀也。」

行密寬易，善遇下，能得士死力。每宴，使人負劍侍。陳人張洪因以劍擊行密，不中，近將李友禽斬之。佗日，侍劍如故。行密蚤出，有盜斷馬鞅，不之問，以故人人懷恩。始，乘孫儒亂，府庫殫空，能約己省費，不三年而軍富雄。嘗過楚州，臺濛盛供帳待之，行密一夕去，遺衣臥內，皆經補浣。濛還之，行密曰：「吾興細微，不敢忘本，君笑我邪？」濛大慚。登城，見王茂章營第，曰：「天下未定，而茂章居寢鬱然，渠肯爲我忘身乎？」茂章遽毀損。

方帝困鳳翔，再遣使督兵，以爲行密可亢全忠者，然兵至宿州，紿言糧盡，乃還。全忠脅帝東遷，行密恥憤被病。全忠亦知天子倚行密爲重，乃弒帝以絕人望。行密聞之，發喪，不視事三日，因是病篤，召將吏付家事，問嗣於其佐。周隱對曰：「宣州司徒易而信讒，唯淫

酗是好，不可以嗣，不如擇賢者。」時劉威以宿將有威名，隱意屬威。行密不答。因以王茂章代渥，使亟還。行密召所親嚴求曰：「我使周隱召吾兒而不至，奈何？」求往見隱，召檄仍在几。始，渥守宣州，押牙徐温、王令謀約渥曰：「王且疾，而君出外，此殆姦人計。它日有召，非我二人勿應也。」及是，二人以符召渥。渥至，行密承制授檢校太尉、同中書門下平章事、淮南節度留後。行密諗渥曰：「左衙都將張顥、王茂章、李遇皆怙亂，不得爲兒除之。」卒，年五十四。遺令斁葛爲衣，桐瓦爲棺。夜葬山谷，人不知所在。諸將謚曰武忠。

張顥議歸都統印於宣諭使李儼，行節度事。諸將畏顥，無敢對。渥流涕。騎軍都尉李濤曰：「都統印，先帝所以賜王父子，安得授人？」諸將唯唯。顥投袂去，乃共請於儼，承制授渥兼侍中、淮南節度副大使、東面諸道行營都統，封弘農郡王。

渥好騎射。初與許玄膺爲刎頸交，及嗣位，事皆決之，諸將莫敢忤。渥求王茂章親兵不得，及去宣，輦帷帟以行，茂章嫚罵不與。踰年，遣兵五千襲之，茂章奔杭州。秦裴執鍾匡時，渥授以江西制置使。朱思勍、范師從、陳鐇以兵戍洪州，渥爲張顥所制，三人者，渥腹心也。顥脅以爲有異謀，遣陳祐疾馳，懷短兵，微服入秦裴帳中，裴大驚，命飲，召三將入，皆色動，酒行，祐數其罪，皆斬之。渥召周隱曰：「君嘗以孤爲不可嗣，何也？」隱不對，遂殺之。

贊曰：行密興賤微，及得志，仁恕善御衆，治身節儉，無大過失，可謂賢矣。然所據淮、楚，士氣剽而不剛。行密無霸材，不能提兵爲四方倡，以興王室，熟視朱温劫天子而東，謀窮意沮，僨死牖下，可爲長太息矣！

時溥，徐州彭城人。爲州牙將。黄巢亂京師，節度使支詳遣溥與陳璠率兵五千西討。次河陰，軍亂，剽居人。溥招戢其衆，引還屯境上，疑不敢歸。詳以牛酒犒士，約悉貰其罪，軍乃入，共推溥爲留後，逐詳客館。溥厚具貲裝，遣璠護還京師，夜駐七里亭，璠擅殺詳，屠其家。溥怒，署璠宿州刺史，俄殺之。别遣將引鋭兵三千入關，僖宗因以武寧節度命之。

巢敗東走，圍陳州，營溵水。秦宗權方據淮西，相聯結。溥地介於賊，乃悉師討之，軍鋒甚盛，連戰輒克，授東面兵馬都統。遂合許、兗、鄆兵，遂尚讓於太康，斬首數萬級，讓以所部萬人降。溥遣將李師悦等追尾巢至萊蕪，大破之。諸將爭得巢首，而林言斬之，持歸溥，以獻天子，故破賊溥功第一。加檢校司徒、同中書門下平章事，進檢校太尉、兼中書令、鉅鹿郡王。宗權阻兵，拜溥蔡州行營兵馬都統。

賊平，與朱全忠爭功，嫌恭日構。孫儒方與楊行密爭揚州，詔全忠爲淮南節度使平其亂。溥自以先起，功名顯朝廷，位都統，顧不得而全忠得之，頗悵恨。全忠使司馬李璠、郭言等東，兵道宿州，遺溥書請假道。溥辭不可，間其憤，以兵襲之。言戰甚力，解而還。全忠怨，自是連歲略徐、泗，師不弛甲。全忠自將及其郊，未得志，引去。溥窮，乞師於李克用。克用爲攻碭山，朱友裕救之，各亡其大將。友裕進攻宿州，不能拔。時大順元年也。

明年，丁會築堤閼汴水，灌宿郛，三月拔之，使劉瓚守。而溥將劉知俊引兵二千降全忠，軍益不振。民失田作，又大水荐飢，死喪十七以上。乃請和於全忠，全忠約徙地而罷兵。昭宗以宰相劉崇望代之，授溥太子太師。溥慮去徐且見殺，惶惑不受命，諭軍中固留，有詔聽可。泗州刺史張諫聞溥已代，即上書請隸全忠，納質子焉。溥既復留，諫大懼，全忠爲表徙鄭州刺史。諫畏兩怨集己，乃奔楊行密。行密以諫爲楚州刺史，并其民徙之，以兵屯泗。

朱友裕率軍攻溥，嬰城不出。有語全忠曰：「軍行非吉日，故師無功。」全忠遣參謀徐璠至軍責諭，友裕答曰：「溥困且破，乃徇妖辭，士心墮矣。」焚其書，督餫饋，急攻之，溥將徐汶出降。溥求救於朱瑾。全忠自以兵屯曹，將去，留精騎數千授霍存曰：「事急，可倍道

趨之。」瑾兵二萬與溥合攻友裕，存引兵疾戰，瑾、溥還壁。明日復戰，霍存敗，死之。進逼友裕，友裕堅營不出，瑾食盡，還兗州。全忠使龐師古代友裕，溥分兵固保石佛山，師古攻拔之。自是完壘不戰。王重師、牛存節等梯其堞以入，溥徙金玉與妻子登燕子樓，自焚死，實景福二年。全忠遂有其地，私置守焉。

朱宣，宋州下邑人。父以豪猾聞里中，坐鬻鹽抵死。宣亡命去青州，爲王敬武牙軍。黃巢之亂，敬武遣將曹存實率兵西入關，而宣爲軍候，道鄆州。是時，節度使薛崇拒王仙芝戰死，其將崔君裕攝州事。存實揣知兵寡，襲殺之，據其地，遂稱留後。以宣功多，署濮州刺史，留總帳下兵。

中和初，魏博韓簡東窺曹、鄆，引兵濟河。存實迎戰，死于陣，宣收殘卒嬰城。簡圍之六月，不能拔，引兵去。僖宗嘉其守，拜宣天平節度使，累加同中書門下平章事。宣有衆三萬，弟瑾勇冠三軍，陰有爭天下心。瑾嗜殘殺，光啓中，求婚於兗州節度使齊克讓，託親迎，載兵竊發，逐克讓，據府自稱留後，天子即授以帥節，兄弟雄張山東。時秦宗權悉兵攻朱全忠，使秦賢列三十六壁，自將督戰。全忠大恐，求救于宣。宣與瑾身率師往擊宗權，

宗權敗走。

全忠厚德宣，兄事之，情好篤密，而內忌其雄，且所據皆勁兵地，欲造怨乃圖之，卽聲言宣納汴亡命，移書詆讓。宣以新有恩於全忠，故答檄恚望。全忠由是顯結其隙，使朱珍先攻瑾，取曹州，壓乘氏。宣救曹不克，奔還范。珍圍濮州，宣使弟罕救濮。全忠自將擊罕，斬之，拔濮州，朱裕奔歸鄆，使珍薄鄆挑戰，宣不出。裕爲書紿降，導珍入，信之，夜以兵數千傅城。裕開門，軍入，縣門發，死者數千，縱畾石擊未入者，殺裨將百餘人。復取曹，以郭詞爲刺史，大將郭銖斬詞奔全忠。瑾謀悉兵襲汴，全忠乃自攻瑾。瑾以兵掠單父，與全忠將丁會轉戰，不勝，去。

景福初，復伐宣，令從子友裕先驅，自繼之。次衞南，宣以輕兵夜掩友裕軍，走之，據其營。全忠未知，運糧以入，乃覺，走瓠河，與友裕相失，距濮十五里舍，明日，友裕乃至。宣留濮州。全忠令友裕馳壯騎諜鄆虛實，身將而北。會宣引還，縱兵戰，全忠南走，絕塹去，幾不脫，大將多死。乃謀持久徼極取宣，歲一再暴其鄙，奪之食，俘其工織，勵有存者。宣令賀瓌守濮州，爲友裕所攻，委城走。友裕進擊徐州，時溥求援於宣，戰不勝而還，溥遂亡。全忠卽遣龐師古攻齊州，宣、瑾皆戍以兵，久不下。乾寧元年，全忠身往，薄淸河結壘。宣、瑾三分其兵出擊之，全忠迎戰東阿，南風急，汴軍居下，甚懼。俄而風返，全忠得縱火焚其

旁，熛薰漲天，宣等大北。是夏，全忠壁曹州南，宣薄戰，禽其將三人，全忠還。

明年，使朱友恭擊兗州，瑾堅壁，乃塹而守。宣饟瑾，友恭奪其糧。全忠自軍單父。會宣求救于李克用，友恭退壁曹南。數月，全忠自伐宣，刈其麥，敗克用將李承嗣等，乃還。宣追之，大鈔曹州。其秋，全忠復攻鄆，壁梁山。宣、克用挑戰，全忠設伏破之，斬首數千級，引而南。克用躡全忠後，至柏和，大寒，全忠軍多死。不閱月，復圍兗州，因略地襲丘。賀瓌以奇兵擊全忠輜重，不及，戰鉅野東，瓌大敗，見禽，師無孑餘。軍道大陂，風暴起，全忠曰：「豈殺人有遺邪？」乃搜軍中，復斬數千人，風亦止，執瓌示城下。

瑾之兄瓊守齊州，見勢屈，以州歸全忠，結同姓歡。全忠許之，輕騎至軍，全忠勞苦加禮，因使招瑾。瑾領精騎鬲池笑語如平生歡，乃使將胡規僞送款，欲得瓊躬上符節。全忠不之虞，瑾伏壯士橋下，瓊單騎至，方交語，士突起，掖瓊以入，斬其首棄城下，汴軍大震。全忠恚，數日乃去。

三年，克用使其將李瑭以兵屯莘援宣，爲羅弘信所破。全忠大喜，度宣可困，遣龐師古伐宣，宣逆戰，敗于馬頰河。師古迫其西門，兵不出。

全忠之攻宣，凡十興師，四敗績。宣才將皆盡，益內沮，度不能與全忠确，則固守，增堞深溝爲不可逼。明年，葛從周密造舟于塹，師人踰而升。宣出奔，爲民所縛，追至，執以獻，

全忠斬之而納其妻。使師古攻兗州。二月，食盡，瑾自出督芻粟，轉掠豐、沛間，而子用貞及大將康懷英等舉城降。瑾引麾下走沂州，刺史尹懷賓不納，乃趨海州，刺史朱用芝以其衆與瑾奔楊行密，行密迎之高郵，解玉帶以賜，表領徐州節度使，畀以兵。師古、從周以兵七萬討行密，瑾敗之淸口，擊殺師古，而從周還，師至渒水，方涉，瑾追及，殺傷溺死幾盡。瑾事行密尤盡力。

孫儒，河南河南人。以趫卞橫里中，隸忠武軍爲裨校，與劉建鋒善。黃巢亂，以兵屬秦宗權爲都將。光啓初，宗權遣儒攻東都，留守李罕之出奔，儒焚宮闕，屠居人。河陽節度使諸葛爽與儒戰洛水，爽敗，儒亦東圍鄭州。朱全忠屯中牟救之，不敢前。儒衆夜登城，刺史李璠走，儒進拔河橋，遂取河陽，留後諸葛仲方出奔。全忠壁河陰，儒掠汴鄙，全忠兵卻，屯胙城東南，列僞旗鼓疑之，儒乃還。

會全忠與宗權戰，宗權敗走。儒聞，殺孟人，流尸於河，焚井邑乃去。宗權又遣儒鈔淮南，乘高駢之亂，儒留濠州。會楊行密得揚州，宗權使弟宗衡爭淮南，以儒爲副，建鋒爲前鋒。儒常曰：「丈夫不能苦戰萬里，賞罰繇己，奈何居人下，生不能富貴，死得廟食乎？」

未幾，汴兵攻蔡，宗權召之，儒稱疾不往，宗衡督之。即大會帳下，酒酣，斬宗衡，并其衆。與建鋒、許德勳等盟。

文德元年，破揚州，自爲淮南節度使，與時溥連和。初，全忠嘗以書招儒，故又納款於汴，且送宗衡、秦彥、畢師鐸首，全忠藉以聞。昭宗授儒檢校司空，全忠署爲招討副使。

龍紀初，悉兵攻宣州，行密取淮南，儒還，行密走，始得潤、常、蘇三州，兵益彊，使建鋒守潤、常。全忠約行密圖之。儒謀定江南，乃北爭天下，畏全忠擣虛，乃遣人卑辭厚賄，全忠薦於朝，詔授淮南節度使。

大順元年，行密取潤州，以安仁義守之；常州以李友守之。儒怒，三分其軍度江，建鋒復拔常、潤，仁義走。全忠遣將龐從等軍十萬掩至高郵，儒悉師禦之，故仁義間取潤州，劉威、田頵等敗建鋒於武進，取常州。杭州錢鏐將沈粲自蘇州奔儒，行密諸將在潤、常者，皆爲建鋒所逐，仁義、頵棄潤州走。

明年，儒引兵自京口轉戰，召建鋒皆行。行密諸將屯險者，聞儒至，皆走。頵、威等合兵三萬，邀儒黃池。儒遣馬殷擊走之。儒營廣德，乘勝至東溪，淮人大恐。行密遣臺濛屯西溪，自引軍逆戰。儒軍圍之數重，黑雲將李簡以騎馳之，行密乃免。儒遂圍宣州，行密乞師於錢鏐。會谿潦暴漲，廣德、黃池諸壁皆沒，儒分兵取和、滁二州。

其秋，儒焚揚州，引而西，傳檄遠近，號五十萬，旌旗相屬數百里，所過燒廬舍，殺老弱以給軍。行密懼，將遁去。戴規曰：「儒軍數敗，今掃地而至，決死於我，若吾遣降者間至揚州，撫尉衣食，使儒軍聞其家尙完，人人思歸，不戰可禽也。」行密乃遣親將入揚州，取儒營糧數十萬斛以稟飢民。儒屯廣德，陶雅以騎軍破儒前鋒，屯嚴公臺。十二月，頵、威與儒決戰，皆大敗。儒連屯稍西，行密使陶雅屯潤州，扼其歸路。

景福元年，儒復圍宣州，屯陵陽。行密戰不利，謀出奔，時劉威方繫獄，且死，行密窮，更召問計，對曰：「儒焚倉隤壘以來，糧盡將爲我禽。若勁兵背城，坐制其困。」李神福亦請據險邀儒糧。行密乃分兵攻廣德壁而絕饟道。軍適大疫，儒病痁，遣建鋒、殷鈔諸縣。行密知城下兵寡，乃晨出，率仁義、頵背城決戰，破五十壁。會暴澍且冥，儒軍大敗。儒病甚，股弁不能興。頵執儒獻行密，諸將皆降。儒就刑于市，見劉威曰：「中君之謀。」儒嘗引鑑搔首曰：「此頭不久當入京師。」至是，傳首闕下。建鋒、殷哭之，相語曰：「公常有志廟食，吾等有土，當廟以報德。」及殷據湖南，表儒贈司徒、樂安郡王，立廟以祀。

校勘記

〔一〕時張敖據壽州　「張敖」，九國志卷一李神福傳、卷三田頵傳及通鑑卷二五六均作「張翱」。通鑑

考異曰：「妖亂志作『張敖』，吳錄作『張撤』，今從十國紀年。」

〔三〕王茂章　「茂」，各本原作「彥」。本書卷一八九田頵傳、九國志卷三安仁義傳、新五代史卷二三王景仁傳及卷六一楊行密傳、通鑑卷二六四均作「茂」。又本卷下文云「以王茂章爲潤州團練使」，通鑑卷二六五亦載「潤州團練使王茂章」。此當作「茂章」。據改。

唐書卷一百八十九

列傳第一百一十四

高仁厚 趙犨 昶 珝 田頵 朱延壽

高仁厚，亡其系出。初事劍南西川節度使陳敬瑄爲營使。黃巢陷京師，天子出居成都，敬瑄遣黃頭軍部將李鋋、鞏咸以兵萬五千戍興平，數敗巢軍。賊號蜀兵爲「鵶兒」，每戰，輒戒曰：「毋與鵶兒鬬。」敬瑄喜其兵可用，益選卒二千，使仁厚將而東。

先是，京師有不肖子，皆著疊帶冒，持梃剽閭里，號「閑子」。京兆尹始視事，輒殺尤者以怖其餘。竇潏治京兆，至殺數十百人，稍稍憚戢。巢入京師，人多避難寶雞，閑子掠之，吏不能制。仁厚素知狀，下約入邑閭縱擊。軍入，閑子聚觀嗤侮，於是殺數千人，坊門反閉，欲亡不得，故皆死，自是閭里乃安。

會邛州賊阡能衆數萬略諸縣，列壁數十，涪州刺史韓秀昇等亂峽中，韓求反蜀州，諸將

不能定。敬瑄召仁厚還，使督兵四討，屯永安。阡能遣諜者入軍中，吏執以獻，諜自言父母妻子四於賊，約不得軍虛實且死。仁厚哀之，曰：「爲我報賊，明日我且戰，有能釋甲迎我者，署背曰『歸順』，皆得復農矣。」縱諜去，命諸將毀栅鼓而前。賊渠羅渾擎設伏詐降，仁厚遣將不持兵入諭其衆，皆眞降。渾擎詐窮而逸，吏執之，仁厚曰：「愚人不足語。」降衆署，皆得免，則告諸壁：「大軍至。」賊帥句胡僧大驚，斬之，莫能禁，衆執胡僧以降。韓求知大賊已禽，徇諸壁曰：「敢出者斬！」衆罵之，求赴水死，衆鉤出，斬以徇，餘栅皆下。仁厚按轡徘徊視賊壘，吏請焚之，仁厚命取財糧，乃縱火，尸賊成都。仁厚還，天子御樓勞軍，授仁厚檢校尚書左僕射、眉州刺史。

敬瑄與仁厚謀曰：「秀昇未禽，貢輸梗奪，百官乏奉，民不鹽食。公能破賊，當以東川待公。」仁厚許之。詔拜行軍司馬。仁厚聞賊儲械、子女皆在屯，乃以銳兵瀕江，伐木賴水礙舟道，負岸而陣。使游軍逼賊，久不戰，則夜以千卒持短刀、彊弩直薄營，火而譟之。秀昇率舟兵救火，仁厚遣人鶩沒鑿舟，皆沉，衆懼，多潰。秀昇斬潰兵，欲脅止之，衆怒，執秀昇以降。仁厚問狀，對曰：「天子蒙塵，反者何獨我？」仁厚檻車送行在，斬於市。

東川節度使楊師立初隸神策軍，累遷檢校司空、同中書門下平章事。聞敬瑄以仁厚代己，有望言。敬瑄諷帝召師立以本官兼尚書右僕射，師立益怒，移檄言敬瑄十罪，殺監軍

田繪，屯涪城，遣兵攻綿州，不克。又檄劍州刺史姚卓文共攻成都，假卓文爲指揮應接使，卓文不應。帝乃下詔削官爵。敬瑄即表仁厚爲東川節度留後，楊茂言爲行軍副使，楊棠爲諸軍都虞候，率兵二萬討之。師立遣大將張士安、鄭君雄守鹿頭關。仁厚次漢州，前軍戰德陽，師立嬰城，閱四旬，夜出兵擾北柵，仁厚設兩翼而伏，披柵門列炬，賊不敢進，伏發，擊走之。楊茂言謂仁厚且敗，引兵走，久乃還。明日，會諸將，仁厚曰：「副使當以死報天子。」斬而徇。於是士安不敢出，師立自督士，十戰皆北。仁厚約城中斬首惡者賞，君雄譟于軍曰：「天子所討，反者耳，吾等何與？」乃與士安譟而進，以仁厚書示師立曰：「請以死謝衆。」自沉于池死。君雄悉誅其家，獻首天子。仁厚入府，縱繫囚，賑貧絕。詔拜劍南東川節度使。

光啓二年，遂據梓州，絕敬瑄。君雄時爲遂州刺史，亦陷漢州，攻成都。敬瑄使部將李順之逆戰，君雄死。又發維、茂州羌軍擊仁厚，斬之。乾寧中，皆追贈司徒。

趙犨，陳州宛丘人，世爲忠武軍牙將。犨資警健，兒弄時好爲營陣行列，自號令指顧，羣兒無敢亂。父叔文見之曰：「是當大吾門。」稍長，喜書，學擊劍，善射。會昌中，從伐潞州，

收天井關，又從征蠻，忠武軍功多，遷大校。

黃巢入長安，所在盜興，陳人詣節度府，請犨爲刺史，表于朝，授之。既視事，會官屬計曰：「巢若不死長安，必東出關，陳其衝也。」乃培城疏塹，實倉庫，峙藁薪，爲守計。民有貲者悉內之，繕甲兵，募悍勇，悉補子弟領兵。巢敗，果東奔。賊將孟楷以萬人寇項，犨擊禽之。僖宗嘉其功，遷累檢校司空。巢聞楷死，驚且怒，悉軍據溵水，與秦宗權合兵數十萬，繚長壕五周，百道攻之。州人大恐，犨令曰：「士貴建功立名節，今雖衆寡不敵，男子當死地求生，徒懼無益也。且死國，不愈生爲賊乎？吾家食陳祿，誓破賊以保陳，異議者斬！」衆聽命。引銳士出戰，屢破賊。巢益怒，將必屠之，乃起八仙營於州左，僭象宮闕，列百官曹署，儲糧爲持久計。宗權輸鎧仗軍須，賊益張。犨小大數百戰，勝負相當，故人心固，乃間道乞師於朱全忠。未幾，汴軍至，壁西北，陳人思奮，犨引兵急擊賊，破之。圍凡三百日而解。

中和五年，擢彰義軍節度使。巢雖敗，宗權始熾，略地數千里，屠二十餘州，唯陳賴犨獨完，以功檢校司徒，加泰寧、浙西兩節度，皆在陳幷領之。龍紀初，進同中書門下平章事、忠武軍節度，仍治陳州，流亡踵還。與弟昶至友愛，後將老，悉以軍事付之，乃卒，贈太尉。

犨悉忠力以孤城抗賊，巢卒敗亡。然附全忠，亦賴其力復振，故委輸調發助全忠，常先

它鎮云。

昶字大東，神采軒異，而內沈厚，有法度。破孟楷功多。巢之圍，昶夜掫師，疲而寢，如有神相之者。黎曙決戰，士爭奮死鬬，禽賊酋數人，斬級千餘。犨領泰寧，以昶爲州刺史、檢校尚書右僕射。當時，方鎮言忠壯吏治，舉言犨、昶。犨之老，乃授留後，遷忠武節度使，亦留陳。進檢校司徒。劭勸農桑，於人有恩惠。加同中書門下平章事。乾寧二年卒，年五十三，贈太尉。

犨子珝，字有節。雄毅喜書，善騎射。巢之難，激勵麾下，約皆死。以先冢邇賊，畏見殘齮，卽夜縋死士取柩以入。庫有巨弩，機牙壞，不能張，珝以意調治，激矢至五百步，人馬皆洞，賊畏不敢逼。以勞檢校尚書右僕射，遙領處州刺史。

昶帥忠武，珝遷行軍司馬。昶之喪，知忠武留後，政簡濟，上下安之。全忠表爲忠武軍節度使。陳土惡，善圮，珝疊甓表墉，遂無患。三加檢校太保。光化二年，同中書門下平章事，進兼侍中，封天水郡公。按鄧艾故蹟，決翟王渠溉稻以利農。一家三節度，相繼二十餘年，陳人宜之。

天復初，韓建帥忠武，以珝知同州節度留後。昭宗還長安，詔入朝，賜號「迎鑾功臣」。以檢校太傅爲右金吾衞上將軍，從東遷。歲餘，以疾免。卒，年五十五，贈侍中，陳人爲罷市。

田頵字德臣，廬州合肥人。略通書傳，沈果有大志。與楊行密同里，約爲兄弟。應州募屯邊，遷主將。行密據廬州，頵謀爲多。攻趙鍠於宣州，鍠出東溪，乘暴流以逸，阻水解甲，謂追騎不能及。頵乘輕舠追之，鍠驚，遂見禽。行密表頵爲馬步軍都虞候。沙陀叛將安仁義奔淮南，行密大喜，屬以騎兵，使在頵右，兩人名冠軍中，共攻常州，殺刺史杜稜。錢鏐方屯潤州，一夕潰。會孫儒南略，頵等屯丹陽，儒火揚州，壁廣德，頵破其屯。與戰，頵走，行密怒，奪其兵。或諫行密曰：「彊敵傅壘，不用頵，非計也。」行密復將頵。儒詒書仁義通好，以疑行密，行密待益厚，署行軍副使，卒用此二人功禽儒。乃表仁義爲潤州刺史，頵寧國軍節度使。累遷檢校太保、同中書門下平章事。仁義至檢校太保。

頵已平馮弘鐸，至揚州謝行密。左右求貲不已，獄吏亦有請，頵怒曰：「吏覬吾入獄邪！」又求池、歙爲屬州，行密不許，頵始怨。將還，指府門曰：「吾不復入此。」

是時，錢鏐部將徐綰叛，鏐入杭州逐綰，綰屯靈隱山迎頵。頵遣客何曉見鏐曰：「王宜東保會稽，無爲虛屠士衆也。」鏐曰：「軍中小叛常然，公爲人長，何助逆耶？」頵攻北門，鏐登城與語，射中麾下。頵築壘絕往來道，鏐患之，出金幣十輿，募能奪地者。陳璋以死士三百，免胄馳擊，奪其地，鏐授璋衢州刺史。頵攻城未能克，將濟江絕西陵，爲鏐將所却，圍益急。

先是，行密欲女鏐子，鏐急，乃遣元璙迎女，且告行密曰：「頵得志，爲患必大，請以子爲質，願召還頵。」行密使人謂頵曰：「不還，我遣人代守宣州。」頵不從。鏐輸錢二百萬緡犒軍，頵又請鏐子元瓘出質，乃與綰引兵還。然內怨行密與鏐，因移書曰：「侯王守方以奉天子，譬百川不朝于海，雖狂奔澶漫，終爲涸土，不若順流無窮也。東南揚爲大，刀布金玉積如阜，願公上天子常賦，頵請悉儲峙，單車以從。」行密答曰：「貢賦繇汴而達，適足資敵爾。」於是頵絕行密，大募兵。李神福白行密：「頵必叛，宜先圖之。」行密曰：「頵有大功，而反狀未明，殺之，諸將不爲用。」頵遣其佐杜荀鶴至汴通好，全忠喜，屯宿州須變。行密以康儒在頵所，故授廬州刺史以間之。頵怒，族其家，儒曰：「公不用吾謀，死無地矣。」

頵與安仁義連和攻昇州，劫刺史李神福妻息厚養之。神福方與劉存攻鄂州，行密召之。神福謂諸將曰：「頵反，此心腹疾，宜速攻之。」頵遣李皐詒書神福曰：「公家在此，苟從我，當

分地以王。」答曰：「吾以一卒從吳王，任上將，終不以妻子易意。」乃斬臯，破顒兵於曷山。始，顒將王壇等以舟師躡神福後，至吉陽磯，不戰。會日暮，壇掩神福軍半濟，神福反舟順流急擊，大破之，因縱火，士多死。明日，壇復戰，敗於皖口，顒乃自將來戰。神福曰：「賊棄城而來，此天亡也。」乃瀕水堅壁不出，請行密以兵塞顒走道。

仁義焚東塘戰艦，夜攻常州，不克，轉戰至夾岡，立二幟，解甲而息，追兵莫敢嚮。顒陳舟蕪湖。行密遣將王茂章攻潤州。仁義以善射冠軍中，當時稱朱瑾槊，米志誠弩，皆爲第一，仁義常曰：「志誠弩十，不當瑾槊之一；瑾槊十，不當吾弓之一。」人以爲然。又其治軍嚴，善得士心。戰卒數百，濠深不毀，開門闞，先告所當中，然後射之。茂章等不敢與确。行密遣使謂曰：「吾不忘公功，能自歸，當復爲行軍副使，但不可處兵。」仁義欲降，其子固諫，乃止。

行密召其將臺濛泣語曰：「人嘗告顒必反，我不忍負人，顒果負我。吾思爲將者非公莫可。」濛頓首謝，率騎度江，爲陣以行。士笑其法，濛曰：「顒宿將多謀，備之何害？」與王壇等戰廣德，濛以行密書遺壇諸將，皆再拜氣奪。濛麾兵擊之，壇走。神福既以不戰困顒，顒紿言母病，還至蕪湖。聞壇敗，留精兵二萬屬郭行琮，身走城。濛之行，爲狹營小舍，覘者以爲才容二千人，顒輕之，不復召兵。與戰黃池，矢石始交而濛遁，兵爭逐北，遇伏，顒大

敗，召蕪湖兵，不得入。行琮及壇皆歸行密，頵恚，自料死士數百，號「爪牙都」，身薄戰。濛退軍示弱，士超隍，濛殊死戰，軍潰。頵奔城，橋陷，爲亂兵所殺，年四十六。其下猶鬬，示頵首，乃潰。

頵始以元瓘歸，戰不勝，輒欲殺之，頵母護免。及鏐與行密合，頵曰：「今日不勝，必殺元瓘。」已而頵死，傳首至淮南，行密泣下，葬以庶人禮，亦葬康儒，還元瓘於杭。

頵善爲治，資寬厚，通利商賈，民愛之。善遇士，若楊夔、康軿、夏侯淑、殷文圭、王希羽等皆爲上客。文圭有美名，全忠、鏐交辟不應。頵置田宅，迎其母，以甥事之，故文圭爲盡力。夔知頵不足亢行密，著溺賦以戒，頵不用。

行密使王茂章穴地取潤州，安仁義以家屬保城樓，兵不敢登。召李德誠曰：「汝可以委命。」乃抵弓矢就縛，父子斬揚州市。

濛字頂雲，亦合肥人。頵破，行密表爲檢校太保、宣州觀察使。天祐初卒。

朱延壽者，廬州舒城人。事行密，破秦彥、畢師鐸、趙鍠、孫儒，功居多。行密欲以寬恕結人心，而延壽敢殺。時揚州多盜，捕得者，行密輒賜所盜遺之，戒曰：「勿使延壽知。」已而

陰許延壽殺之。

初，壽州刺史高彥溫舉州入朱全忠，行密襲之，諸將憚城堅不可拔，延壽鼓之，拔其城，即表爲淮南節度副使。全忠猶屯壽春，延壽以新軍出，每旗五伍爲列，遣李厚以十旗擊西偏，不勝，將斬之，厚請益五旗，殊死戰，全忠引去。於是取黃、蘄、光三州，以功遷壽州團練使。

昭宗在鳳翔，詔延壽圍蔡以披全忠勢，擢奉國軍節度使。全忠兵每至，延壽開門不設備，而不敢逼也。延壽用軍常以寡鬬衆，敗還者盡斬之。

田頵之附全忠，延壽陰約曰：「公有所爲，我願執鞭。」頵喜，二人謀絕行密。行密憂甚，給病目，行觸柱僵。妻，延壽姊也，掖之。行密泣曰：「吾喪明，諸子幼，得舅代我，無憂矣。」遣辯士召之，延壽疑，不肯赴。姊遣婢報故，延壽疾走揚州，拜未訖，士禽殺之，而廢其妻。

贊曰：全忠，唐之盜也，行密志梟其元而後已。田頵使出軍賦而助之，此其謀責難而絕之，非忠於唐也。棄所附而覬尊大，亦已妄矣。孔子稱孟公綽爲趙、魏老則優，不可以爲滕、薛大夫。如仁厚、田、朱，材不足爲吳、蜀之老，可與事天子哉！

唐書卷一百九十

列傳第一百一十五

劉建鋒　成汭　杜洪　鍾傳　劉漢宏　張雄　王潮 審邽

劉知謙 盧光稠

劉建鋒字銳端，蔡州朗山人。爲忠武軍部將，與孫儒、馬殷同事秦宗權。儒之敗，建鋒、殷收散卒，轉寇江西，有衆七千，推建鋒爲主，殷爲前鋒，張佶爲謀主。略洪、虔數州，衆遂十餘萬。乾寧元年，取潭州，殺武安節度使鄧處訥，自稱節度留後，奉表京師，詔即拜檢校尙書左僕射、武安軍節度使。

建鋒已得志，即嗜酒不事事。新息小史陳贍爲建鋒御者，妻美且豔，乃私之。贍怒，袖鐵檛擊建鋒死，斷其喉。衆推張佶爲帥，佶固辭，馬踶傷佶左髀；下令曰：「吾非而主。」時馬殷攻邵州未克，於是遣人迎殷。磔贍于市。

殷至，佶坐受其謁。既而率將吏推殷爲留後。詔卽除檢校太傅、潭州刺史。殷以成汭、楊行密、劉隱皆養士以圖王霸，謂其屬高郁曰：「吾欲重幣以奉四鄰而固吾境，計安出？」郁曰：「荆南闇弱，焉能患我？淮南，我讎也，固不吾援。公若置邸京師，歸天子職貢，王人來錫命，四方畏服，然後按兵討不廷，霸業成矣。」殷悟，厚結宣武朱全忠以請于朝，乃拜湖南節度兵馬留後。郁又教殷鑄鉛鐵錢，十當銅錢一；民得自摘山，收茗算，募高戶置邸閣居茗，號「八牀主人」。歲入算數十萬，用度遂饒。

於是收邵、衡、永、道、郴、連六州，進攻桂州，執留後劉士政。諸城望風奔潰，盡得昭、賀、梧、象、柳、宜、蒙等州。又攻容管，執寧遠節度使龐巨曦，虜其衆及貲。昭宗在鳳翔，難方亟，遣中人間道賜朱書，密詔使殷與楊行密攻汴州，殷兵訖不出。

殷弟賨，沈勇知書史，從孫儒爲盜，晚事楊行密爲黑雲軍使。與錢鏐戰，數有功。夜臥，常有光怪。行密知之，曰：「吾今歸汝于兄。」辭曰：「賨一敗卒，公待以不死。湖南在宇下，朝亡夕至，但誼不忍舍公。」行密具齎以遣曰：「爾還，與兄共食湘、楚，然何以報我？」答曰：「願通二國好，使商賈相資。」行密喜。既至，殷表以自副。每勸殷與行密連和，殷畏全忠，卒不克。

殷與建鋒同里人，凡宗權黨散爲盜者，皆以酷烈相矜，時通名「蔡賊」云。

成汭，青州人。少無行，使酒殺人，亡爲浮屠。後入蔡賊中，爲賊帥假子，更姓名爲郭禹。當戍江陵，亡爲盜，保火門山。後詣荆南節度使陳儒降，署裨校。久之，張瓌囚儒，以禹凶慓，欲殺之。禹結千人奔入峽，夜有蛇環其所，祝曰：「有所負者，死生唯命。」既而蛇亡。禹乃襲歸州，入之，自稱刺史。招還流亡，訓士伍，得勝兵三千。秦宗權故將許存奔禹，禹以青州剽卒三百畀之，使討荆南部將牟權于清江，禽權，取其衆。禹又破其將王建肇，建肇奔黔州。昭宗拜禹荆南節度留後，始改名汭，復故姓。

宗權餘黨常厚攻夔州。是時，西川節度使王建遣將屯忠州，與夔州刺史毛湘相脣齒，厚屯白帝。汭率存乘二軍之間攻之，二軍使人誶辱汭，韓楚言尤劇，汭恥之曰：「有如禽賊，當支解以逞。」會存夜斬營襲厚，破之，厚奔萬州，爲刺史張造所拒，走綿州。存入夔州。楚言妻李語夫曰：「君常辱軍，且支解，不如前死。」楚言不決。李礪刀席下，方共食，復語之，夫曰：「未可知。」李取刀斷其首，并殺三子，乃自剄。汭畏其烈，禮葬之，刻石表曰烈女。即使司馬劉昌美守夔，率存泝江略雲安，建將皆奔。存按兵渝州，盡下瀕江州縣。

時王建肇據黔州自守，帝以建肇爲武泰軍節度使。汭遣將趙武率存攻之，建肇走，汭

乃以武爲留後，存爲萬州刺史。存不得志，汭遣客伺之，方蹴毬，汭曰：「存必叛，自試其力矣。」遣將襲之。存夜率左右超堞走，與王建肇皆降於王建。

汭頗知吏治，嘗錄囚，盡其情。墊江賊陰殺令，其主簿疑小史導之，訊不承。臨刑曰：「我且訟地下。」踰月，吏暴死。汭聞，益詳於獄。始治州，民版無幾，未再期，自占者萬餘。帝數詔刻石頌功，輒固辭。時鎭國節度使韓建亦以治顯，號「北韓南郭」。汭進累檢校太尉、中書令、上谷郡王。雲安榷鹽，本隸鹽鐵，汭擅取之，故能畜兵五萬。初任賀隱，隱，賢者也，故汭所舉少過。晚得妻父任之，譖害諸子，汭皆手殺之，至絕嗣。澧、朗本荆南隸州，爲雷滿所據，別爲節度，汭數請之，宰相徐彥若不許。及彥若罷，道江陵，汭出怨言，彥若曰：「公專一面，自視桓、文，一賊不能取，而怨朝廷乎？」汭大慚。晚喜術士，餌藥瀕死而蘇。

天復三年，帝詔淮南節度使楊行密圍鄂州，朱全忠使韓勍救之，諷汭與馬殷、雷彥威掎角。汭身自將而行，下知汭不足亢行密，無敢諫，唯親吏楊師厚勸之。汭爲巨艦，堂皇悉備，行至公安，卜不吉，欲還，師厚曰：「公舉全軍，中道還，何以見百姓？」汭乃行。彥威潛師略江陵，汭諸將念私，無鬭志。淮南將李神福壁沙橋，望汭軍曰：「戰艦雖盛，首尾斷絕，可取也。」擊汭君山，敗之，火其船，衆大潰，汭投江死，士民皆爲彥威所劫。韓勍走還。王建遂取夔、施、忠、萬四州。天祐中，全忠表汭死國事，請與杜洪皆立廟云。

杜洪，鄂州人。爲里俳兒。乾符末，黄巢亂江南，永興民皆亡爲盜，刺史崔紹募民彊雄者爲土團軍，賊不敢侵，於是人人知兵。杭州刺史路審中爲董昌所拒，走客黄州。中和末，聞紹卒，募士三千入鄂州以守。洪爲州將，有功，亦逐岳州刺史居之。光啓二年，安陸賊周通率兵攻審中，審中亡去，洪乘虚入鄂，自爲節度留後，僖宗卽拜本軍節度使。

是時，永興民吳討據黄州，駱殷據永興，二人皆隸土團者也，故軍剽甚。洪雖得節制，而附朱全忠，絕東南貢路。乾寧初，身自將擊討，乞師淮南，楊行密遣朱延壽助之。洪引還，延壽拔黄州，俘討獻京師。駱殷棄永興走，行密取其地。洪得駱殷，倚爲腹心，間取永興守之。

全忠方圍鳳翔，昭宗遣使者東出，道武昌，洪皆殺之。時行密略光州，詔洪出兵，與忠義趙匡凝、武安馬殷襲安州。行密使李神福、劉存率舟師萬人討洪，駱殷棄永興走，縣民方詔守以待命。神福已得詔，大喜，以永興壯縣，饋餉所仰，既得鄂半矣，遂進圍鄂州。

洪嬰城請救於汴，全忠率兵五萬營霍丘。行密禦之，汴兵不利，引還，使別將吳章以三

千兵解圍，神福迎破之。時全忠方與河東軍薄戰，故不能救洪。洪乃求助於馬殷，殷不答。洪計窮，復走全忠，全忠遣曹延祚合吳章兵萬三千救洪。淮南將劉存濬坎傅城。殷爲洪謀曰：「淮兵深入，仰永興以濟，若奇兵取之，賊不戰而潰。」洪以精兵合汴人間道掩永興，三十里而舍。存以方詔、苗璘當之。汴亡卒走淮壁，言軍虛實曰：「鄆軍懦，可取，開道軍不可當也。」璘曰：「殺彊則弱者橈矣。」乃自擊開道軍，敗之，禽汴士三百人，徇城下。洪軍氣沮，存使辯士臨說，洪恃汴方彊，無降意。或勸存急擊援兵，則城自下，存曰：「擊之，賊入，則城固矣；若縱其遁，城可取也。」俄而汴軍走，是日城陷，執洪及曹延祚，窮斬其餘。行密見洪，責曰：「爾同逆賊弒主，與孤爲仇，吾軍還，而復爲賊後拒，今定何如？」洪謝曰：「不忍負朱公。」與延祚皆斬揚州市。以劉存守鄂州。行密死，馬殷遂取其地。

鍾傳，洪州高安人。以負販自業，或勸其爲盜必大顯。時王仙芝猖狂，江南大亂，衆推傳爲長，乃鳩夷獠，依山爲壁，至萬人，自稱高安鎭撫使。仙芝遣柳彥璋掠撫州，不能守，傳入據之，言諸朝，詔卽拜刺史。中和二年，逐江西觀察使高茂卿，遂有洪州。撫民危全諷間傳之去，竊州以叛，使弟仔昌據信州。僖宗擢傳江西團練使，俄拜鎭南節度使、檢校太保、

中書令，爵穎川郡王，又徙南平。

傳率兵圍撫州，天火其城，士民讙驚，諸將請急攻之，傳曰：「乘人之險，不可。」乃祝曰：「全諷罪，無害民者。」火即止。全諷聞，謝罪聽命，以女女傳子匡時。傳以匡時爲袁州刺史，擊馬殷。又以彭玕爲吉州刺史。玕，健將也，傳倚以爲重。

廣明後，州縣不鄉貢，惟傳歲薦士，行鄉飲酒禮，率官屬臨觀，資以裝齎，故士不遠千里走傳府。傳少射獵，醉遇虎，與鬬，虎搏其肩，而傳亦持虎不置，會人斬虎，然後免。既貴，悔之，戒諸子曰：「士處世尚智與謀，勿效吾暴虎也。」乃畫搏虎狀以示子孫。凡出軍攻戰，必禱佛祠，積餌餅爲犀象，高數尋。晚節重斂，商人至棄其貨去。天祐三年卒。

匡時自立爲節度觀察留後。次子匡範爲江州刺史，怨兄立，挈州附淮南，因言兄結汴人圖揚州。楊渥使秦裴攻匡時，圍洪州。匡時城守不出，凡三月，城陷，淮軍大掠三日止，執匡時及司馬陳象歸揚州。渥切責，匡時頓首請死，渥哀赦之，斬象于市。

彭玕既失援，厚結馬殷，且覘虛實，使者還曰：「殷將校輯睦，未可圖也。」遂歸款。玕通左氏春秋，嘗募求西京石經，厚賜以金，揚州人至相語曰：「十金易一筆，百金償一篇，況得士乎？」故士人多往依之。

始，危全諷聞匡時立，喜曰：「聽鍾郎爲節度三年，我自取之。」及渥兵盛，不敢救，潛謀

攻渥。會淮南亡將王茂章過州，請曰：「聞公欲大舉，願見諸將才否。」全諷蒐衆十萬，邀茂章觀之，對曰：「揚州有士三等，公衆正當其下，盍更益之？」全諷不能答。後爲楊氏所并。

劉漢宏，本兗州小史，從大將擊王仙芝，劫輜重叛去。乾符末，略江陵，焚民室廬，廛無完家。於是都統王鐸遣將崔鍇降之，表爲宿州刺史，漢宏恨賞薄，有望言。會浙東觀察使柳瑫得罪，乃授漢宏觀察使，代之。僖宗在蜀，貢輸踵驛而西，帝悅，寵其軍爲義勝軍，卽授節度使。

漢宏旣有七州，志侈大，輒曰：「天下方亂，卯金刀非吾尙誰哉？」鴉噪諸廷，命斫樹，或曰：「巨木不可伐。」怒曰：「吾能斬白蛇，何畏一木！」

中和二年，遣弟漢宥率諸將攻杭州，壁西陵，爲董昌所敗。復遣兵七萬瀕江而屯，昌使錢鏐宵濟襲破之。明年，漢宏屯黃嶺，發洞獠同攻昌，鏐出富陽擊諸營，多潰去。漢宏大沮，悉軍十萬列艦西陵，謀宵濟襲昌。禱於江，有一矢墜前，惡之。俄與鏐遇，鏐俘馘五千，漢宏羸服走，或執之，紿而免。明日復戰，鏐斬其弟漢容、將辛約。時鍾季文守明州，盧約

處州，蔣瓌婺州，杜雄台州，朱褒温州。褒兵最彊，故漢宏使褒治大艦習戰，以史惠、施堅實、韓公汶將其軍。帝聞杭、越挐戰，遣中人焦居璠持節詔通好，皆不奉詔。

光啓二年，鏐率諸將攻越，自趨導山，破公汶於曹娥埭。與褒戰，燒其艦，進屯豐山。堅實詣鏐降，漢宏率麾下六百人走台州，鏐斬其母妻于屯。杜雄饗其軍，皆醉，執漢宏以見董昌。漢宏曰：「自古豈有不亡國邪？」昌使斬于市，叱刑者曰：「吾節度使，非庸人可殺。我嘗夢持金殺我者，必錢鏐也。」昌命鏐斬之。

張雄，泗州漣水人。與里人馮弘鐸皆爲武寧軍偏將。弘鐸爲吏辱，雄爲辯數，并見疑於節度使時溥。二人懼禍，乃合兵三百度江，壁白下，取蘇州據之。稍稍嘯會，戰艦千餘，兵五萬，乃自號「天成軍」。

鎭海節度使周寶之敗，奔常州，聞高駢將徐約兵鋭甚，誘之使擊雄，與之蘇州。雄匿衆海中，使別將趙暉據上元，資以舟械。寶兵散，多降暉，衆數萬。雄卽以上元爲西州。負其才，欲治臺城爲府，旌旗衣服僭王者。

楊行密圍揚州，畢師鐸厚齎寶幣，啖雄連和。雄率軍浮海屯東塘。是時揚州圍久，皮

囊革帶食無餘，軍中殺人代糧，纔千錢。聞雄至，間道挾珍走軍，以銀二斤易斗米，逮糠粃以差爲直。雄軍富過所欲，即不戰去。暉數剽江道，雄擊殺之，坑其衆，自屯上元。大順初，以上元爲昇州，詔授雄刺史。未幾卒。雄善馭衆，人思之，爲立廟。弘鐸代爲刺史。

弘鐸善騎射，侃侃若儒者。行密已得淮南，弘鐸納好。然倚兵艦完利，謀取潤州，遣客尙公迺進說行密，行密不從。客曰：「公不見聽，未知勝幾樓船？」時行密大將田頵在宣州，陰圖弘鐸，募工治艦。工曰：「上元爲舟，市木遠方，堅緻可勝數十歲。」頵曰：「我爲舟於一用，不計其久，取木於境可也。」弘鐸介宣、揚間，不自安，而州數有怪。天復二年，大風發屋，巨木飛舞，州人駭曰：「州且易主。」大將馮暉等勸弘鐸悉軍南嚮，聲言討鍾傳，實襲頵。行密知之，遣客說止，不聽。頵逆擊於曷山，弘鐸大敗，收殘士欲入海。行密懼復振，遣人迎犒東塘，好謂曰：「兵有勝負，今衆尙彊，乃自棄于海，奈何？吾府雖隘，尙可以居。若欲揚州，我且讓公。」弘鐸舉軍盡哭。行密挐飛艫，不持兵入其軍，執弘鐸手尉勉，遂以歸，表爲淮南節度副使。見尙公迺曰：「頗憶爲馮公求潤州否？何多尙邪？」謝曰：「臣爲君，恨其未遂。」行密笑曰：「吾得君，尙何憂？」

徐約者，曹州人。已得蘇州，有詔授刺史。錢鏐遣弟銶攻之，約驅民墨鑱其祄曰：「願戰南都。」從事或曰：「都者，國稱，杭終有國乎？」約後寖窘，與其下哭而別，入海死。鏐使

沈粲守蘇州。約衆降潤州阮結，結不能定。鏐以成及討之，盡殲其衆。

王潮字信臣，光州固始人。五代祖曄爲固始令，民愛其仁，留之，因家焉。世以貲顯。僖宗入蜀，盜興江、淮，壽春亡命王緒、劉行全合羣盜據壽州。未幾，衆萬餘，自稱將軍，復取光州，劫豪桀置軍中，潮自縣史署軍正，主稟庾，士推其信。緒提二州籍附秦宗權。它日，賦不如期，宗權切責，緒懼，與行全拔衆南走，略潯陽、贛水，取汀州，自稱刺史，入漳州，皆不能有也。初以糧少，故兼道馳，約軍中曰：「以老孺從者斬。」潮與弟審邽、審知奉母以行，緒切責潮曰：「吾聞軍行有法，無不法之軍。」對曰：「人皆有母，不聞有無母之人。」緒怒，欲斬其母，三子同辭曰：「事母猶事將軍也，殺其母焉用其子？」緒赦之。會母死，不敢哭，夜殯道左。

時望氣者言軍中當有暴興者，緒潛視魁梧雄才，皆以事誅之，衆懼。次南安，潮語行全曰：「子美須眉，才絕衆，吾不知子死所。」而行全怪寤，亦不自安，與左右數十人伏叢翳，狙縛緒以徇。衆呼萬歲，推行全爲將軍，辭曰：「我不及潮，請以爲主。」潮苦讓不克，乃除地剸劍祝曰：「拜而劍三動者，我以爲主。」至審知，劍躍於地，衆以爲神，皆拜之。審知讓潮，自

爲副。緒歎曰：「我不能殺是子，非天乎！」潮令于軍曰：「天子蒙難，今當出交、廣，入巴、蜀，以幹王室。」於是悉師將行，會泉州刺史廖彥若貪暴，聞潮治軍有法，故州人奉牛酒迎潮。乃圍城，歲餘克之，殺彥若，遂有其地。

初，黃巢將竊有福州，王師不能下，建人陳巖率衆拔之，又逐觀察使鄭鎰，自領州，詔即授刺史。久之，巖卒，其婿范暉擁兵自稱留後。巖舊將多歸潮，言暉可取，潮乃遣從弟彥復將兵，審知監之，攻福州。審知乘白馬履行陣，望者披靡，號「白馬將軍」。暉守彌年不下，潮令曰：「兵盡益兵，將盡益將，兵將盡，則吾至矣。」於是彥復急攻，暉亡入海，追斬之。建、汀二州皆舉籍聽命，潮乃盡有五州地。

昭宗假潮福、建等州團練使，俄遷觀察使。乃作四門義學，還流亡，定賦斂，遣吏勸農，人皆安之。乾寧中，寵福州爲威武軍，即拜潮節度使、檢校尚書左僕射。卒，贈司空。

潮病，以審知權節度，讓審邽，不許。詔審知檢校刑部尚書、節度觀察留後。厚事朱全忠，全忠薦爲節度使、同中書門下平章事。帝在鳳翔，賜審知朱詔，自三品皆得承制除授。天祐初，進琅邪郡王。

審邽字次都。爲泉州刺史，檢校司徒。喜儒術，通書、春秋。善吏治，流民還者假牛

犂，興完廬舍。中原亂，公卿多來依之，振賦以財，如楊承休、鄭璘、韓偓、歸傳懿、楊贊圖、鄭戩等賴以免禍，審邽遣子延彬作招賢院以禮之。

劉知謙，壽州上蔡人。避亂客封州，爲清海牙將，節度使韋宙以兄女妻之，衆謂不可，宙曰：「若人狀貌非常，吾以子孫託之。」

黃巢自嶺表北還，湖、湘間羣盜蟻結，知謙因據封州，有詔卽授刺史兼賀水鎭使，以遏梧、桂。知謙撫納流亡，愛嗇用度，養士卒。未幾，得精兵萬人，多具戰艦，境內肅然。久之，疾病，召諸子曰：「今五嶺盜賊方興，吾有精甲犀械，爾勉建功，時哉不可失也！」

知謙卒，共推其子隱爲嗣，淸海軍節度使劉崇龜表爲封州刺史。嗣薛王知柔代領節度，未至，而牙將盧琚叛。隱率兵奉迎知柔，直趨廣州，禽琚獻之。於是知柔以聞，昭宗拜隱本軍行軍司馬，俄遷副使。天復初，節度徐彥若死，隱自稱留後。

虔人盧光稠者，有衆數萬，據州自爲留後，又取韶州。隱與爭之，戰不勝，悉師攻虔州。光稠伏軍掉戰，隱縱驅，伏發，挺身免。天祐初，始詔隱權節度留後，乃遣使者入朝，重賂

朱全忠以自固。是歲，光稠死，子延昌自稱刺史，爲其下所殺，更推李圖領州事。圖死，鍾傳盡劫其衆，欲遣子匡時守之。不克，州人自立譚全播爲刺史，附全忠云。